荣获教育部高等职业教育餐旅专业教指委颁发的"优秀教学成果二等奖"
高等职业教育旅游与酒店管理类专业"十四五"规划系列教材

酒店
法规与法律实务

（第3版）

袁义 编著

U0432768

东南大学出版社
SOUTHEAST UNIVERSITY PRESS
·南京·

内 容 简 介

《酒店法规与法律实务》是根据旅游院校酒店管理专业教学需要而编写的一本专业教材。本教材基于酒店管理的实际情况,对酒店法规与法律实务进行了全面、系统的阐述与分析,并将一些典型案例穿插其中,将酒店管理中涉及的方方面面的有关法律问题有机地结合起来。教材注重可操作性和实用性,目的在于使旅游(酒店)管理专业的学生能够全面掌握酒店有关法律知识,为今后工作打下坚实基础。本教材内容系统、全面、新颖,知识性、适用性强,既有酒店法规及法律实务的理论与方法,又紧扣酒店的管理实际,突出实务的可操作性,实战性较强。本书可作为旅游院校教学用书,也可作为酒店经营管理人员及从业人员的培训教材和参考书。

如需要电子课件请与出版社联系。

图书在版编目(CIP)数据

酒店法规与法律实务 / 袁义编著. —3 版. —南京:东南大学出版社,2023.1(2024.8 重印)
ISBN 978-7-5766-0285-2

Ⅰ.①酒… Ⅱ.①袁… Ⅲ.①饭店—商业经营—法规—中国—高等学校—教材 Ⅳ.①D922.294

中国版本图书馆 CIP 数据核字(2022)第 199965 号

责任编辑:张丽萍　　责任校对:子雪莲　　封面设计:余武莉　　责任印制:周荣虎

酒店法规与法律实务(第 3 版)　Jiudian Fagui Yu Falü Shiwu(Di-San Ban)

编　　著	袁 义
出版发行	东南大学出版社
出 版 人	白云飞
社　　址	南京市四牌楼 2 号(邮编:210096 电话:025-83793330)
经　　销	全国各地新华书店
印　　刷	南京京新印刷有限公司
开　　本	787mm×1092mm 1/16
印　　张	16.25
字　　数	424 千字
版　　次	2023 年 1 月第 3 版
印　　次	2024 年 8 月第 2 次印刷
书　　号	ISBN 978-7-5766-0285-2
定　　价	45.00 元

本社图书若有印装质量问题,请直接与营销部联系,电话:025-83791830。

高等职业教育旅游与酒店管理类专业"十四五"规划系列教材编委会名单

顾问委员会(按姓氏笔画排序)

沙 润　周武忠　袁 丁　黄震方

丛书编委会(按姓氏笔画排序)

主　任　朱承强　陈云川　张新南

副主任　毛江海　王春玲　支海成　吕新河　邵万宽
　　　　　张丽萍　周国忠　袁 义　董正秀

编　委　丁宗胜　马洪元　马健鹰　王 兰　王志民
　　　　　方法林　卞保武　朱云龙　朱在勤　刘江栋
　　　　　任昕竺　向 芳　汝勇健　朱 晔　刘晓杰
　　　　　李广成　李世麟　李炳义　邵 华　沈 彤
　　　　　陈克生　陈苏华　陈启跃　陈国生　陈荣剑
　　　　　吴肖淮　张建军　杨 湧　杨海清　杨 敏
　　　　　杨静达　易 兵　周妙林　周 欣　周贤君
　　　　　孟祥忍　柏 杨　钟志慧　洪 涛　赵 廉
　　　　　段 颖　唐 丽　曹仲文　黄刚平　巢来春
　　　　　崔学琴　梁 盛　梁 赫　韩一武　彭 景
　　　　　蔡汉权　颜 忠　端尧生　霍义平　戴 旻

出 版 说 明

当前职业教育还处于探索过程中,教材建设"任重而道远"。为了编写出切实符合旅游管理专业发展和市场需要的高质量的教材,我们搭建了一个全国旅游与酒店管理类专业"十四五"规划建设、课程改革和教材出版的平台,加强旅游管理类各高职院校的广泛合作与交流。在编写过程中,我们始终贯彻高职教育的改革要求,把握旅游与酒店管理类专业"十四五"规划课程建设的特点,体现现代职业教育新理念,结合各校的精品课程建设,每本书都力求精雕细琢,全方位打造精品教材,力争把该套教材建设成为国家级规划教材。

质量和特色是一本教材的生命。与同类书相比,本套教材力求体现以下特色和优势:

1. 先进性:(1) 形式上,尽可能以"立体化教材"模式出版,突破传统的编写方式,针对各学科和课程特点,综合运用"案例导入""模块化"和"MBA任务驱动法"的编写模式,设置各具特色的栏目;(2) 内容上,重组、整合原来教材内容,以突出学生的技术应用能力训练与职业素质培养,形成新的教材结构体系。

2. 实用性:突出职业需求和技能为先的特点,加强学生的技术应用能力训练与职业素质培养,切实保证在实际教学过程中的可操作性。

3. 兼容性:既兼顾劳动部门和行业管理部门颁发的职业资格证书或职业技能资格证书的考试要求又高于其要求,努力使教材的内容与其有效衔接。

4. 科学性:所引用标准是最新国家标准或部颁标准,所引用的资料、数据准确、可靠,并力求最新;体现学科发展最新成果和旅游业最新发展状况;注重拓展学生思维和视野。

本套丛书聚集了全国最权威的专家队伍和由江苏、四川、山西、浙江、上海、海南、河北、新疆、云南、湖南等省市的近60所高职院校参加的最优秀的一线教师。借此机会,我们对参加编写的各位教师、各位审阅专家以及关心本套丛书的广大读者,致以衷心的感谢,希望在以后的工作和学习中为本套丛书提出宝贵的意见和建议。

高等职业教育旅游与酒店管理类专业"十四五"规划系列教材编委会

前　言

近年来我国旅游业发展迅猛，作为旅游业三大支柱之一的酒店，也在全国各地大批兴建和开业。中国已成为当今世界酒店业发展最快的国家。

随着法制的健全，公民维权意识的不断增强，酒店同客人之间以及同其他相关部门之间的法律纠纷也随之增多，有些法律纠纷甚至诉讼到了法院。如何处理好酒店与客人之间的法律纠纷，如何进行赔偿等问题，是酒店在日常经营管理中常遇到的棘手问题，处理起来颇费精力。酒店在日常的经营管理中几乎异口同声地表示"酒店怵了投诉、纠纷与赔偿等一些法律问题"。这些涉法问题不但耗费酒店大量的精力，如果处理不恰当，则会造成很大的经济损失，甚至还影响到酒店的声誉。如何正确处理好酒店的有关法律问题，减少酒店的损失已成为酒店迫切需要解决的问题。

作为培养酒店管理人才的旅游院校，《酒店法规与法律实务》是一门理论性与实践性较强的专业基础课程。近年来，它已成为一门不可或缺的专业基础课程。根据高职院校教学特点，即在课堂教学中既要强调学科的理论性和科学性，又要注重实践应用中的实用性和可操作性，使学生既能学到本门课程系统的理论知识，又能获得在管理方法上必备的技能。本教材以旅游院校高职高专学生为对象，基于现代酒店的实际情况，全面系统地论述了酒店在经营管理过程中涉及的诸多法律问题，内容既包括具体的酒店法学理论知识，同时穿插大量酒店在经营管理中涉及的经典案例，融汇了大量最新的酒店业的有关法律规范，并且将酒店在管理中涉及的法律问题有机地结合起来进行系统的阐述，使学生通过学习能够在今后的工作中懂得如何保障客人以及酒店的合法权益，懂得如何处理未来工作中涉及的有关法律事务。

本教材立足于酒店法律知识结构的系统性和酒店实际管理中法律应用的实用性，紧密联系酒店法学研究发展的前沿，以最新酒店法学成果展示酒店法学体系的理论知识和实践技巧，重点突出酒店法学知识的全面性、结构的合理性、内容的科学性和学习的实用性。

有别于普通院校教材，本教材突出"以实用为导向，以学习者为中心，以职业生涯发展为需要"的原则，并将这一原则作为教材编写的指导思想，力求使学生在知识、能力、态度等诸多方面具备行业发展需求的综合素质，满足职业岗位的要求。本教材立足于理论与实践的统一，注重实践运用，强调所学知识的实用性，重视与相关课程相结合，并形成以下的特色：

1. 系统性。作为旅游职业高等院校教材，针对学生的特点以及酒店行业管理的特点，对酒店管理相关法律法规作了全面、系统性的介绍。

2. 权威性。本教材的作者既拥有扎实的理论知识功底，又拥有丰富的一线实践经验，按照优秀教材的编写标准，编创结合，做到教材内容准确、科学的同时，体现出自身的权威性。

3. 实用性。本教材立足于培养与提高学生在未来酒店实践工作中所需要的综合素养和专业技能,具有很强的实用性。在选用案例方面,本教材精选了酒店业实际发生的一些典型案例,其中很多案例是近年国内酒店业有影响的经典案例。

4. 新颖性。本教材囊括了诸多与酒店经营管理有关的法律法规,并将国家最新的有关法律规定编写其中,如在本次修订中,作者依据近几年出台和新修订的相关法律法规重新将教材中的内容梳理修订,使其内容更为新颖实用,这些法律法规有自2022年5月1日起施行的新的《旅馆业治安管理办法》、自2021年起施行的《中华人民共和国民法典》、自2021年起施行的《中华人民共和国食品安全法》(第二次修正)、自2021年起施行的《中华人民共和国安全生产法》(第三次修正)、自2021年起施行的《中华人民共和国消防法》(第二次修正)、自2018年起施行的《中华人民共和国旅游法》(第二次修正)、自2016年起施行的《旅游安全管理办法》以及近年来实施的其他一些涉及酒店的法律、法规、规范和规章制度等。

笔者是南京旅游职业学院教授、"教学名师",本书是在多年教学、研究以及实践的基础上,针对高等院校旅游(酒店)专业学生的特点编写的教材。笔者自1973年起从事酒店业工作,1987年起在旅游院校从事酒店法学的教学与研究工作,同时在全国多家饭店集团和管理公司担任酒店法律咨询顾问工作,既有扎实的理论知识功底,又有丰富的一线实践经验。作为专家,笔者承担了《中国旅游饭店行业规范》的起草工作,是《中国旅游饭店综合评价体系》法律和安全部分负责人,《中国饭店业安全现状与管理规范研究》课题负责人,江苏省注册酒店管理咨询专家;作为学者,出版了《饭店法律实务》《旅游法规概论》等十多部专著和教材,发表了近百篇相关论文,为《中国酒店》等酒店管理杂志的编委会委员,《中国酒店》杂志"袁教授说法"专栏作者,是中国职业技术教育学会教学工作委员会旅游餐饮专业教学研究会会员;作为酒店法学课的主讲教师,受聘为清华大学和中国饭店业协会等一些著名院校和行业协会的客座教授,为全国酒店总经理岗位、各部门经理岗位及中国酒店职业经理人等酒店中、高级管理人员培训班和酒店从业人员进行培训,人员达数万人。本教材是笔者多年对酒店法规与法律实务教学、研究和实践总结的精华。

本教材具有较强的普适性,适合各类旅游院校酒店管理专业学生作为教材使用,也可以作为酒店从业人员的培训教材。

本教材在编写过程中参考了大量的相关法律法规以及资料,在此一并表示衷心感谢!

由于编者水平有限,加上尚无同类教材供参考,定存在不足之处,敬请读者和同行批评指正,以便不断完善。

编著者

邮箱:1926129160@qq.com

目　录

第一章　酒店法概述 … 001
- 第一节　有关旅游与酒店的定义 … 001
- 第二节　酒店法的概念及调整对象 … 003
- 第三节　酒店法与酒店法学 … 004
- 第四节　旅游和酒店业的发展与酒店法的形成 … 005
- 第五节　酒店法律关系 … 015

第二章　酒店法的渊源、基本内容和作用 … 018
- 第一节　酒店法的渊源 … 018
- 第二节　酒店法的基本内容 … 020
- 第三节　酒店法的作用 … 023

第三章　酒店同客人的权利与义务 … 025
- 第一节　酒店同客人权利义务关系的产生和终止 … 025
- 第二节　酒店对客人的权利 … 027
- 第三节　酒店对客人的义务 … 029
- 第四节　客人的权利与义务 … 042

第四章　酒店的设立、分类与管理集团 … 046
- 第一节　酒店的设立 … 046
- 第二节　酒店的分类 … 050
- 第三节　酒店集团 … 054

第五章　旅游饭店的星级评定制度 … 060
- 第一节　饭店星级评定概述 … 060
- 第二节　旅游星级饭店评定委员会及办事机构 … 063
- 第三节　星级饭店的划分条件 … 065
- 第四节　星级饭店的评定规则 … 075
- 第五节　星级饭店的服务质量与管理制度要求 … 077
- 第六节　申请星级饭店的材料 … 078
- 第七节　星级评定检查工作 … 079

第六章　旅游饭店行业规范 … 081
- 第一节　旅游饭店行业规范的出台 … 081
- 第二节　旅游饭店行业规范的主要内容 … 082
- 第三节　实施旅游饭店行业规范的意义 … 090

第七章　酒店合同 …… 096
- 第一节　合同的基本概念 …… 097
- 第二节　酒店采购合同 …… 103
- 第三节　客房租赁合同 …… 106
- 第四节　酒店劳动合同 …… 112

第八章　外国人与涉外案件、事件的处理 …… 119
- 第一节　外国人在中国的法律地位 …… 119
- 第二节　涉外案件处理 …… 123
- 第三节　对重大安全事故的处理 …… 126
- 第四节　对外国人死亡的处理 …… 127

第九章　酒店的法律责任 …… 130
- 第一节　酒店法律责任的概念 …… 130
- 第二节　酒店的民事责任 …… 131
- 第三节　酒店的刑事责任 …… 131
- 第四节　酒店的行政责任 …… 134
- 第五节　违反旅游饭店星级规定的责任 …… 134
- 第六节　违反治安、安全、反恐等有关规定的责任 …… 135
- 第七节　违反《食品安全法》有关规定的责任 …… 140

第十章　酒店侵权责任及赔偿制度 …… 145
- 第一节　侵权责任概述 …… 145
- 第二节　客人财物毁损或灭失的赔偿责任 …… 153
- 第三节　客人人身损害的赔偿责任 …… 153
- 第四节　侵权责任与违约责任 …… 154
- 第五节　精神损害的赔偿责任 …… 159
- 第六节　旅游投诉与诉讼时效 …… 161

第十一章　酒店消防法律规范 …… 171
- 第一节　涉及酒店消防的全国性法律规范 …… 172
- 第二节　涉及酒店消防的地方性法规 …… 173
- 第三节　国外酒店消防法律规范 …… 174
- 第四节　对违反消防法律规范的处罚 …… 177

第十二章　国内法与国际法 …… 190
- 第一节　法的一般分类 …… 190
- 第二节　国内法 …… 191
- 第三节　国际法 …… 197
- 第四节　国际私法 …… 198
- 第五节　国际惯例 …… 198
- 第六节　国际旅游组织 …… 199

第十三章　涉外诉讼 …… 202
- 第一节　涉外诉讼的概念 …… 202

第二节　涉外民事诉讼 ·· 203
　第三节　涉外刑事诉讼 ·· 205
　第四节　涉外仲裁 ·· 206
附录一　典型案例介绍 ·· 209
　北京 XGLL 酒店客人贵重物品灭失纠纷案 ·· 209
　上海 YD 温泉浴场设备故障致客人死亡案 ·· 211
　湖北仙桃"水乐园"客人被打致伤案 ·· 214
　北京春海餐厅设备事故致客人毁容案 ·· 217
附录二　有关法律、法规 ·· 219
　中华人民共和国旅游法 ·· 219
　中华人民共和国消费者权益保护法 ·· 230
　最高人民法院关于审理食品药品纠纷案件适用法律若干问题的规定 ························ 237
　旅馆业治安管理办法 ·· 240
　最高人民法院关于审理旅游纠纷案件适用法律若干问题的规定 ···························· 241
　中华人民共和国国家标准　旅游民宿基本要求与等级划分 ································ 244

第一章 酒店法概述

案例导入

法院为何驳回旅行社的起诉?

2019年的一天,广东某旅行社导游张某接待了一个来自美国的旅游团队。当导游将客人从飞机场接到某四星级饭店时已经是傍晚,导游安排好团队后,便离开了饭店。晚饭后,客人史密斯夫妇在饭店的院子里散步。在离饭店大楼东面12米处的小路有一施工的小坑,饭店当时在小坑的前面设置了警示牌。史密斯夫妇散步回来从小路的另一方向进入,由于当时天色较暗,他们没有注意到脚下的小坑,史密斯先生一下摔倒在地。饭店知道情况后立即派人将史密斯先生送到医院,经检查客人的左腿严重挫伤。考虑到行走困难,史密斯夫妇决定终止旅游,提前回国。饭店方在史密斯先生摔倒后,派专人照顾,又赠送了礼品,客人对饭店的态度比较满意。关于赔偿问题,客人只是说他在国内已经买了保险。

送走客人后,旅行社的导游找到了饭店,提出要求饭店承担客人的医疗费及有关的费用。在没有能够得到赔偿的情况下,旅行社将饭店告到了法庭。可是令导游张某惊讶的是法院驳回了旅行社的起诉。

思考: 法院为什么要驳回旅行社的起诉?

第一节 有关旅游与酒店的定义

一、旅游的定义

1991年6月,世界旅游组织在加拿大召开了"旅游统计国际大会",对旅游做了如下的定义:"旅游,是指一个人旅行到他或她通常环境以外的地方,时间少于一段指定的时段,主要目的不是为了在所访问的地区获得经济利益的活动。""少于一段指定的时段"是指非长久的移民活动。

二、旅游者的定义

世界旅游组织对旅游者的定义是:旅游者,是指不是为定居和谋求职业到外地或外国,而是进行探亲、访友、度假、观光、参加会议或从事经济、文化、体育、宗教等活动的个人和团体。时间为24小时以上一年以下。

三、旅游业的定义

旅游业是以旅游市场为对象，有偿为旅游者的旅游活动创造便利条件，并提供所需商品和服务的所有行业和部门的综合性产业。旅游业主要由三部分构成，即旅行社、交通客运部门和以旅游酒店为代表的住宿业部门。居于这三个部门的企业因而也构成为三种类型的旅游企业，即旅行社、旅游酒店和旅游交通，三者构成了现代旅游业的三大支柱。

四、旅游企业的定义

旅游企业是依法成立的以营利为目的，从事旅游经营活动的独立核算的组织。旅游企业有如下的特征：

（1）旅游企业是一种社会经济组织。它主要从事经济活动，并有相应的财产，是一定人员和一定财产的组合。

（2）旅游企业是以营利为目的从事生产经营活动的社会经济组织。生产经营活动是指创造社会财富和提供服务的活动，包括生产、交易、服务等。旅游企业从事生产经营活动是以营利为目的，是为了赚取利润。

（3）旅游企业是实行独立核算的社会经济组织。企业要单独计算成本费用，以收抵支，计算盈亏，对经济业务做出全面反映和控制。

（4）旅游企业是依法设立的社会经济组织。旅游企业通过依法设立，可以取得相应的法律地位，获得合法身份，得到国家法律的认可和保护。

五、酒店的定义

"酒店"的定义有多种，一般说来，酒店是指为客人提供住宿、餐饮、娱乐及各种其他服务的，拥有建筑物和设施的公共场所。"酒店"一词在英语里为 Hotel，源于法语，是指法国贵族用于接待客人的地方。我国的酒店有各种称谓，如饭店、大饭店、大酒店、宾馆、国宾馆、迎宾馆、旅馆、旅社、客栈、大厦、招待所、度假村、中心、培训中心、会议中心、会馆、俱乐部、国际俱乐部等，但其性质大体是相同的（我国古代还称作亭驿、逆旅、私馆、会同馆等），本书均称为"酒店"。

《美利坚百科全书》对酒店的定义是：酒店是一个装备了的公共住宿设施，它一般提供食品、酒水和其他服务。

《大不列颠百科全书》对酒店的定义是：酒店是在商业性的基础上向公众提供住宿，也往往提供膳食的建筑物。

美国《酒店法》中关于酒店的定义是："酒店"是为社会公众提供住宿的场所，它提供餐厅、客房服务、大厅服务、电话服务、洗衣服务，以及家具和设备等的使用。

综合上述的一些定义，现代酒店应当具备以下两个条件：

（1）应当拥有一座或多座经国家批准的建筑物和住宿设施。

（2）应当能够为社会公众提供住宿、餐饮及其他相关服务。

六、旅游饭店的定义

2010年的国家标准《旅游饭店星级的划分与评定》(GB/T 14308—2010)将"旅游饭店"

定义为:"以间(套)夜为时间单位出租客房,以住宿服务为主,并提供商务、会议、休闲、度假等相应服务的住宿设施,按不同习惯可能也被称为宾馆、酒店、旅馆、旅社、宾舍、度假村、俱乐部、大厦、中心等。"

第二节 酒店法的概念及调整对象

一、酒店法的概念

酒店法有广义和狭义之分。广义的酒店法,是指与酒店经营、管理活动有关的各种法律规范的总和,也就是调整酒店活动领域中各种社会关系的法律规范的总称。社会关系,是人们在社会生产过程中彼此产生的联系,以酒店活动为主线而产生的各种社会关系,是酒店法的调整对象。

广义的酒店法所调整的是酒店活动关系的一系列法律规范的总和,而不是单一的法律或法规。这些法律规范包括国家有关部门制定的有关酒店方面的法律、法规及各省、自治区、直辖市制定的有关酒店方面的地方法规。此外,还包括我国参加和承认的国际有关公约或规章。

狭义的酒店法,是指国家或地区所制定的酒店法律、法规。

二、酒店法的调整对象

酒店法调整酒店活动中所产生的各种各样的社会关系,这些关系主要包括以下几类:

(一)旅游行政管理部门与酒店之间的关系

国家要发展旅游事业,国家旅游行政管理部门必然要根据社会对旅游消费的需求作出预测,并综合考虑其他一些因素,确立一定时期的旅游业发展规模,制定出发展旅游业的方针、政策和规划。在这些旅游方针、政策和规划的制定、贯彻和实施过程中,国家旅游行政管理部门与酒店必然要发生各种关系。在计划经济体制下,国家旅游行政管理机关主要通过行政命令、指示、规定等行政手段直接组织、指挥所属各酒店的活动。他们之间的关系是领导与被领导的关系,企业基本上没有经营自主权。在市场经济体制下,国家旅游行政管理部门主要通过政策导向、制定法规、提供信息、培育市场,并利用价格、税收、奖惩等经济手段和法律手段间接管理酒店,二者之间是指导与被指导的关系。企业是独立的法人,具有独立的经营自主权。

旅游行政管理部门与酒店之间的关系是一种纵向的法律关系。国家旅游行政管理部门对酒店的经营管理活动负有监督、管理的责任。这种关系具体表现为领导与被领导、管理与被管理、监督与被监督的关系。前者主要表现为权力的行使,后者主要表现为义务的履行,双方的主体地位是不平等的。

(二)酒店与客人之间的关系

酒店与客人之间的关系是酒店法所调整的最主要的社会关系。酒店同客人之间的关系是一种横向的法律关系,酒店同客人之间的法律地位是平等的,他们之间的关系一般以合同的形式予以确立,各主体在享有权利的同时承担义务,也就是说,酒店与客人在履行义务的同时也享有相应的权利。

(三) 酒店与其他旅游企业之间的关系

旅游者在旅游活动中的吃、住、行、游、购、娱等活动不可能只靠一家酒店单独完成。它需要酒店与其他旅游企业之间相互协作、互相配合，形成一个旅游服务的整体，才能使客人的旅游活动顺利进行。例如，旅行社往往只能组织客源和提供导游服务，而解决不了住宿、就餐和游览景点的问题，而酒店和游览景点又需要旅行社提供客源。旅游业自身的这些特点便决定了酒店同其他旅游企业之间的活动必须相互配合、协调发展，彼此之间存在着相互依存的协作关系。

(四) 酒店与相关部门之间的关系

酒店在经营管理过程中与许多部门都产生关系，如供水、供电、供气等企业和部门。酒店同这些企业和部门之间的关系既有横向的法律关系又有纵向的法律关系。

(五) 具有涉外因素的法律关系

涉外因素的法律关系包括外国客人和旅游组织在中国的法律地位，中外合资、合作酒店中的中外各方的合作关系等。这些关系一般由我国法律进行调整，但涉及我国参加的国际有关公约、条约以及国际惯例除外。

第三节 酒店法与酒店法学

法律，是指由国家制定或认可，体现统治阶级意志，以国家强制力保证实施的具有普遍约束力的行为规则的总和。

法律有广义与狭义之分。广义的法律，是指法的整体，包括法律、有法律效力的司法解释及其行政机关为执行法律而制定的规范性文件等。狭义的法律，是指拥有立法权的国家机关依照立法程序制定的规范性文件，它包括法律、法令、条例、规定、规则、决议、决定、命令等。如《中华人民共和国消防法》《中华人民共和国消费者权益保护法》《中华人民共和国食品安全法》《中华人民共和国治安管理处罚法》《中华人民共和国突发事件应对法》《中华人民共和国安全生产法》《中华人民共和国合同法》《中华人民共和国旅游法》《旅游安全管理办法》等等。

法学，是以法律为主要研究对象的学科，是社会经济、政治、文化有了相当发展，出现了较完整的法律规范体系后，才逐渐形成和发展起来的。

酒店法和酒店法学是两个不同的概念，它们之间既相互联系又有所区别。酒店法是一个部门法，它是以酒店社会关系为调整对象，体现国家意志，对当事人具有约束力。而酒店法学是一个法学分科，它以酒店法为研究对象，对当事人没有约束力。酒店法的规范和实践为酒店法学的研究提供课题和条件，而酒店法学的研究又促进了酒店法的健全和完善。

酒店法与酒店法学之间的区别在于：

(1) 酒店法是一些法律规范的总和，是法律的一个部门，简单地说，它是法；而酒店法学是社会科学的一部分，是一种法学理论，是法学的一个分支学科。

(2) 酒店法是具有法律约束力的法律规范；酒店法学则没有法律的约束力，它是一种学术理论，并非酒店的行为准则。

酒店法学主要研究以下几方面的问题：

(1) 酒店法各主体的法律地位；
(2) 酒店法各主体之间的关系；
(3) 酒店法各主体的权利和义务；
(4) 各国酒店立法的情况；
(5) 国际酒店立法。

第四节 旅游和酒店业的发展与酒店法的形成

一、旅游业的发展

(一) 世界旅游业的发展

旅游作为人类社会的一种活动现象，古已有之，如中国的徐霞客和欧洲的马可·波罗，他们不仅是著名的旅行家，而且留下了游记。但是古代的旅游活动是分散和个别的，再加上交通不便利，不可能形成、最终也没有形成一个产业门类。

进入近代以后，随着社会生产力、交通、科技的巨大变化与发展，为旅游活动的发展奠定了基础，为更多的人外出旅游提供了机会和条件。由于大多数人没有外出旅游的经验，特别是对远距离的旅游更是陌生，需要有专门的机构提供帮助，这就导致了一个新的经济领域——旅游业的产生。19世纪40年代，在英国出现了专门从事旅游活动的组织者和经营者——旅行社，标志着人类的旅游活动进入一个新的历史阶段，也标志着旅游业的诞生。此后，在欧洲和北美相继出现了许多类似的旅游经营组织，它们极大地推动了旅游业的发展。

第二次世界大战结束后，全球局势相对的稳定，各国都致力于本国的经济建设，旅游业开始在世界范围迅速发展，成为普遍性的社会、经济、文化现象。在1963年联合国国际旅游及旅行会议（罗马会议）的总决议中指出："旅游是人类的一项基本活动。"

近些年来随着经济的发展、科学技术的进步和人们休闲时间的增多，旅游业更是得到迅猛的发展。据世界旅游组织统计，2004年国际旅游接待人数为7.6亿人次，境外旅游收入为6 220亿美元。旅游已经成为当今世界一种引人瞩目的全球化现象。2020年1月8日，世界旅游城市联合会（WTCF）与中国社会科学院旅游研究中心在北京共同发布了《世界旅游经济趋势报告（2020）》。该报告公布，2019年全球旅游总人次（包括国内旅游人次和入境旅游人次）达到了123.10亿人次，较上年增长4.6%；全球旅游总收入（包括国内旅游收入和入境旅游收入）为5.8万亿美元，相当于全球GDP的6.7%，实现了"五连增"，创历史新高[由于受2019新型冠状病毒（Corona Virus Disease-2019）的影响，2021年和2022年，全球旅游业受到了巨大的影响，各项指标均出现下降]。国际旅游业已经超过单纯地作为一项经济性产业对世界经济、国际贸易的影响，在全球化和一体化的进程中，扮演着越来越重要的角色。世界旅游业已经从其他行业中逐渐分离出来成为独立的综合性的经济行业，在各国获取非贸易外汇收入、平衡外汇收支、解决就业等方面发挥了相当大的作用。联合国世界旅游组织于2024年发布的统计显示，截至2023年底，国际旅游已恢复至疫情前水平的88%，预计国际游客达到13亿人次。

(二) 中国旅游业的发展

依据世界旅游组织提供的统计显示，中国旅游业在过去的几年里发展迅猛。2019年，中国国内旅游60.06亿人次,旅游收入过6.63万亿元人民币,入出境旅游总人数达到3.0亿人次,同比增长3.1%。旅游业对GDP的综合贡献为10.94万亿元,占GDP总量的11.05%。旅游直接就业2 825万人,旅游直接和间接就业7 987万人,占全国就业总人口的10.31%。到中国旅游的外国游客已稳居世界第四旅游大国的地位。国际旅游消费者排名发生了重大变化,中国已经名列世界旅游消费的前列。在世界前十大消费者中,中国的增长最为强劲(由于受2019年新型冠状病毒的影响,2021—2023年,中国旅游业受到了巨大的影响,各项指标均出现下降)。世界经济论坛于2024年5月21日发布的旅游业研究报告显示,由于疫情结束和巨大需求的释放,2024年国际游客接待量和旅游业对全球国内生产总值(GDP)的贡献预计将恢复至疫情前水平。

同欧洲相比,中国旅游业起步较晚,但后来居上,强势发展。中国游客在世界的分量越来越重。在《日本经济新闻》报道中,中国游客"爆买"一词获2015年的日本流行语年度大奖。中国旅游市场吸引了世界的目光。2015年7月,国务院常务会议审议并通过了《关于进一步促进旅游投资和消费的若干意见》,首次明确提出实施旅游投资促进计划。2015年中国共有41.2亿人次国内或出境游,相当于全国人口一年旅游近3次。世界旅游业理事会测算:中国旅游产业对GDP综合贡献10.1%,超过教育、银行、汽车产业。国家旅游数据中心测算,中国旅游就业人数占总就业人数的10.2%。

近年来,假日旅游已成为全民的旅游节日,假日旅游方式已从传统的观光型向观光休闲复合型转变,旅游拉动消费作用明显。游客出行需求呈多样化,城市休闲、乡村旅游、文化旅游、红色旅游最受欢迎,散客自驾游、自由行成为主流。根据全国31个省、自治区、直辖市分别对辖区内的接待规模和效益的统计调查结果,2016年仅国庆节全国就接待游客5.93亿人次,同比增长12.8%,累计旅游收入4 822亿元,同比增长14.4%。在全国接待的5.93亿人次游客中,过夜游客(仅限于住在宾馆和旅馆招待所)为1.14亿人次,增长14.7%;一日游游客为4.12亿人次,同比增长9.8%。2019年仅国庆长假全国共接待国内游客7.82亿人次,同比增长7.81%;实现国内旅游收入6 497.1亿元,同比增长8.47%。受2019年新型冠状病毒的影响,2021年10月1日至7日,全国国内旅游出游5.15亿人次,按可比口径同比减少1.5%,按可比口径恢复至疫前同期的70.1%。实现国内旅游收入3 890.61亿元,同比减少4.7%,恢复至疫前同期的59.9%。随着我国新冠疫情放开管控,2023年国内出游人次达到了48.91亿,比上年同期增加23.61亿,同比增长93.3%。国内游客出游总花费4.91万亿元,比上年增加2.87万亿元,同比增长140.3%。

到了2019年,中国的旅游业就已经形成了几个"世界之最",第一个是出境旅游增长率世界最快,第二个是国内旅游市场世界最大,第三个是在世界旅游史上,中国的发展规模和速度是举世无双的。

【资料链接1-1】

2011—2019年中国旅游业主要发展指标

年　份	国内旅游人次(亿人次)	国内旅游收入(亿元)	入境旅游人次(万人次)	入境旅游收入(亿美元)	出境旅游人次(万人次)	旅游总收入(万亿元)
2011年	26.41	19 305	13 542	484.64	7 025	2.25
2012年	29.57	22 706	13 241	500.28	8 318	2.59
2013年	32.62	26 276	12 908	516.64	9 819	2.95

(续 表)

年 份	国内旅游人次(亿人次)	国内旅游收入(亿元)	入境旅游人次(万人次)	入境旅游收入(亿美元)	出境旅游人次(万人次)	旅游总收入(万亿元)
2014 年	36.11	30 312	12 850	1 053.80	10 728	3.73
2015 年	39.90	34 195	13 382	1 136.50	11 689	4.13
2016 年	44.35	39 390	13 844	1 200.00	12 203	4.69
2017 年	50.01	45 661	13 948	1 234.17	13 051	5.40
2018 年	55.39	51 278	14 120	1 271.03	14 972	5.97
2019 年	60.06	57 251	14 531	1 313.00	15 463	6.63

【资料链接1-2】

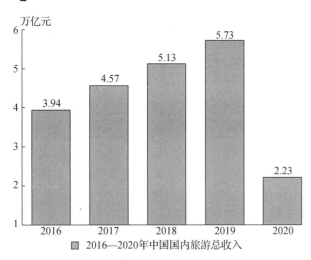

2016—2020 年中国国内旅游总收入

二、酒店业的发展

(一) 世界酒店业的发展

酒店自古代就已出现,近代酒店业的兴起从 19 世纪开始,此后酒店出现了部门的划分并逐渐走向正规,出现了专职人员。

在美国,第一家"美式"酒店于 19 世纪初在纽约建成,名叫城市酒店(City Hotel)。这家酒店虽然只有 13 间客房,但它却是纽约的社交中心。

1829 年为旅馆业繁荣时期,出现了以美国波士顿的崔曼特旅馆(Tremont House)为典型的现代酒店。

1834 年,纽约市出现了一家名为"阿斯特宫"(Astor House)的酒店,该酒店是一座两层楼房,共有 309 间客房。客房装饰豪华,家具用高档的木料制成,地板上铺有地毯。

1848 年,在美国波士顿开业了一家"新英格兰酒店"(New England Hotel)。该酒店开始设置供客人使用的保险箱,保管客人的贵重物品。

1850 年,法国巴黎建成第一家现代高级酒店,名叫"大酒店"。

1875年,在美国旧金山建了一家"宫殿酒店"(Palace Hotel)。这家酒店是19世纪美国乃至全世界最大的酒店,共有800间客房。

1887年,美国在佛罗里达建了一家当时世界上最豪华的酒店,名叫"篷赛德酒店"(Ponce de Leon)。1888年,美国加州建立了第一家度假酒店名为"德考纳酒店"(Del Coronod)。

1908年1月,美国的斯塔特勒(Ellsworth M. Statler)在巴伏劳(Buffalo)开设了斯塔特勒酒店(Statler Hotel),从而开创了酒店发展的新纪元。这家酒店共有300间客房,并首先采用了一些先进的设施与服务项目并将它的服务推向了社会。例如,使用了带把手的门锁,单独设立客房卫生间,提供免费的报纸,客房内设有收音机,推出现代意义上的"服务"(Service)和"便利"(Convenience)等。这使得该酒店在酒店业称雄达40年之久,被誉为"美国现代酒店之父"。第二次世界大战以后,由于世界局势相对稳定,社会经济持续发展,旅游业已从组织单一的观光活动发展成为一种经济活动,旅游业已经形成了一个经济产业门类。随着旅游业和国际经济的发展,各国交往的增多,酒店业有了较大的发展。

1995年11月2日,国际酒店协会在以色列特拉维夫召开的第33届年会上通过了《国际酒店协会关于全球酒店业白皮书》。这个文件第一次公布了全世界酒店业的规模和范围。根据该协会公布的数据,到1994年底,全世界共有酒店30.76万家,床位总数达1133多万张,酒店从业人员近1200万人。1994年全世界酒店业创收达2470亿美元。

(二)我国酒店业的发展

我国是最早出现酒店的国家之一。据考证,早在殷代我国就出现了官办的招待所,当时称为"驿传"。到了唐朝,国家所办的招待所已具有相当规模,内部的设施也相当豪华,并出现了接待各国使节和达官贵人的"国宾馆"。尽管我国各代对酒店称谓不一(亭驿、逆旅、私馆、会同馆、客舍、客栈、旅店、旅社等),但性质是一样的。在民间,我国历代的客栈基本都是以"连家店"的模式开办,间或雇佣"店小二"若干。

与国际近代酒店业的兴起几乎同步,我国近代酒店业的发展起步于19世纪中叶。此时,由外国资本建造和经营的西式酒店进入中国。这类酒店在建筑风格与式样上、酒店内部装修、经营方式以及服务对象等方面与中国传统的旅店不同。

1846年,浦江饭店作为上海开埠以来第一家西式饭店开建(原名礼查饭店),1897年11月5日,慈禧太后60寿辰时该店的孔雀厅举行了中国历史上最早的交谊舞会。中国的第一部电话和第一部有声电影放映也在此出现。

1854年,上海和平饭店南楼创办,名为中央饭店,是西方在上海建造的第一家带餐饮业的旅社。1906年3月8日,和平饭店南楼汇中饭店重建,有上海最早的卫生设备和最早的两部电梯,还有上海最早的屋顶花园,和平饭店南楼是上海近代建筑史上第一幢现代派建筑。1909年,中英美法等国在该店的汇中厅召开了万国禁烟大会。1911年,孙中山赴南京就任中华民国临时大总统,途经上海出席全市各界在汇中厅举行的欢迎大会。1927年,蒋介石、宋美龄在汇中厅举行订婚典礼。

1911年,上海少数客栈为应付种种环境,自发组织上海旅栈业公所,成为最早的同业组织。

1912年英国人柏耐登在南京建造了一座典型的西洋式建筑——扬子饭店。这是作为通商口岸正式对外开放后最早的一家西方人开办的饭店。

1918年2月19日,北京东方饭店开业,该店与北京饭店、北京六国饭店(现华风宾馆)并称北京最有名的三大高档饭店。

1928年,香港半岛饭店进行一期建设,这是香港历史最为悠久的饭店。

1929年9月5日,上海和平饭店北楼建成,造价超过白银248万两,称为远东第一楼,该饭店接待过卓别林、萧伯纳、马歇尔将军、司徒雷登等名人。

1934年,上海大厦(原名百老汇大厦)建成开业。历经1985年、1999年、2004年三次大规模装修、改造,较完好地保存了西方现代主义建筑思潮的历史风貌。

1934年12月,上海国际饭店建成开业。

新中国成立以前,我国的饭店业一般分为两大类。一类是以接待达官贵人、军政要员和富商为主的高档饭店,如北京的北京饭店、南京的中央饭店、上海的和平饭店等。另一类为接待普通平民为对象的饭店,一般称为客栈、旅馆或旅社等。

解放后,中国实行国有化制度,到改革开放近30年的时间内,中国的饭店都被政府所拥有,主要招待外国友人及国内因公出差人员。

20世纪80年代以前,我国旅游酒店业在国民经济中的地位是微不足道的,中国的旅游主要以境外旅游者为接待对象。1978年,我国适合接待境外客人的宾馆、酒店仅137家15 539间客房,其中绝大部分是国宾馆和招待所,总体水平可以概括为酒店数量稀少、设备陈旧、功能单一、条件简陋。1979年全国所有的涉外酒店营业收入不足1亿美元。当时的旅游酒店既没有现代化的经营,也没有现代化的管理。

1979年,中央在北戴河召开会议,决定每个省建一家旅游宾馆。1979年,国务院专门批准了利用2 000多万美元外资兴建了建国饭店。第一批中外合资饭店建国饭店和长城饭店在北京兴建,这也是经过外经贸部批准的我国最早的中外合资饭店。

1980年,我国适合接待外国人的带卫生间的宾馆、酒店仅有203家3.2万间客房,每年接待境外客人只有10多万人。当客人达到30万人时,北京、上海、广州、桂林、西安等旅游热点城市的酒店床位显得严重不足,每天有数千人进不了酒店,有的滞留在机场,有的客人从北京拉到天津,从上海拉到苏州、南京等地去住宿。由于境外旅游者在中国住不上宾馆、酒店,很多团队被安排打地铺,还有的团队被安排住在大礼堂,男女之间仅用简单的桌椅分开。有批到桂林去旅游的侨胞,由于住不了酒店,被安排打地铺,他们在给国家旅游管理部门的一封投诉信中,写了一首打油诗:"桂林山水甲天下,我到桂林住地下……"1980年以后,我国通过引进外资,逐步兴建了一大批中外合资、中外合作酒店,又利用内资陆续新建和改造了一大批酒店,我国酒店业进入了一个发展时期。1982年我国与外资合作建造的第一家旅游酒店正式开业,它成为我国旅游业改革开放的标志,对我国旅游酒店经营管理的改革起到了积极的推动作用。1983年广州白天鹅宾馆开业,1984年广州中国大酒店开业,广州大型酒店业的历史,从此翻开了我国酒店业新的一页。到了1984年底,我国旅游涉外酒店数量达到了505家,客房总数为76 944间,比1980年翻了一番,初步缓解了酒店供不应求和硬件质量差的状况。

1984年7月27日,中共中央办公厅、国务院办公厅转发了国家旅游局《关于开创旅游工作新局面几个问题的报告》的通知。1985年,国务院又进一步明确了旅游基础设施的建设要从国家投资为主转变为国家、地方、部门、集体、个人一起上,自力更生和利用外资一起上的原则,同时简化了建设旅游酒店的审批手续,下放了审批权。从1985年初到1988年底的四年时间,全国共新建、改建、扩建的客房数净增长了14.3万间,增至22万多间。

1987年全国旅游工作会议指出,"七五"时期,中国饭店业要实现集团化、系列化经营,要成立类似国外的假日等饭店集团公司,采取由几个"龙头"带动"龙尾"的办法,把全国饭店组织起来。此后,联谊饭店集团、华龙饭店集团和友谊饭店集团相继成立。1988年4月6

日,国务院办公厅转发了《国务院办公厅转发国家旅游局关于建立饭店管理公司及有关政策问题请示的通知》(国办发〔1988〕17号),其中明确规定:中国的饭店管理公司在原则上享受外国饭店集团在中国享受的同等待遇(如:税收减免政策,进口指标优惠,经营自主权,信贷资金支持等)。1988年5月,北京饭店集团成立。1988年5月,上海衡山集团设立。

到了20世纪90年代,我国的旅游酒店得到了更快发展。1994年底,我国的旅游酒店为2 995家,客房为40.6万间,接待各方面客人4 400多万人次,年营业收入为548.3亿元人民币;到1995年底,我国旅游酒店为3 720家,客房48.6万间,年营业收入636.1亿元人民币;1997年底,我国的旅游涉外住宿设施共5 201家,其中酒店为5 158家(根据国家旅游局于1998年5月29日发布的《1997年中国旅游业统计公报》,旅游涉外住宿设施包括酒店、公寓、写字楼和游船),共有客房70.17万间,营业收入总额为812.36亿元人民币。根据1999年公布的数字,1998年我国旅游酒店共有客房88.84万间,营业收入总额为845.75亿元。这种发展速度在世界酒店发展史上是不多见的。80年代初的那种只能提供单一的住宿与膳食的招待所型的宾馆、酒店已经被当今的豪华级、高级舒适级、舒适级、经济级等多档次旅游涉外酒店所取代[1978年前,我国的非旅游涉外酒店(旅社、招待所等)共有6万家,1988年发展到了22万家]。经过20多年的建设,我国的酒店业将一个传统型的、指令性的、隶属于政府外事接待工作的服务机构,转变为一个在整个国民经济中越发引人注目的、具有竞争力的产业。

截至2021年1月1日,全国住宿业设施总数为44.72万家,客房总规模1 620.43万间。其中酒店业设施27.92万家,客房总数1 532.60万间,平均客房规模约55间,酒店业设施和客房数分别占我国住宿业的62%和95%,占我国住宿业的绝对主导地位。根据2022年国家文化和旅游部发布的政府信息报告:截至2022年底,全国共有星级酒店131 011家,拥有客房1 709 966间,床位数为2 101 277张。

随着酒店业的快速发展,现代酒店的服务项目已大大超出传统的仅为客人提供食宿的范围,它也是进行文化娱乐、商务、社交、休养、健美等活动的场所。

近30年来我国星级酒店发展的情况

年度	酒店数(家)	客房数(万间)	年度	酒店数(家)	客房数(万间)
1993	2 552	38.1	2004	10 888	123.79
1994	2 995	40.63	2005	12 024	133.21
1995	3 720	48.61	2006	12 751	145.98
1996	4 418	59.37	2007	13 583	157.38
1997	5 201	70.17	2008	14 099	159.14
1998	5 782	76.48	2009	14 237	167.35
1999	7 035	88.84	2010	13 991	170.99
2000	10 481	94.82	2011	13 513	147.49
2001	7 358	81.62	2012	12 807	149.72
2002	8 880	89.72	2013	13 293	153.91
2003	9 751	99.28	2014	11 180	149.79

(续　表)

年度	酒店数(家)	客房数(万间)	年度	酒店数(家)	客房数(万间)
2015	10 550	146.25	2020	9 857	198.52
2016	12 213	156.26	2021	7 676	112.09
2017	10 645	250.55	2022	8 423	116.06
2018	10 667	250.67	2023	6 468	98.86
2019	10 003	248.52	2024	6 295	90.62

三、酒店法的形成与我国酒店的立法情况

(一)酒店法的形成

酒店业的兴起与发展,产生了酒店业主与客人之间的关系,产生了酒店业主与其他相关部门之间的关系,从而逐步形成了调整这些关系和确定各当事方权利和义务的各种规范。酒店法是酒店业发展到一定历史阶段的产物,它随着酒店业的发展而产生,随着酒店业的不断发展而健全完善。

从国际酒店立法情况看,酒店法的形成经历了一个漫长的过程,开始是不成文的习惯法,后来才出现了成文法。最初的成文法大都是一些习惯的记载。酒店法的最早出现始于中世纪。当时供客人住宿、就餐的酒店是非常简陋的,多是通铺,没有单间,不提供任何服务。随着酒店的发展,调整酒店与客人之间的一些权利和义务的法律规定及惯例出现了,这就是酒店法的雏形阶段。

酒店法最早始于中世纪,产生于英国,已有四五百年的历史。目前在日本、法国、比利时、新加坡等国家都有了比较完整的成文酒店法,详细地规定了酒店同客人之间的权利、义务及有关责任。英、美等普通法系国家也有大量关于酒店法方面的判例。

(二)我国酒店的立法情况

在我国目前的法律体系中,还没有一部完整的酒店法用来调整酒店和客人之间的权利与义务和法律责任以及酒店在经营管理中的各种法律关系。但近年来我国制定了一系列涉及酒店方面的全国性和地方性的法律、法规和规章制度。

此外,在酒店活动领域中,用来调整酒店和客人以及酒店和其他法律关系主体之间权利义务关系的法律法规,还有我国的民法、消费者权益保护法、合同法、消防法等以及有关的国际条约和国际惯例等。随着我国旅游事业和酒店业的发展,制定调整酒店和客人以及酒店和其他法律关系主体之间行为规范的法律法规将更加完善。

【资料链接1-3】

我国涉及酒店的全国性法律、法规和规章制度

1982年4月国家旅游局发布的《旅游涉外人员守则》
1986年7月1日施行的《高层建筑消防管理规则》
1987年9月23日国务院批准,1987年11月10日公安部发布的《旅馆业治安管理办法》
1989年9月30日国家旅游局、财政部、国家物价局、国家税务局联合发布的《关于旅游

涉外饭店加收服务费的若干规定》

1990年4月13日国家计划委员会、国家旅游局、对外经济贸易部、海关总署联合发布的《关于重申严格执行中外合资、合作建设旅游饭店审批程序的通知》

1991年5月29日国家旅游局发布的《旅游行业对客人服务的基本标准》(试行)

1991年6月1日国家旅游局发布的《旅游投诉暂行规定》

1991年9月4日七届人大常委会二十一次会议通过的《关于严禁卖淫嫖娼的规定》

1993年2月6日文化部发布的《营业性时装表演暂行规定》

1993年7月29日国家旅游局发布的《饭店管理公司管理暂行办法》

1993年8月30日国家旅游局和公安部联合发出的《关于加强旅游涉外饭店安全管理严防恶性案件发生的通知》

1993年10月14日文化部发布的《营业性歌舞娱乐场所管理办法》

1993年10月22日公安部和国家旅游局发布的《关于加强宾馆、饭店等旅游设施消防安全工作的通知》

1993年10月31日全国人大通过的《中华人民共和国消费者权益保护法》

1994年国家技术监督局、建设部、国家旅游局、公安部、劳动部、国家工商行政管理局共同发布的《游艺机和游乐设施安全监督管理规定》

1995年2月6日公安部发出的《公安部关于实施〈公共娱乐场所消防安全管理规定〉有关问题的通知》

1995年4月15日公安部发出的《公安部关于加强公共消防安全的通告》

1995年10月31日全国人大通过的《中华人民共和国食品卫生法》

1995年11月17日国家计委、国内贸易部、中华全国供销合作总社联合发布的《餐饮修理业价格行为规则》,该规则从1996年1月1日起执行

1996年4月24日文化部发出的《关于加强对新兴文化娱乐经营项目管理的通知》

1997年公安部发出的《公安部关于加强旅馆业治安管理工作的通知》

1998年4月29日全国人大通过,1998年9月1日施行的《中华人民共和国消防法》

1999年3月15日全国人大通过的《中华人民共和国合同法》

2000年10月26日起施行的《旅游发展规划管理办法》

2001年3月10日实施的《最高人民法院关于确定民事侵权精神损害赔偿责任若干问题的解释》

2001年11月14日公安部发布,自2002年5月1日施行的《机关、团体、企业、事业单位消防安全管理规定》

2002年6月29日全国人大通过,2002年11月1日施行的《中华人民共和国安全生产法》

2004年5月1日实施的《最高人民法院关于审理人身损害赔偿案件适用法律若干问题的解释》

2005年8月5日起施行的国家旅游局令《旅游规划设计单位资质等级认定管理办法》

2006年2月13日实施的《重大活动食品卫生监督规范》

2007年1月1日起实施的《人员密集场所消防安全管理》

2007年6月1日起施行的《生产安全事故报告和调查处理条例》

2007年11月1日起施行的《中华人民共和国突发事件应对法》
2008年6月11日起试行的《中国饭店行业突发事件应急规范》
2008年10月1日起施行的《娱乐场所治安管理办法》
2009年5月1日施行的新修改后的《中华人民共和国消防法》
2009年6月1日起施行的《中华人民共和国食品安全法》
2009年8月施行的新修改后的《中国旅游饭店行业规范》
2009年10月1日起施行的《旅游者安全保障办法》
2009年10月13日起施行的《保安服务管理条例》
2009年12月1日国务院的《国务院关于加快发展旅游业的意见》
2010年7月1日起施行的《中华人民共和国侵权责任法》
2010年7月1日起施行的《旅游投诉处理办法》
2010年11月1日起施行的《最高人民法院关于审理旅游纠纷案件适用法律若干问题的规定》
2013年1月1日起施行的新修改后的《中华人民共和国治安管理处罚法》
2013年10月1日起施行的《中华人民共和国旅游法》
2014年1月1日起施行的《中华人民共和国特种设备安全法》
2014年3月15日修改的《中华人民共和国消费者权益保护法》（专门增加了有关宾馆饭店的内容）
2014年3月15日起施行的《最高人民法院关于审理食品药品纠纷案件适用法律若干问题的规定》
2014年8月9日国务院的《国务院关于促进旅游业改革发展的若干意见》
2015年8月4日国务院办公厅的《关于进一步促进旅游投资和消费的若干意见》
2015年10月1日起施行的新修改后的《中华人民共和国食品安全法》
2016年1月1日起施行的《中华人民共和国反恐怖主义法》（第二十一条、八十六条等条文对客人登记入住等方面提出了要求）
2016年12月1日起施行的《旅游安全管理办法》
2018年5月18起实施的《关于对旅游领域严重失信相关责任主体实施联合惩戒的合作备忘录》的通知
2021年1月1日施行的《中华人民共和国民法典》
2021年12月1日施行的《人员密集场所消防安全管理》国家标准

【资料链接1-4】

我国涉及酒店的地方性法规和规章制度

1985年6月1日广州市公安局制定的《旅客住宿须知》
1985年11月27日实施的《四川省旅店业治安管理办法》
1989年2月24日陕西省发布的《陕西省旅游业管理暂行规定》
1990年4月10日陕西省发布的《陕西省旅游和来访外宾行李安全管理的暂行规定》
1991年6月20日江苏省旅游局和公安厅联合颁布的《江苏省旅游涉外饭店安全管理规定》

1991年10月21日北京市旅游局发布的《北京市旅游涉外饭店管理试行办法》
1991年10月长沙市公安局制定的《长沙市旅客住宿管理规定》
1997年安徽省政府制定的《安徽省旅游市场管理办法》
1998年9月南京市政府颁布的《南京市旅游业管理办法》
1998年9月广东省实施的《制止经营上台酒水牟取暴利试行办法》
2003年7月1日起施行的《上海市规范餐饮业经营行为的办法》
2004年1月1日起施行的新修改后的《河北省旅游条例》
2005年12月27日起施行的《浙江省旅馆业治安管理办法实施细则》
2006年1月起实施的《杭州市旅游业管理办法》
2006年5月1日起施行的《江苏省宾馆饭店消防安全管理标准》
2006年9月1日起施行的新修改后的《重庆市旅游条例》
2009年3月1日起施行的新修改后的《湖南省旅游条例》
2009年5月1日起施行的《上海市旅馆业管理办法》
2010年10月1日起施行的新修改后的《山东省旅游条例》
2011年4月1日起施行的新修改后的《天津市旅游条例》
2012年1月1日起施行的新修改后的《贵州省旅游条例》
2012年7月1日起施行的新修改后的《四川省旅游条例》
2014年5月1日起施行的新修改后的《云南省旅游条例》
2014年11月1日起施行的新修改后的《海南省旅游条例》
2014年12月25日发布的新修改后的《上海市旅游条例》
2015年4月17日发布的新修改后的《黑龙江省旅游条例》
2015年6月1日起施行的《湖北省旅游条例》
2015年8月1日起施行的新修改后的《辽宁省旅游条例》
2015年10月1日起施行的《江西省旅游条例》
2015年12月1日起施行的《吉林省旅游条例》
2016年1月1日起施行的《浙江省旅游条例》
2006年1月1日起施行的《安徽省旅游条例》
2016年3月1日起施行的新修改后的《江苏省旅游条例》
2016年4月1日起施行的《陕西省旅游条例》
2017年8月1日起施行的《北京市旅游条例》
2017年11月1日起施行的《广东省旅游条例》
2019年3月1日起施行的《珠海经济特区旅游条例》
2022年4月1日起施行的《陕西省旅游条例》

(三)国际有关酒店法律规定的形成

第二次世界大战以来,随着世界经济的发展,国际旅游企业有了很大的发展。国际旅游、交往、商务打破了国与国之间的界线,当酒店与客人发生纠纷时,就产生了这样一个问题,由于世界上每个国家有它自己独立的法院系统和法律系统,由于各国法律的不同,对同一问题,不同国家的法律可能做出完全不同的裁定和判决。国际旅游、交往、商务是一个国际范围的活动,而各国的立法一般是基于本国的情况,这就给法律的运用带来了困难。

为解决这些问题,一些有关酒店的国际公约、国际条约和国际协定被制定出来,并被越来越多的国家所承认及执行。1978年国际私法统一协会拟订和通过的《关于酒店合同的协定》,具体地规定了酒店经营者和客人之间的权利和义务。国际酒店协会也制定了《国际旅馆法规》(中国旅游饭店协会于1994年加入国际酒店协会)。从国际酒店立法情况看,酒店法发展到今天,已有一定的系统性和完整性,越来越受到各国立法的重视。

第五节 酒店法律关系

一、酒店法律关系概念

法律关系,是指由法律规范所确认和调整的当事人之间的权利和义务关系。法律关系有三个要素:一是参与法律关系的主体,二是主体间权利和义务的共同指向对象——客体,三是构成法律关系内容的权利和义务。

酒店法律关系,是指被酒店法所确认和调整的、当事人之间在酒店经营管理活动中形成的权利和义务关系。酒店法律关系具有以下特征:

(一)酒店法律关系是受酒店法律规范调整的、具体的社会关系

酒店法律关系反映了当事人之间在酒店经营管理活动中所结成的一种社会关系。同其他法律关系一样,酒店法律关系以相应的酒店法律规范为前提。由于规定和调整酒店关系的法律规范的存在,因此产生了酒店法律关系。

(二)酒店法律关系是以权利和义务为内容的社会关系

酒店社会关系同其他社会关系一样,之所以能成为法律关系,就在于法律规定了当事人之间的权利和义务关系。这种权利和义务关系的确认,体现了国家意志,是国家维护酒店经营管理活动秩序的重要保障。

(三)酒店法律关系的产生、发展和变更是依据酒店法律规范的规定而进行的

由于法律体现统治阶级的意志,国家会依据酒店经营管理活动的发展和变化不断对酒店法律规范进行完善、修改、补充和废止,因此引起酒店法律关系的发展和变更。

二、酒店法律关系的构成要素

酒店法律关系的构成要素,是指构成酒店法律关系不可缺少的组成部分,包括主体、客体和内容三个要素,缺少其中一个要素,就不能构成酒店法。

(一)酒店法律关系的主体

酒店法律关系的主体,是指在酒店活动中依照国家有关法律法规享受权利和承担义务的人,即法律关系的当事人。在我国酒店法律关系中,能够作为主体的当事人,主要有以下两类:

1. 酒店法律关系的管理、监督主体

(1)国家行政管理机关,包括地方行政管理机关,它们在同级人民政府领导下,负责管理全国和地方的酒店工作;

(2)根据法律的规定,在酒店法律关系中实行监督权的各级行政、物价、审计、税务等部门。

2. 酒店法律关系的实施主体

（1）酒店；

（2）客人；

（3）公司、企业以及国内外旅游组织等。

由于许多旅游酒店直接同外国旅行社等组织发生业务联系，因此外国旅游组织同我国旅游酒店发生经济交往时，也会成为我国酒店法律关系的一方当事人。

在司法实践中，酒店法律关系主体的确立非常重要，本章"案例导入"中的法院之所以驳回旅行社导游的起诉，就是因为在此案中，旅行社导游不具备该案的主体资格。

（二）酒店法律关系的客体

酒店法律关系的客体，是指酒店法律关系主体之间权利和义务所共同指向的对象。在通常的情况下，法律关系主体都是围绕着一定的事物彼此才能成立一定的权利、义务，从而建立法律关系的。这里的权利、义务所指向的事物，便是酒店法律关系的客体。如果仅有法律关系主体和内容，而无权利和义务所指向的事物——客体，这种权利和义务是无实际意义的，法律关系也难以成立。可以作为酒店法律关系客体的有以下几种类型。

1. 物

物，是指现实存在的人们可以控制、支配的一切自然物和劳动创造的物。酒店法律关系的客体包括酒店的客房、商品、物品以及客人的财物等等。货币作为酒店费用的支付手段，也是酒店法律关系的客体。

2. 行为

行为，是指权利主体的活动，它是酒店法律关系中重要的客体。酒店法律关系中的行为，可以分为服务行为和酒店管理行为。

酒店服务行为，是把客人迎进来、送出去，以及做好客人在店期间住、食、娱、购、行等各个环节的服务工作。

酒店管理行为，是一种直接或间接地为客人提供服务的活动，包括酒店总经理、部门经理、主管、领班等进行的管理活动。通过他们的管理工作，使得酒店服务行为形成一个统一的整体，为客人提供各种方便。

3. 科学技术成果

科学技术成果，是指法律关系主体从事智力劳动所取得的智力成果，包括专利、科学发明、酒店产品商标、企业名称标志、管理技术等等。其所有权的使用和转让是有偿的，所以科学技术成果也可作为酒店法律关系的客体。

4. 信息资料

信息资料，是指反映酒店和酒店客户活动发生、变化和特点的各种消息、数据、情报和资料等。

（三）酒店法律关系的内容

酒店法律关系的内容，是指酒店法律关系主体间的权利和义务。法律关系主体间的权利和义务，构成了法律关系的内容。由于权利和义务把酒店法律关系的主体联结起来，因此权利和义务在酒店法律关系中不可缺少。

酒店法律关系主体的权利，是指酒店法律关系主体依法享有的作为或不作为，以及要求他人作为或不作为的一种资格。当酒店法律关系的主体一方因另一方或他人的行为而不能行使和实现其权利时,有权要求国家有关机关依据法律,运用强制手段帮助实现其权利。

酒店法律关系主体权利主要包括以下三方面内容:

(1) 酒店法律关系主体有权作出或不作出一定的行为。如酒店有权拒绝携带危险品的客人进入酒店。

(2) 酒店法律关系主体有权要求另一方按照规定相应作出或不作出一定的行为。如客人入住酒店后,有权要求酒店提供符合其等级标准要求的服务。又如客人在酒店消费后,有权要求酒店提供票据。

(3) 酒店法律关系主体的合法权益受到侵害时,有权要求国家有关机关依据法律,保护其合法权益。如客人在酒店内由于酒店的原因使客人的人身受到损害得不到赔偿,有权要求旅游投诉受理机关保护自己的合法权益。

酒店法律关系主体的义务,是指酒店法律关系主体所承担的某种必须履行的责任。主要包括以下三方面内容:

(1) 酒店法律关系主体按照其权利享有人的要求作出一定的行为。如酒店在收取客人支付的费用后,就有义务按照客人的要求及时清扫房间。

(2) 酒店法律关系主体按照其权利享有人的要求,停止一定的行为。如客人在房内休息时,要求酒店停止客房服务,服务员不得随意进入客人的房间清扫卫生。

(3) 酒店法律关系主体不履行或者不适当履行义务,将受到国家法律的制裁。如酒店内发生重大事故,事件造成客人在酒店内遭到人身损害或财产损失,不但要承担其赔偿责任,还要受到法律的制裁。

思考题

1. 什么是酒店?
2. 什么是酒店法?
3. 酒店法与酒店法学有哪些区别?
4. 酒店法是怎样形成的?
5. 我国目前有哪些酒店方面的法规?
6. 什么是酒店法律关系的主体?
7. 什么是酒店法律关系的客体?
8. 什么是酒店法律关系的内容?
9. 酒店法律关系主体的权利有哪些内容?
10. 酒店法律关系主体的义务有哪些内容?

第二章 酒店法的渊源、基本内容和作用

案例导入

火车轧断少年腿引发的法律之争

小强是南京栖霞区一所小学的六年级学生,学校外60米远处就是铁路,每天他都要步行穿过铁路。2004年11月26日中午,小强却没有像往常那样直接回家,而是从一辆停在铁轨上的列车后面爬了上去,刚上去不久,这辆列车便缓缓启动。

小强慌乱中跳下,不慎将左腿卷到了车轮下,随即赶来的家人将他送到医院,发现左腿已断,进行了截肢手术。经鉴定,他的左腿伤情构成六级伤残。

家人将上海铁路局南京东站和上海铁路局一起告上了南京栖霞区法院,提出了近23万元的赔偿要求。

此案在全国引起广泛的关注。2006年3月由南京栖霞区法院在南京师范大学仙林校区开庭审理。

原告方认为,本案应当适用《民法通则》第123条:从事高空、高压、易燃、易爆、剧毒、放射性、高速运输工具等对周围环境有高度危险的作业造成他人损害的,应当承担民事责任;如果能够证明损害是由受害人故意造成的,不承担民事责任。按照《民法通则》的规定,铁路部门应当承担责任。

被告铁路部门拿出了《铁路法》第58条:因铁路行车事故及其他铁路运营事故造成人身伤亡的,铁路运输企业应当承担赔偿责任;如果人身伤亡是因不可抗力或者由于受害人自身的原因造成的,铁路运输企业不承担赔偿责任。违章通过平交道口或者人行过道,或者在铁路线路上行走、坐卧造成的人身伤亡,属于受害人自身原因造成的人身伤亡,按照《铁路法》的规定,铁路部门则不承担责任。

铁路部门认为,《民法通则》实施于1987年,而《铁路法》实施于1991年,按照时间顺序原则,本案就应当适用后制定的《铁路法》!

原告方则予以反击:《铁路法》是行政法规,不能与《民法通则》相抵触,按规定,当两法发生抵触时,上位法优于下位法。

思考: 请问原告为什么说在这个案子中《铁路法》无效?什么是法律?什么是行政法规?

第一节 酒店法的渊源

酒店法的渊源,是指酒店法律规范的制定和表现形式。它包括国内渊源和国际渊源。

一、国内渊源

我国酒店法的国内渊源主要有：

（一）宪法

世界上很多国家在宪法中都有关于旅游的条文。2004年3月14日第十届全国人民代表大会第二次会议通过的《中华人民共和国宪法修正案》第四十三条规定："中华人民共和国劳动者有休息的权利。国家发展劳动者休息和休养的设施，规定职工的工作时间和休假制度。"《中华人民共和国宪法》中的"休养设施"也应当包含酒店，这一规定可以认为是涉及酒店的条款。

（二）法律

法律由国家最高权力机关——全国人民代表大会及其常务委员会制定、通过。法律有《中华人民共和国食品安全法》《中华人民共和国合同法》《中华人民共和国消防法》《中华人民共和国侵权责任法》和《中华人民共和国旅游法》等等。

（三）行政法规

行政法规由国务院发布或政府主管部门依国务院授权制定并经国务院批准发布的规范性法律文件，如1987年9月国务院批准，1987年11月公安部发布的《旅馆业治安管理办法》；2001年公安部发布，2002年5月1日施行的《机关、团体、企业、事业单位安全消防管理规定》；2009年10月1日起施行的《旅游者安全保障办法》；2009年10月13日起施行的《保安服务管理条例》等等。

（四）地方性法规和规章

地方性法规和规章由省、自治区、直辖市人民代表大会及其常务委员会制定，报全国人大常委会备案或批准，在本地区实施，如2000年12月1日实施的《江苏省旅游管理条例》、2002年1月1日宁夏回族自治区实施的《宁夏回族自治区旅游管理条例》、2004年3月1日实施的《北京市旅游涉外饭店管理试行办法》、2006年5月1日起施行的《江苏省宾馆饭店消防安全管理标准》、2009年5月1日施行的《上海市旅馆业管理办法》等等，这类法规由地方立法机关公布，仅限于其辖区内适用。

在我国，习惯只有在国家认可的条件下才是法的渊源，判例不是我国法的渊源，但对指导审判实践有参考价值，并且能为进一步完善我国的酒店立法提供经验。在普通法系国家，判例是重要的法律渊源之一。

【资料链接2-1】

我国的法律体系

法律形式	制定机关	效力等级
宪法	全国人民代表大会	最高
法律	全国人大及其常委会	次于宪法
行政法规	国务院	次于法律
地方性法规	省、自治区、直辖市的人大及其常委会、省自治区人民政府所在市的人大及其常委会，经济特区所在地的市、国务院批准的较大的市的人大及其常委会	次于行政法规

(续 表)

法律形式		制定机关	效力等级
规章	部门规章	国务院各部、委	本系统内有效
	政府规章	省、自治区、直辖市人民政府、省、自治区所在地的市、经济特区所在地的市和经国务院批准的较大的市的人民政府	本辖区内有效
自治条例和单行条例		民族区域自治地方的人民代表大会	依据宪法和区域自治法自治地方有效
特别行政区		特别行政区立法会	依据宪法和特区基本法特区内有效

二、国际渊源

国际渊源主要有：

(一) 国际公约

如《国际饭店协会和世界旅行社协会联合会公约》《关于旅行契约的国际公约》《关于旅馆经营者对旅客携带物品之责任的公约》等都属于国际公约。

(二) 国际协定（包括双边协定和多边协定）

如《国际旅馆法规》《关于饭店合同的国际协定》《国际旅馆业新规程》《旅馆与旅行社合同的协议》等都属于国际协定。

(三) 国际酒店惯例

在国际酒店业中已有一些为各国普遍接受的习惯做法，如在酒店客房预订方面的规则等。

国际上没有统一的酒店立法机构。国际酒店法律规范常以公约、条约、协定等形式表现。按其参加缔约协商国数量的多少，可以分为双边和多边条约、公约、协定等，其适用范围仅限于缔约国和承认的国家，不涉及其他国家，对其他国家也没有约束力。

第二节 酒店法的基本内容

酒店法是调整酒店在经营管理中各种关系的法律规范的总称。虽然世界各国在酒店法的形式、法律效力以及名称上各不相同，但它们所调整的权利和义务关系都属同一类，都有其共同的基本内容。

一、酒店的设立、变更和终止的规定

酒店的设立、变更和终止是酒店存在和消亡的法律问题。酒店的设立又称酒店的开办，是指酒店设立人为取得酒店经营的资格，依照法定程序所实施的行为。我国的《旅馆业治安管理办法》第四条规定："申请开办旅馆，应经主管部门审查批准，经当地公安机关签署意见，向工商行政管理部门申请登记，领取营业执照后，方准开业。经批准开业的旅馆，如有歇业、转业、合并、迁移、改名称等情况，应当在工商行政管理部门办理变更登记后三日内，向当地的县、市公安局、公安分局备案。"

在我国境内的国有酒店、集体经济酒店、外商投资酒店、港澳台投资酒店、股份制酒店、联营酒店和私营酒店，都由国家行政机关审批设立。申请设立的酒店必须具备法定的设立条件，通常由酒店设立人提出申请，由主管机关或其他授权机关审查批准。

酒店的变更，是指酒店设立登记事项中某一项或某几项内容的改变。酒店的终止，又称作酒店的关闭，是指酒店的解散及其经营活动的停止。

二、酒店经营范围的规定

现代酒店是一个具有多种功能的综合性企业。除客房和餐饮外，酒店还应包括它的附属设施的范围，如车队、保龄球馆、网球场、桑拿浴、游泳池、舞厅、商场、卡拉OK厅等。凡是在该酒店实际控制下的部门或空间，均属该酒店的范围。

三、酒店的权利与义务的规定

（一）酒店权利义务概念

酒店的权利与义务有两个概念，一是酒店作为法人的权利与义务，二是酒店对客人的权利与义务。

酒店对客人有诸多的权利，如有权要求住宿的客人进行登记，并查验客人的身份证明；有权拒绝患有各种传染病或精神病的客人住进酒店；有权拒绝客人将易燃、易爆、剧毒、腐蚀性和放射性等危险物品带入酒店；有权拒绝衣着举止与本酒店等级不相符的人员进入酒店；有权收取合理的费用；有权要求客人赔偿因客人的原因而使酒店蒙受的损失等等。酒店的义务也有很多，如有义务向客人提供与本酒店等级相符的硬件设施和服务；有义务保障客人的人身安全；有义务保障客人的财产安全；有义务为客人提供符合国家卫生标准的饮食；有义务为住店客人提供贵重物品安全寄存服务等等（详见第三章内容）。

（二）酒店作为法人的基本权利

1. 酒店的人身权

由于法人具有独立的人格，是法律拟制的"人"，它也有人身权。人身权是酒店极其重要的权利，它是与酒店作为企业法人人身不能分离的没有财产内容的权利。酒店的人身权是国家通过立法程序赋予的。

酒店的人身权包括：

（1）酒店的名称权。酒店作为企业法人享有名称权，有使用和依法转让自己的名称的权利（如一些名声显赫的酒店集团向需要的酒店出售本集团的特许经营权，从而使这些酒店可以合法地使用该集团的名称）；有禁止他人干涉、盗用自己的名称的权利等。

（2）酒店的名誉权。酒店享有名誉权，禁止他人用诽谤的方式损害法人的名誉。

（3）酒店的荣誉权。酒店享有荣誉权，可以接受表彰和获得荣誉称号，禁止他人非法剥夺法人荣誉称号。

2. 酒店的经营管理权

酒店有依法开展各项业务活动以及进行内部管理的权利。酒店的经营管理权主要包括：

（1）酒店有权依法拒绝任何单位向其摊派的各种不合理收费。

（2）酒店有权在经营范围内依法开展多项经营活动，进行推销，利用自己的餐饮、洗衣、娱乐、健身等设施设备向客人和社会公众提供各项服务。

（3）酒店有权依法开辟自己的客源市场，在国内外开拓业务，通过各种方式开展酒店业务。

（4）酒店有权同旅行社、旅游汽车公司等旅游企业以及民航、铁路、商业等单位签订合同，开展横向业务。

（5）酒店有权依法在自愿、互利的基础上实行联合，组成酒店集团。

（6）酒店有权依法提取固定资产折旧。

（7）酒店有权依法出租和转让酒店的固定资产。

（8）酒店有权对酒店的设施、设备和原材料进行采购，自行决定生产经营需要的各种物资，任何单位和个人不得干涉。

国有酒店对其经营管理的财产不享有所有权，只能依照国家授予或合同约定享有经营权，其经营权限大小由国家法律规定或者按合同约定。

3．酒店的劳动人事权

劳动人事管理是酒店管理的重要内容之一，劳动人事权是企业实现自主经营权的重要保证。酒店有权按照法律规定录用、辞退职工，有权任免干部，有权确定适合本酒店情况的工资形式和奖金分配办法，有权决定本酒店的机构设置及人员编制，使酒店的劳动人事管理适合于加强酒店经营管理权的要求。

4．酒店的诉讼权

诉，是指酒店向法院提出的保护合法权益的请求。任何酒店的权益受到侵犯或者发生争议，都可以向法院提出保护的请求。诉讼，是指法院在双方当事人及其他诉讼参与人的参加下，审理和解决纠纷所进行的活动，以及由这些活动所发生的关系。需要指出的是，酒店的人身权受到非法侵害时，一般适用民事诉讼程序；酒店的经营管理权受到非法侵害时，一般适用行政诉讼程序。

（三）酒店作为法人的基本义务

酒店作为法人的基本义务主要有以下几方面：

（1）严格执行国家有关法律法规、规章制度及规范，包括执行消防管理、治安管理、卫生管理、物价管理等法规。

（2）向客人提供符合本酒店星级标准的各种服务，包括硬件和软件等。

（3）向客人提供符合国家卫生标准的住房，向客人提供符合《中华人民共和国食品安全法》以及其他食品安全法律法规规定的饮食。

（4）遵守税法和财经法规，接受审计、财税、工商、物价、金融等部门的监督管理。

（5）依法向国家缴纳税金。

四、客人的权利和义务的规定

客人有广义与狭义之分，广义的客人包括住店客人、在店消费的客人、欲来店消费人员和其他人员。狭义的客人，是指在酒店内住宿、用餐或接受其他服务与消费的人员。本书中的客人，一般是指狭义上的客人。

客人的权利包括，有权按照住宿契约使用预订的房间和享受与其相关的服务，有权要求酒店保证其人身安全和财产安全等等。

客人的义务包括,在登记入住时有义务提供有效的身份证件,并接受检查;客人在酒店住宿期间有义务遵守国家和酒店所在地的法律法规;有义务爱护酒店的财物;有义务支付有关费用等等。

五、酒店法律责任的规定

酒店对自己的客人负有法律上的义务,这些义务包括保护客人人身安全、保护客人财产安全以及保护客人的贵重物品安全等等。酒店的客人一旦在住店期间或者在接受酒店提供的服务过程中,由于酒店的故意或过错而造成客人的人身损害以及财物损失等情况,就应当承担相应的法律责任。

第三节 酒店法的作用

一、对酒店业的发展实行宏观调控

国家通过制定有关酒店方面的法律、法规,对酒店和有关部门的关系实行有效的协调和控制,从而促进酒店业的健康发展。

二、为酒店法律关系主体规定行为规范

酒店在经营和管理中会产生多种法律关系,在这些法律关系中会出现各种法律问题。例如,客人由于某种原因不来使用已经预订的房间而给酒店造成经济损失;酒店因为自己的过错不能按时向客人提供预订的客房;酒店因为过错而造成客人的人身损害或者财物的毁损或灭失;酒店的餐厅因为提供不符合卫生标准的饮食而造成客人的疾病;客人将酒店的财物损坏等等。

酒店和客人以及酒店和其他法律关系主体之间的合同一经成立,便具有法律效力,在双方之间就会产生权利和义务的法律关系,合同双方必须按合同的规定,向对方承担法律义务,并享有一定的权利。如果合同当事人一方或双方未按合同规定履行义务,就应承担相应的法律责任。

酒店法为酒店规定的行为规范包括:酒店应当保障客人的人身安全;酒店应当保障客人的财物安全;酒店应当设置客人贵重物品保险箱,保管客人的贵重物品;酒店应当保护客人的隐私权;酒店应当有完好的火灾报警和灭火设施设备等等。酒店法为客人规定的行为规范包括:禁止携带危险品进入酒店;入住时应当按规定项目如实登记;支付在酒店内消费的费用等等。

三、为酒店法律关系主体提供法律保护

酒店法除了明确酒店法律关系主体的权利和义务,保证这些权利义务真正得以实现,还规定了对不履行或不适当履行义务的行为所应承担的法律责任,使受损害的一方得到合理的赔偿和补偿。

早在1951年8月5日,我国就颁布了《城市旅栈业暂行管理规则》。近些年来,随着我

国酒店业的发展,我国又先后制定了《旅馆业治安管理办法》《中华人民共和国消费者权益保护法》《中华人民共和国消防法》《中华人民共和国治安管理处罚法》《中华人民共和国安全生产法》《中华人民共和国食品安全法》《最高人民法院关于确定民事侵权精神损害赔偿责任若干问题的解释》《机关、团体、企业、事业单位消防安全管理规定》《最高人民法院关于审理人身损害赔偿案件适用法律若干问题的解释》等一系列涉及酒店方面的法律法规,为酒店和其客人及其他法律关系主体的正当权益提供了法律保护。

四、促进经济发展

市场经济是法治经济。随着我国市场经济的逐步建立和完善,旅游业和酒店业有了较大的发展。酒店法律法规的建立和健全可以避免和制止不按科学办事、不规范经营等现象。而这些现象仅靠原有的行政管理手段以及协调的方式、方法已远远不能适应市场经济条件下的酒店业建设和管理的需要。酒店法律法规的建立是市场经济条件下发展酒店业,提高酒店服务质量,保障客人合法权益的需要。从竞争和发展的关系看,酒店法律法规的建立、健全加强了酒店行业的管理,使酒店业的管理纳入法治的轨道,促进了经济的发展。

思考题

1. 什么是酒店法的渊源?
2. 酒店法的国内和国际渊源主要有哪些?
3. 酒店法有哪些基本内容?
4. 酒店的人身权包括哪些内容?
5. 酒店的经营管理权有哪些?
6. 酒店法有哪些作用?
7. "案例导入"中"火车轧断少年腿引发的法律之争"的案例为何引起法学界的广泛关注?请查阅有关资料作进一步分析。

第三章 酒店同客人的权利与义务

案例导入

客人在酒店内被外人打伤所引起的酒店责任之争

3月的一天,苏某与方某旅行结婚住进江苏某大酒店,当晚10时许他们在观城市夜景后回到酒店。刚走进大厅,两名醉醺醺的青年男子向他们寻衅,苏某和他们争辩了几句,招来了一顿拳打脚踢,苏某头部被打破,口鼻出血。方某大声呼救,但站在大厅内的两名酒店安全部的保安人员和两名服务员都无动于衷。待那两位打人的青年扬长而去之后,两名保安人员才走过来协助方某将苏某送医院。经医院诊断:苏某头部外伤、脑震荡、胸腹部等多处软组织挫伤。苏某在医院治疗近一个月,花费医疗费5 000余元。

苏某出院后,要求酒店进行赔偿。酒店方认为:苏某受伤是外来人员所致,而且是在双方打斗时受伤的,所以酒店不应当承担赔偿责任。在得不到酒店任何赔偿的情况下,苏某将该酒店告到了法院。要求酒店赔偿医疗费、误工费、营养费、护理费、精神损失费等共2万元。

思考:客人在酒店内被外人打伤,酒店是否有责任呢?

第一节 酒店同客人权利义务关系的产生和终止

一、酒店同客人权利义务的产生

酒店同其客人之间的权利义务关系是随着住宿以及其他有关合同的产生而产生的。合同也叫契约,它是当事人之间对确立、变更、终止民事权利义务关系表示一致的法律行为。合同的成立,须有当事人相互作出意思表示,并达成一致。住宿等合同,是指酒店和客人,以及酒店和其他任何一方就有关提供住宿设施、饮食服务和附加服务而达成的协议。

酒店同客人以及酒店和其他法律关系主体之间的合同一经成立,便具有法律义务,并享有一定的权利。如果合同当事人一方或双方未按合同规定履行义务,就应承担相应的法律责任。

客人如果向酒店发出要求预订客房的要约,而酒店接受了这一要约(即酒店表示承诺),并按照规定进行了登记,则酒店和客人之间的住宿合同关系即告成立。当事人任何一方如果不按合同规定履行自己的义务,应当承担相应的法律责任。

在广义上,凡是来酒店的人员,无论他是否住宿、用餐或进行其他消费和活动,均是酒

店的客人。但从法律的角度来看,酒店同其客人产生权利和义务关系需要具备以下的条件:

(1) 客人来到了酒店,提出了住店的要求(即向酒店发出住宿要约),办理了登记手续,并且拿到了酒店客房的钥匙以后(即酒店承诺了客人要求住宿的要约),他才具有酒店客人的身份才能算是酒店客人(或称"住店客人")。

(2) 客人向酒店发出了就餐或进行其他消费的要约(比如客人点了菜),而酒店又接受了这一要约后(餐厅接受了点菜),这时酒店和客人之间的合同关系便正式成立。

国际私法统一协会《关于饭店合同的协定草案》第三条第一款规定:"饭店合同在一方明确表示接受另一方提出的要约时即告成立。"

确定从什么时候起合同才算成立,对确定当事人的权利、义务和责任有重要意义。酒店和客人之间的合同关系一旦成立,酒店就要对客人的人身和财物安全负责。

二、酒店同客人权利义务的终止

1. 结账终止

客人住宿期满来到结账处,提出退房,酒店出示账单,双方无异议,客人签单付费之后;或者客人在酒店内进行其他的消费结束,付了款以后,酒店和客人双方之间的权利和义务关系便终止了。

但在实际情况下,客人在结账后到走出酒店大门这一段时间,仍具有"潜在客人的身份"。例如用于等候出租汽车的时间;客人结账后,返回房间整理行李的时间。这时,应视为客人和酒店之间的合同关系仍然存在。在此期间,酒店就负有"潜在责任",直到客人离开酒店。

2. 合同终止

团队、会议、长住、预定客房或用餐等客人,一般通过合同的方式产生其权利义务关系。合同一经成立,双方之间的权利和义务关系即按照合同约定的时间产生和终止。在合同期内,如无特殊情况,双方都无权不经对方的同意而终止合同。在合同期间,如果客人或酒店中任何一方违反合同的规定,另一方有权要求赔偿其损失。按照合同的约定住宿期满,酒店同客人之间的权利义务关系即告终止。

如果由于某种原因团队或会议等客人要求继续留宿酒店,酒店应问清客人是个人还是签约单位同意继续留宿酒店(这样做避免续住期间所产生的费用纠纷)。无论是何种情况,应视为上一合同的终止和新的合同的开始,并且要得到酒店的同意。如果客人没有事先通知酒店将继续住宿,而且酒店也无客人需要的住房提供,酒店可以要求客人离开该房间。

3. 违约终止

客人或者酒店如果有一方严重违反了双方的合同,并且经指出后仍不能达到约定的要求,另一方可以随时提出终止合同。例如,客人严重违反有关规定经劝告无效,将客房转租他人,在客房内做出有损于公共道德或者有损于酒店声誉的行为,酒店提供的客房和服务与其等级严重不符,酒店侵害客人合法权益的行为等等。

4. 驱逐终止

我国合同法的基本原则之一是,合同必须符合国家的法律、法规的规定,违反国家法律法规的合同,法律不予保护。《旅馆业治安管理办法》第十二条规定:"旅馆内,严禁卖淫、嫖宿、赌博、吸毒、传播淫秽物品等违法犯罪活动。"该办法第十七条规定：违反本办法第十二条规定的，依照《中华人民共和国治安管理处罚法》有关条款的规定，处罚有关人员；发生重大事故、造成严重后果构成犯罪的，依法追究刑事责任。

客人如果在酒店内因实施犯罪行为或其他违反国家法律规定的行为，被公安机关拘留，酒店有权将其驱逐，此时双方的合同关系就随即终止。

第二节　酒店对客人的权利

一、拒绝客人的权利

酒店是为住店客人及社会公众提供各种服务的场所。但出现以下情况，酒店可以不予接待。

（1）患有严重传染病或精神病者。因为严重的传染疾病患者和严重精神病患者对酒店内其他客人的健康和安全构成威胁。在"非典"时期，很多酒店都作出禁止"非典"患者（包括疑似患者）进入的规定。

（2）携带危害酒店安全的物品入店者。我国的《旅馆业治安管理办法》第十一条规定："严禁旅客将易燃、易爆、剧毒、腐蚀性和放射性等危险物品带入旅馆。"对携带上述危险品入店的客人，酒店可以进行劝阻，如客人不听劝阻，酒店有权拒绝入店。

（3）从事违法活动者。《旅馆业治安管理办法》第十二条规定："旅馆内，严禁卖淫、嫖宿、赌博、吸毒、传播淫秽物品等违法犯罪活动。"为了保障客人的安全，维护酒店的声誉，酒店有权拒绝一切有违法行为的客人。对于其入店后违法或有违法行为的客人，酒店有权制止，经劝阻无效的，酒店可以要求离店，情节严重的，酒店应当及时报公安机关。

（4）影响酒店形象者。酒店内禁止客人携带猫和狗等动物进入，这是很多国家的酒店法明文规定的。我国的《旅馆业治安管理办法》第十三条规定："旅馆内，不得酗酒滋事、大声喧哗，影响他人休息，旅客不得私自留客住宿或者转让床位。"对上述行为举止不当的客人，酒店有权制止，不听劝告的，酒店有权要求客人离店。有的酒店（特别是一些豪华的酒店）为了维护其自身形象，对一些衣冠不整的客人也规定不予接待。

（5）无支付能力或曾有过逃账记录者。酒店是以营利为目的的企业，并非公益性单位，对于无支付能力或者拒绝支付酒店合理费用的人员，酒店有权不予接待。对于曾有过逃账记录的人员再次入店时，酒店也有权加以拒绝。

（6）酒店客满。在酒店已经客满，无能力接待新来的客人和接受新的预订时，酒店可以拒绝客人。

（7）法律、法规规定的其他情况。

二、要求客人支付合理费用的权利

酒店有要求客人支付酒店合理费用的权利。酒店收取的各种费用应当是合理的，收费标准不能违反国家的有关规定。客人如无力或拒绝支付所欠酒店的合理费用，酒店可以通过一定的方式解决。

如果客人拒绝支付酒店合法的费用，酒店可以通过向法院诉讼的方式实现其自身的权利。

【案例 3-1】

英国国际企业跨国公司执行总裁 Mao Mei Sykes(茅·美·赛克斯)和英国国际跨国公司技术顾问 Timothy Terence Andreae(蒂莫西·特伦斯·安德烈)为与中国东方歌舞团订立演出合同来到中国。他们从某年8月25日至同年11月7日住上海LB酒店一号楼,应付该酒店房费、车费等项费用共计人民币70 927.47元。除已付人民币14 000元,尚欠该酒店人民币56 927.47元。上海LB酒店多次向他们索要,二人均以身边无现款为由一再拖欠。之后,二人迁住在北京华都酒店5110房间,准备离开中国,上海LB酒店于同年12月在北京市中级人民法院对上述二人提起诉讼,请求法院判他们偿付欠款。

法院调解结果:

北京市中级人民法院受理起诉后,立即对该案进行审理。法院认定二被告欠款不还是违法的。经法庭调解,被告又偿还了人民币2.5万元。余款部分由安德烈开出1.65万美元的期票,限期为次年1月21日,由被告回国后按期汇款,并由香港某公司张经理作债务担保人。如被告人到期未付款,由担保人承担清付债务责任。于是,上海LB酒店向北京市中级人民法院提出撤诉申请。北京市中级人民法院经审查,于12月24日裁定准许上海LB酒店撤销起诉,诉讼费由被告负担。

分析: 上海LB酒店在多次向英国国际企业跨国公司执行总裁 Mao Mei Sykes 和英国国际跨国公司技术顾问 Timothy Terence Andreae 二人索要所欠酒店费用,而二人以种种理由一拖再拖,并得知二人准备离境时,及时向北京市中级人民法院对二人提起诉讼,这种做法不但合法而且维护了自己的利益。

【案例 3-2】

美国ABC电脑公司与我国某公司合作,开发电脑产品。开发期间,电脑公司包租了某宾馆3311房间,并签订了租房协议。协议期满,电脑公司工作人员陆续离去,仅留下雇员麦克逊一人居住。在没有任何新的协议下,麦克逊继续住在该宾馆,所欠费用达6万余元。宾馆曾多次要求他付所欠的费用,但他以回国前一次结账为由,拒付所欠款项。当该宾馆得知麦克逊已订回国机票,即要求其付款,而他却称应由所在的公司支付,拒不付款。宾馆在无法同该公司联系的情况下,立即向法院起诉,要求麦克逊支付所欠的房费和长途电话等费用。

法院立案后,要求他付清所欠的款项或提供担保,但是麦克逊拒不合作。于是,法院依法扣留了他的护照,同时与外事部门通报情况。外事部门立即同该国领事馆联系,在该国领事馆愿意担保的情况下,法院解除了扣留护照的决定。

分析: 对于超过约定应付款项的时间或者超过酒店约定的金额,虽然酒店有权要求其客人离店或者采取其他措施,但在实际情况下难以自行采取强制手段。本案中,该宾馆采取注意客人准备回国的动向,在交涉无果的情况下,及时向法院起诉,由法院依法扣留其护照,限制出境。这一做法既保证了酒店免于损失,又合法可行。

三、要求赔偿造成酒店损失的权利

根据我国的法律,客人无论是过失或故意损坏酒店的物品,都应当承担其赔偿责任。如果客人损坏了客房内的物品,影响了该客房的出租,酒店有权要求侵害人赔偿其损失。《民法典》第一千一百八十四条规定:"侵害他人财产的,财产损失按照损失发生时的市场价格或者其他合理方式计算。"但是,酒店应当及时采取必要的措施,恢复该客房的正常状态,否则，酒店无权要求客人承担扩大的损失。《民法典》第五百九十一条规定："当事人一方违约后，对方应当采取适当措施防止损失的扩大；没有采取适当措施致使损失扩大的，不得就扩大的损失请求赔偿。当事人因防止损失扩大而支出的合理费用，由违约方负担。"

酒店应该对客人的财物安全负责，客人也必须爱护酒店内的一切设施和财物。如果客人故意或过失损坏了酒店的设施或财物，首先应当恢复原状或者折价赔偿，酒店如果因此遭受其他重大损失的，侵害人应当赔偿损失。例如，客人损坏了客房内的家具或其他设施，以至于该客房不能马上使用，则侵害人应该赔偿包括该房间不能使用在内的全部损失。一旦此种情况发生，酒店应尽快使得该房间恢复到可以使用的状态。

【案例 3-3】

某年大年初二，广州 HY 酒店的 1633 号客房内的烟感报警器突然报警。酒店的消防队立即出动直奔该客房，此时客房内冒出浓烈的硫黄烟焦味。敲门多次，无人应答。他们只得用紧急万能钥匙打开房门。房内的火已经熄灭，烟雾弥漫，茶几上一截未烧尽的烟花余热尚存，近旁还有一包用报纸裹着的烟花和爆竹。经检查发现，地毯、茶几台面及旁边的两张单人沙发的面布上都有被烟花烧坏的痕迹。按照惯例，消防人员进行了现场拍照，着手查明起火原因。

经查，该房间住的是随香港中国旅行社组团来的李先生及境外的女友。午夜 1 时 30 分，李先生同其女友回到房间。经电话同意后，酒店的大堂经理、保安领班、消防主管及客房楼层主管共四人入房找李谈话。李先生承认点燃过烟花，并问赔偿多少钱。酒店答：按国际五星级酒店的质量标准，损坏的物品需重新更换。地毯每平方米为 300 元人民币，房间面积 28 平方米，应赔 8 400 元，沙发面布 600 元，茶几 1 000 元，合计赔偿金额为 1 万元人民币，尚不包括装修费及导致该房间不能出租的损失。但考虑到过年，赔偿金额减为 6 000 元人民币。李先生表示同意，由于身上所带现金不足，先付人民币 1 800 元，其余的等回港后再付。李先生用英文立下字据："本人 2 月 1 日租住 HY 酒店 1633 号客房时，因放烟花毁坏了酒店的地毯、咖啡台和沙发，应赔偿人民币 6 000 元。先付 1 800 元，余欠的 4 200 元人民币将在回香港后于 2 月 28 日前交付。"为保证其字据的有效性，李先生、旅游团领队和酒店代表分别在欠条上签了名。

分析：在本案中，广州 HY 酒店发现 1633 号客房内的烟感报警器突然报警后，酒店消防人员立即到客房内查明情况，并进行现场拍照，这样做可以取得可靠的证据。在赔偿金额的计算方面充分考虑到了国际行业惯例和客人的承受能力。当客人所携带的现金不足时，让客人立下字据并且请当事人和旅游团的领队在上面分别签字，这种做法符合法律规定。

第三节 酒店对客人的义务

酒店对客人的义务，是指酒店在经营活动和服务过程中必须作为或不作为的责任。酒店的权利和义务是相辅相成、互相依存的，没有无义务的权利，也没有无权利的义务。酒店主要有以下几方面的义务。

一、尊重和保障客人人权的义务

(一) 尊重和保障人权在中国的确立

1991年,我国政府首次以政府文件的形式发表《中国的人权状况》白皮书后,1997年中共十五大召开,首次将"人权"概念写入党的全国代表大会的主题报告;2004年,"国家尊重和保障人权"写入宪法;2006年,"尊重和保障人权,促进人权事业的全面发展"被载入《国民经济和社会发展第十一个五年规划纲要》;2007年,中共十七大将尊重和保障人权的内容写入党章。《行动计划》将根据联合国的要求制定,世界上共有23个国家制订了人权行动计划,而中国是着手制订人权国家发展规划的极少数世界大国之一。

2004年3月14日,第十届全国人民代表大会第二次会议通过的《中华人民共和国宪法修正案》在《中华人民共和国宪法》的第十四条中增加了一款"国家尊重和保障人权"。将尊重和保障人权写入宪法,确立了公民的人身权和隐私权得到法律的保护。我国《宪法》规定:"中华人民共和国公民的人身自由不受侵犯。任何公民,非经人民检察院批准或者决定或者人民法院决定,并由公安机关执行,不受逮捕。禁止非法拘禁和以其他方法非法剥夺或者限制公民的人身自由,禁止非法搜查公民的身体。"

(二) 人权包含的内容

人权作为民事主体的基本权利,包含了很多的内容,如公民的姓名权、名誉权、荣誉权、肖像权、隐私权、生命健康权等等,历来受到各国法律的重视与保护。作为酒店不得非法搜查客人的身体和所携带的行李物品。按照我国的法律规定,对客人人身和财产实施检查或者搜查,只能由法律赋予权力的人员依照法定的程序来进行,其他任何机关、团体和个人是无权搜查客人的身体和所携带的财产的。

保护和尊重客人的人权是《宪法》明确规定的内容。人权也包括了隐私权。隐私,是指个人生活方面不愿意让他人知道的正当的私人秘密,实质上是公民在一定范围内自由决定个人活动的权利。在国外,隐私权是人格权的重要组成部分。随着我国保护公民人权在法律上的确定,公民的隐私权意识正在逐步加强。按照法律的规定,公民的隐私权受到法律的保护,酒店非经法定程序不得公开客人的秘密。

(三) 酒店对客人人权的尊重和保护

从法律的角度上看,酒店的客房一旦出租,客房的使用权即属于客人,不允许未经许可的人员进入该客房。酒店的工作人员除履行职责,保护客人安全外(如工作人员进入客房进行卫生清扫、设备维修或者在发生火灾等紧急情况下进入),不得随意进入客房。无明显理由进入客人的房间,是一种侵权行为。

在世界著名的澳大利亚的里茨-卡尔顿酒店(The Ritz-Carlton Hotel),客房门上所用的"请勿打扰"牌用的不是Do Not Disturb,而是Privacy一词,意为"隐私"和"不干扰他人自由"。

【案例3-4】

某年7月5日,北京市民余某某及其女儿和外甥到北京HT酒店的商场购物,正赶上北京HYF公司的促销员在该商场三楼进行活动。经促销小姐张某的介绍,她们购买了140余元的电池,并得到一块手表和一个游戏机的奖品。因为有随行的两个孩子,余某某又问了一句:"能不能再送一个游戏机?"答复是:"不可以。"余某某在付完款准备出门时被促销小姐拦住,说刚才清点游戏机时,发现少了一个,要求检查一下她们的手包。双方由此发生了争执,当时很多人驻足围观。无奈之下,三人只好任由促销小姐翻看,结果没有查到。

然而,在她们离开不久,这位促销小姐又追了上来,说游戏机数目还是不对,并要再次对她们搜查。此时围观的人越聚越多,余某某感到莫大的侮辱,与随后到来的该商场的负责人交涉未果,因冠心病复发,只得离开了商场。

当天下午,该商场的主管人员就登门致歉,而那位促销小姐也被公司辞退。但双方在"公开道歉"和"赔偿精神损失"两项上无法达成一致,因此余某某上诉到法院。

同年11月17日,余某某接到北京市朝阳区法院民事初审判决书:HT酒店向包括余某某在内的三名原告公开赔礼道歉,在本商场内张贴致歉公告,为原告恢复名誉,并支付5 500元精神损失费。至此,四个多月的纠纷结束。

分析:在本案中,促销员的行为明显违反《中华人民共和国消费者权益保护法》中"经营者不得对消费者进行侮辱、诽谤,不得搜查消费者的身体及其携带的物品"的规定,构成了侵权行为。对这一点,本案的被告也不否认。该促销员虽然是HYF公司的职工,但商场为该公司提供了经营场地,故而应当为这一事件承担责任。而原告三人是到被告处购物时权利受到侵害的,因此被告应对发生在自己商场的侵权行为负责。

二、保障客人人身安全的义务

《中华人民共和国消费者权益保护法》第七条规定:"消费者在购买、使用商品和接受服务时享有人身、财产安全不受损害的权利。消费者有权要求经营者提供的商品和服务,符合保障人身、财产安全的要求。"酒店法从它开始产生的时候起就被规定酒店有保护客人人身安全的责任。提供安全的住宿环境,保证客人住店期间的人身安全,是酒店在安全方面最基本的职责之一。

客人在酒店可能受到人身损害的原因很多,如行凶抢劫、火灾、设备故障、饮食污染、酒店或其服务人员疏忽大意、第三方的侵害行为等等。这些原因都可能造成客人的人身损害甚至伤亡。

改革开放40多年来,我国的酒店业发生了翻天覆地的变化。随着我国的开放和发展,过去的那种封闭型的宾馆、涉外酒店如今成了开放型的,为住店客人和社会公众提供各种服务的公共场所。很多涉外酒店甚至国宾馆都已对外开放。但是,随之而来的是给旅游酒店的安全工作带来了较大的挑战。近年来,发生在旅游酒店内的各类危及客人人身安全的事件时有发生。如1988年7月29日,日本旅游者小林康二在上海锦江酒店新南楼的370房间被杀;1991年7月27日,台湾客人陈克祥和赖占清在四川重庆酒店被犯罪分子抢劫行凶杀害;1992年5月19日,日本游客河本小子和中村俊子在云南翠湖宾馆229房间被犯罪分子张云锦杀害;1993年5月25日,一名美国客人在云南昆明锦华大酒店被杀;1993年6月7日,三名日本客人在西安长安城堡大酒店被杀害;1998年8月23日,深圳某医药公司的总经理王翰在上海银河宾馆被杀;2002年1月10日,中国某著名报社主编周建新在北京玉泉路一宾馆被杀害;2004年2月29日,湖南武冈市某宾馆内李志勇将高某及其3岁的儿子杀害;2004年4月5日,香港华娱首席代表、副总裁耿为民在广州华安酒店608房间被抢劫杀害;2007年1月25日,香港某上市公司主席郑慈太在深圳某酒店被杀害;2014年8月2日,西安一宾馆客房内发生杀人碎尸案;2022年11月陕西某酒店发生凶杀案……

从以上这些案例可以看出,如何保障客人的人身安全是酒店面临的一个难题。对于一些难以确认是酒店责任的客人人身损害事件,只要酒店有充分证据证明为防止事件的发生已采取了一切可能的措施,或者证明损害的发生不是或不全是由于酒店的过失,就可以减轻或免除酒店的责任。美国酒店法规定:"酒店业主必须对它的客人予以合理的照顾,以防止客人蒙受损害。但是,酒店不是客人个人安全的保险人。"

关于客人在酒店范围内遭受人身损害的规定,法律是以酒店是否有过错和过错的程度来确定酒店的责任,而不是要求酒店负一切的责任。2004年5月1日实施的《最高人民法院关于审理人身损害赔偿案件适用法律若干问题的解释》第六条规定:"从事住宿、餐饮、娱乐等经营活动或者其他社会活动的自然人、法人、其他组织,未尽合理限度范围内的安全保障义务致使他人遭受人身损害,赔偿权利人请求其承担相应赔偿责任的,人民法院应予支持。安全保障义务人有过错的,应当在其能够防止损害的范围内承担相应的补充赔偿责任。"该司法解释将酒店内发生的客人人身损害,酒店是否需要进行赔偿,以及如何赔偿用具体的条文加以规定,使得酒店更容易掌握如何保护客人的人身安全。

酒店虽然是一公共场所,但并不是任何地方都可以由人随意进出。酒店的住客楼层则属于非公共场所。所以,除了住店客人、他们的来访者以及酒店的员工以外,外来无关人员不得随意进入客房楼层。为保护住店客人的人身和财产安全,酒店内的任何员工对于在楼层徘徊的陌生人都应当主动上前询问。他们有权要求未经许可而进入楼层的人员离开楼层。

如果是由于酒店的责任而造成客人人身受到损害,酒店应按照《民法典》有关侵权行为的规定来承担相应的民事责任。《民法典》第一千一百七十九条规定:"侵害他人造成人身损害的,应当赔偿医疗费、护理费、交通费、营养费、住院伙食补助费等为治疗和康复支出的合理费用,以及因误工减少的收入。造成残疾的,还应当赔偿辅助器具费和残疾赔偿金;造成死亡的,还应当赔偿丧葬费和死亡赔偿金。"

【案例3-5】

某年夏,广东省佛山市新开张了一家餐馆,一位78岁的吴老太想去看看。进入店堂,吴老太在一张没有靠背的四脚凳上坐下。这时小推车从身边推过,吴老太叫住小推车,转身站起去取早点。这时,意想不到的事发生了,当她坐回到凳子上时,凳子铁钩的焊接处脱离,四脚分开,老太太重重地摔在地上,摔成盆骨骨折,需住院治疗。刚入院时,餐馆多次派人带营养品去看望她,后来就不再去了。老人住院费越来越高,子女多次去餐馆交涉,总是没有结果。同年12月,老太太聘请律师作诉讼代理,向法院起诉。

原告认为,吴老太盆骨骨折是餐馆忽视店内安全设施检查而造成的,责任理应由餐馆承担。由于老太太没有退休金,而且此一摔生活不能自理。要求餐馆赔偿住院费、治疗费及生活护理费等共8万元人民币。

被告方认为,吴老太摔倒在餐馆,餐馆已付了3 000元的医疗费,再说,吴老太年纪大,意外摔倒时难免要严重些,餐馆刚刚开张效益不好,如此高的赔偿费无法承受。经过法院调解,根据消费者权益保障法第四十一条规定,被告应承担赔偿责任。最后双方达成协议,餐馆一次性赔偿吴老太住院费、护理费、营养费及残废赔偿费共28 800元。

【案例3-6】

2021年11月22日,江西某酒店内发生了一起客人在酒店内受伤,由于酒店处理不妥,而造成酒店赔偿损失的事件。事发当天晚上7点多钟,市民张某与朋友在一星级酒店用餐。由于在用餐喝酒时声音过大,引起临近一桌客人的不满。由于言语不投,双方发生了争执。

突然,临桌座位上的一男子冲走来,怒气冲冲地拿起桌上的酒杯和盘子向张某砸去。顿时张某被砸得头破血流。当张某的朋友上前查看他的伤势时,肇事者乘机匆忙逃走。在场酒店的保安看到了这一幕,但没有阻拦,行凶者顺利逃脱。

接着,临近一桌客人要求结账。在服务员报出共消费了680元餐费后,这些人立即交给服务员700元后,就要离开。张某的朋友随即上前,将对方的人抓住。但是,对方以他们并没有动手打人为由也迅速离开了现场。

张某很快被朋友送到医院抢救治疗,共花去治疗费23 000元。因行凶者始终未找到,张某遂将酒店告上法院。不久,区人民法院对此事进行调解,最终酒店同意一次性赔偿张某治疗、误工等方面的经济损失14 000元。

分析:《最高人民法院关于审理人身损害赔偿案件适用法律若干问题的解释》第六条规定:从事住宿、餐饮、娱乐等经营活动或者其他活动的自然人、法人和其他组织,未尽合理限度范围内的安全保障义务致使他人遭受人身损害,赔偿权利人可以请求其承担相应赔偿责任。因第三人侵权导致损害结果发生的,由实施侵权行为的第二人承担赔偿责任。安全保障义务人有过错的,应当在其能够防止或者制止损害的范围内承担相应的补充赔偿责任。安全保障义务人承担责任后,可以向第三人追偿。赔偿权利人起诉安全保障义务人的,应当将第三人作为共同被告,但第三人不能确定的除外。

在该案中,由于肇事者没有找到,因此,张某要求酒店先行承担赔偿责任是合理的,如果打人者出现,酒店可以向其追偿。

三、保障客人财物安全的义务

(一) 保护客人财物安全的责任

从法律的角度上看,一旦客人同酒店产生合同关系,如客人向酒店发出住房的要约,办理了住宿登记手续,拿到了钥匙后,或者客人向酒店发出了就餐或进行其他消费的要约,而酒店又接受了这一要约以后,他和酒店之间即形成了法律关系,酒店就应该对客人带进酒店的财物负一定的责任。《中华人民共和国消费者权益保护法》第七条规定:"消费者有权要求经营者提供的商品和服务,符合保障人身、财产安全的要求。"

酒店对客人财物安全的责任,在一些国家早期的酒店法律法规中已有明确的规定。法国《民法典》第一千九百五十三条规定:"客人的物品被盗或被损坏时,不论其被酒店仆人或职员、或出入酒店之外人所盗窃或所造成的损坏,酒店或酒店主人应负赔偿之责。"

国际私法统一协会《关于饭店合同的协定》第十二条规定:饭店应对客人带入饭店的财物或虽在饭店外面而已由饭店负责的财物的毁坏或灭失负赔偿责任,其负责的期限为客人在饭店住宿的期间以及住宿期前后的一段适当的时间内。

(二) 保管客人寄存行李的责任

客人将行李等物品存放在酒店,酒店接受客人的寄存物,是一种保管行为。客人将行李等物品交给酒店,经双方确认后,客人拿到了行李卡,保管合同即告成立。保管合同是实践合同,它的成立既要有双方为保管而发出的要约和接受的承诺,又要有存货人交付保管物的行为。

客人存放在酒店的行李要手续完备,要当面点清并登记数量,由双方认定后给予凭证,即行李卡。酒店在收存客人的行李后,应采取必要的措施,维持保管物的原状。对客人寄存的一切物品不得挪用或者让第三者使用。如非事前约定,所存物品不得交由第三人。

所有存放或托运的行李应当请客人上锁以免发生纠纷。存放在酒店的物品如发生毁损或灭失,酒店将负相应的责任。如有争议,双方可经法院调解解决。调解不成,由法院判决。

酒店在接受客人寄存的行李时要说明易燃、易爆、有毒和易腐等危险物品不得带入酒店内,否则造成物品的毁损或人员伤亡,寄存人应承担赔偿责任,造成严重后果的还应当承担刑事责任。

需要指出的是,酒店一旦接受客人的私人物品,这些物品应视为公共财产。因为这些财产一旦受到损失,酒店(无论是国家、集体或者其他经济类型的酒店)就负有赔偿的责任。

(三) 保管客人遗留物品的责任

客人的遗留物品可分为遗忘物、遗失物和遗弃物三种,这是三个不同的概念。遗忘物,是指基于财产所有人或持有人的意思,放于某一地方后忘记带走而未完全失去控制的财物。遗失物,是指不基于物主的意思而偶然失去但又未完全失去控制的物品。遗弃物,是指基于财物所有人意思而抛弃的财物。遗忘物、遗失物和遗弃物既有共同点也有不同点。首先,它们都是动产,不动产不能作为此类财物。其次,它们都是意念上形成的后果。财物所有人或持有人对遗忘物、遗失物的松弛,以及对遗弃物的放任和抛弃都是由意念形成的。

遗忘物、遗失物和遗弃物的不同点有三个方面:

(1) 财物所有人(客人)对财物持有关系的松弛程度不同。遗忘物不是客人的本意,而是被遗忘,但又未完全失去控制的财物。物主(客人)可能在短时间内恢复记忆,回来取物或来电询问。遗失物是完全失去控制的财物,物主(客人)对财物的持有关系丧失,在一定时间和区域内寻找失物的可能性极小。遗弃物则是客人对物品的抛弃。

(2) 客人对财物的心理状态不同。遗忘物是物主疏忽大意而遗忘的财物,虽然财物暂放在酒店某处出于物主的自愿,但将其遗忘则非客人所愿。遗失物一般失落的空间跨度较大,物主对财物遗失的时间、地点都一概无知,是一种不自觉状态下的丢失。遗弃物则是物主对财物的积极处理,其心理状态是在意识的情况下进行的。

(3) 法律后果不同。明知是客人的遗忘物,而以隐匿、窃取的手段非法占有,数额较大、情节严重的,应以盗窃罪定性量刑。明知是他人遗失的财物,占为己有而又拒绝不交还的,属不当得利,应由民事法律法规调整。

酒店发现客人的遗留物品后,应当尽快设法归还给客人。一时找不到失主,酒店应登记造册,替客人保留一段时间,任何人不得非法占有客人遗留物品。寄还客人遗留物品的费用,一般由客人承担。

【案例 3-7】

某年 6 月 19 日上午,江西某宾馆总机话务员刘某接到广州来的长途电话,称日本客人正司茂当天离开宾馆时不慎将 50 万日元现金(折合人民币 12 381 元)遗忘在该宾馆的 609 房内,希望帮助查找。

话务员刘某当即向六楼当班的服务员王某询问,并要求查找。王某让服务员甘俊前去查找。甘俊进入 609 房后,发现床上有一白色信封,内装 50 万日元。甘俊急忙将该信封放入自己的口袋,然后告诉王某没有发现遗失款,并佯装随王某一同再次进入该客房查找。

当王某打电话给总机话务员时,甘俊趁机将装有50万日元的信封放进自己办公桌的抽屉内,然后离开宾馆。

失主当天晚上再次打长途询问查找情况,甘某答曰没有。次日上午,甘某将50万日元带回家中。甘某将25万日元兑换成人民币3 000元和港币1 000元,带着朋友去广州、珠海、深圳等地游玩并买了摩托车、收录机、手表等物。案发后,除上述赃物和剩余的23万日元,其余赃款均被挥霍一空。

南昌市中级人民法院以盗窃罪判处甘俊有期徒刑二年。

分析:在酒店内拾得客人的遗留物品,应当主动归还给客人,这是法律规定的强制性义务,而不仅仅是道德义务。我国《民法典》第三百一十四条规定:"拾得遗失物,应当返还权利人。拾得人应当及时通知权利人领取,或者送交公安等有关部门。"该法同时规定:"有关部门收到遗失物,知道权利人的,应当及时通知其领取;不知道的,应当及时发布招领公告。""拾得人在遗失物送交有关部门前,有关部门在遗失物被领取前,应当妥善保管遗失物。因故意或者重大过失致使遗失物毁损、灭失的,应当承担民事责任。"由此可见,拾得人拾得客人的遗留物后,据为己有,显然违反了民法有关规定,拾得人应依法承担民事责任,若情节严重,数额较大,还会构成侵占罪,拾得人还将受到刑法惩罚。我国《刑法》第二百七十条规定:"将代为保管的他人财物非法占为己有,数额较大,拒不退还的,处二年以下有期徒刑、拘役或者罚金;数额巨大或者有其他严重情节的,处二年以上五年以下有期徒刑,并处罚金。"本案中的甘某在住店客人多次打长途电话要求查找遗留的现金时,将50万日元隐藏并带回家中,并将其中部分购买了物品,显然违反了我国的法律规定。利用自己的工作关系,以非法手段隐藏并占有了客人数额较大的钱财,这实际上已构成了盗窃罪,所以南昌市中级人民法院的判处是合理的。

(四)停车场的安全管理责任

客人停放在酒店停车场内的车辆被窃、损坏或车内物品被窃的事件在酒店时有发生。客人在停车场内的财物损失赔偿问题,要根据实际情况分析,要看客人的车是否停放在酒店提供的停车场内,及酒店是否有安全警示牌等情况。

【案例3-8】

某年2月4日夜12时许,广东省深圳市的王某来到广州的XG大酒店住宿时,停放在楼下的桑塔纳轿车被盗。客人要求酒店给予赔偿。

大酒店的答复是:该酒店于上一年的10月1日开始对外试营业,停车场仍在施工,没有正式启用,所以酒店门前的停车场当时也没有人看管。客人没有付酒店的停车费,所以酒店不能赔偿。

在该事件的调查中发现,该酒店的停车场可以停放30辆小车,因其没有围墙,所以没有办理正式的停车场审批手续,也没有放置类似注意停车安全的警示。

分析:酒店无论是试营业还是正式开业,对客人的有关法律责任是存在的。客人来酒店住宿,酒店就应当对客人的财物负责。《中华人民共和国消费者权益保护法》第十八条规定:"经营者应当保证其提供的商品或者服务符合保障人身、财产安全的要求。对可能危及人身、财产安全的商品和服务,应当向消费者作出真实的说明和明确的警示,并说明和标明正确使用商品或者接受服务的方法以及防止危害发生的方法。"

酒店在设施设备没有完全到位或建成的情况下,应当考虑到有可能危及客人人身和财产的安全情况,如果有可能发生上述情况,酒店应当尽最大的可能采取措施消除危害,如一时无法消除,酒店应当作出明确的警示。只有这样酒店才能免除或减轻责任。该大酒店虽然没有收取停车费,但由于没有对客人作出明确的警示,所以应当对客人的损失承担相应的责任。

【案例 3-9】

某年 7 月 15 日,湖南长沙市民黄某送空调去山东,途中投宿于 WM 酒店,并将货车停在该酒店管理的停车场内,并付了保管费 15 元。第二天黄某准备离开酒店时,发现车上装载的空调少了两台,价值 8 000 余元,客人立即报案。公安机关现场勘察后确认情况属实,并立案侦查。经两个多月时间,没有侦破。黄某向酒店所在地的法院起诉,要求酒店赔偿损失。法院受理后查明:酒店所收的 15 元是对车辆的保管费,符合法律的规定,黄某事先没有向酒店声明车上装载有空调。于是,法院一审驳回了黄某的诉讼请求。

分析: 根据民法原理,保管合同是寄托人同保管人达成的、寄托人有偿或无偿将保管物交保管人保管,保管人于一定期限内返还保管物的协议。黄某将车辆交给酒店,酒店按保管车辆收费标准收费,双方达成的保管合同的标的物是车辆。

首先,黄某与酒店未就车辆上的空调进行清点查看;其次,该车辆是敞开的,车门也无损坏的情况;再次,酒店也没有收取空调的保管费,因此不能认为保管车辆的合同包含车上的货物,酒店仅对车辆有保管义务,不应承担丢失空调的责任。

四、保障客人贵重物品安全的义务

(一)客人贵重物品保管的责任

保障客人贵重物品安全也是酒店一项重要的法律义务。《中华人民共和国消费者权益保护法》第七条规定:"消费者有权要求经营者提供的商品和服务,符合保障人身、财产安全的要求。"《旅馆业治安管理办法》第七条规定:"旅馆应当设置旅客财物保管箱、柜或者保管室、保险柜,指定专人负责保管。对旅客寄存的财物,要建立登记、领取和交接制度。"《中国旅游饭店行业规范》第十七条规定:"饭店应当在前厅处设置有双锁的客人贵重物品保险箱。贵重物品保险箱的位置应当安全、方便、隐蔽,能够保护客人的隐私。"

酒店应当设置客人贵重物品保险箱,并且建立一套登记、领取和交接制度。客房虽有门锁及其他保安措施,但它不是绝对安全的。一些国家法律或地方性法规规定,如果因为酒店不能提供客人贵重物品保险箱而导致客人在客房内丢失贵重物品,将被追究赔偿责任。在客人的贵重物品保护方面,酒店的义务是将客人交存的财物保存好,使之不发生灭失、毁损。客人的义务是按规定将贵重物品交由酒店保存。客人放在店内其他地方的物品,应妥善保管,若发生财物的灭失,一般由客人自己负责。

饭店要通过有效的方式提示客人使用贵重物品保险箱,如在客房内的《服务指南》中、住房卡的背面、住客登记表中提醒客人。

客人寄存的物品,如在寄存期间被盗或被损坏,或者酒店无合法理由拒绝接受客人交寄的物品而造成物品的灭失或毁损,将由酒店承担责任。

酒店对客人带进店内的财物因保管不当而造成毁损或灭失,负有一定的责任,但并不是酒店要对客人带进酒店的所有财物的灭失负责或负全部的责任。因为客人也会因为自己违反规定而使置于酒店范围内的财物发生损坏或灭失。例如,按照规定客人必须寄存其带进酒店内的贵重物品,如果他没有这样做,对该贵重物品的灭失或毁损他就负有一定责任。

如果客人的财物灭失是由于不可抗力造成的,如地震、战争等,酒店可以免除其法律责任。

【案例 3-10】
2000年5月4日上午,在洛阳做生意的高某到该市某娱乐中心的舞厅娱乐时,将手包和夹克衫存放在被告存衣处,交费1元。当高某从舞厅出来,回到存包处领取衣物时,发现包和衣服已被别人取走。经该娱乐中心工作人员辨认,高某手持的取物牌确系工作人员发放,而取走衣物者交的取物牌是仿造的。双方遂到当地公安派出所报案,高某称包内有现金1.3万元及身份证、票据等物品。双方就赔偿事宜达不成协议,高某遂将该娱乐中心告上法庭,要求被告赔偿人民币1.3万元及衣服两件并承担全部诉讼费用。

法院经审理查明:原告的寄存物品被冒领,系由被告方未尽足够义务所致,被告理应承担过错责任。经法庭主持调解,双方达成调解协议:被告一次性赔偿原告经济损失400元。

分析: 我国《合同法》第三百七十五条规定:"寄存人寄存货币、有价证券或者其他贵重物品的,应当向保管人员声明,由保管人验收或者封存。寄存人未声明的,该物品毁损、灭失的,保管人可以按照一般物品予以赔偿。"原告高某没有对包中货币事先声明,加之被告已经明示"贵重物品自理,丢失概不负责",故被告只能在自己的过错责任范围内承担一般物品的赔偿责任。(注:该案例发生在2000年,适用当时的《合同法》,该法于2021年1月废止,相关的内容并入了2021年1月施行的《中华人民共和国民法典》的第三编中)

妥善保管好客人的贵重物品是酒店的一项重要责任。实践中,酒店逐渐意识到要保护客人的全部财物风险太大,往往会因为一些巨额的赔偿而破产。一些国家的酒店法开始作出规定,要求客人将随身携带的贵重物品存放在贵重物品安全寄存箱内,酒店只对这部分财物的灭失负绝对的责任,同时规定了客人放在房间内的财物灭失的最高赔偿额。

在国际私法统一协会制定的《关于饭店合同的协定》中,就酒店对财物损害的赔偿责任作了如下的规定:

第十三条第一款:酒店有责任接受证券、现金和贵重物品的寄存保管;只有对危险物品和笨重物品才可以不接受。

第十三条第四款:对于应由酒店保管的财物而酒店拒绝寄存保管时,酒店不能限制其损害赔偿责任。

第十六条:由于酒店或酒店领导下的任何人的过失或故意行为或不作为而造成客人财物损伤、毁坏、灭失时,酒店将不能适用本协定关于赔偿限额的规定。

(二) 对贵重物品保险箱的设置要求

2009年8月修订的《中国旅游饭店行业规范》第十七条规定:"饭店应当在前厅处设置有双锁的客人贵重物品保险箱。贵重物品保险箱的位置应当安全、方便、隐蔽,能够保护客人的隐私。饭店应当按照规定的时限,免费提供住店客人贵重物品的保管服务。"2010年1月1日实行的《旅游饭店星级的划分及评定》对四星级以上的酒店要求是:"应专设行李寄存处,配有饭店与宾客同时开启的贵重物品保险箱;保险箱位置安全、隐蔽,能够保护宾客的隐私。"

贵重物品保险箱应设置在使用方便、易于控制的场所。未经许可,任何人不得进入该场所。贵重物品保险箱一般设在前台收款旁边,专门的小房间内。如果有可能,小房间内设置一安全闭路电视监控摄像头。

有的酒店仅在前台放置一般的保险箱,供所有需存放贵重物品的客人使用。这样的酒店不符合国家的有关规定,一旦酒店与客人发生财物保管方面的纠纷,容易留下把柄。酒店应当设置符合标准的保险箱。

(三) 贵重物品保险箱的使用

贵重物品保险箱由若干大小不一的、带锁的抽屉组成。每位客人使用贵重物品保险箱时只使用其中的一个抽屉,每一抽屉有两把锁,每一把锁只有一把钥匙。一把钥匙由客人保管,另一把钥匙由酒店保管,两把钥匙同时启用才能打开保险箱。

《中国旅游饭店行业规范》第十九条规定:"客人寄存贵重物品时,饭店应当要求客人填写贵重物品寄存单,并办理有关手续。"客人在首次使用保险箱时,应当填写《贵重物品保险箱登记卡》,工作人员核对无误后,发给客人一把钥匙。当客人再次使用时需填写《贵重物品保险箱记录卡》,工作人员要将登记卡同记录卡相对照,确定无误后方可给客人使用。

为保护客人的隐私,客人在使用贵重物品保险箱时,工作人员应避免张望。在一般情况下应让客人自己存、取物品,以免发生纠纷。

酒店要通过有效的方式提示客人使用贵重物品保险箱,如在客房内的《服务指南》中、住房卡的背面、住客登记表中提醒客人。

客人在结束使用贵重物品保险箱时,应在《贵重物品保险箱记录卡》上签名。在记录卡上应当注明"本人声明,我存放在该酒店贵重物品保险箱内的一切物品已经安全全部地取出,我和该酒店解除有关法律责任"。这样做的目的是保护自己,以防与客人之间发生纠纷。

【资料链接 3-1】

贵重物品保险箱登记卡

Box No.   Room No.
保险箱号码_____   房　号_____

Name   Date
姓　名_____   日　期_____

Rules for the guest to use hotel safe box

1. The hotel reserves the right to open the box and remove the contents without liability if the key is not surrendered when the guest departs from the hotel.

2. We do not have a duplicate key to the safe deposit box. So if the key is lost or misplaced. We must break open the safe and replace the lock. A charge of RMB¥300 will be collected for the replacement of the lock at the expense of the guest.

3. The safe deposit box of the hotel is free of charge to the guest.

4. The hotel has the right to detain to contents of the safe deposit box in the event that the guest departs from the hotel without paying the bill.

5. No one but the guest can have access to the safe. So the hotel is not liable to any loss.

客人使用保险箱规章

1. 如果客人退房离店时未将保险箱钥匙交回,本酒店有权开启保险箱并移出物品,而不负任何责任。

2. 保险箱钥匙只有一把。如果钥匙遗失而找不到,我们将不得不更换新锁,换锁费用为人民币 300 元，由客人支付。

3. 客人使用保险箱是免费的。

4. 如果客人离店时没有结清账目，本酒店有权扣留保险箱中的物品。

5. 只有客人有钥匙才能开启保险箱，因此本酒店对任何遗失概不负责。

I hereby acknowledge to have received the key to the safe deposit box and expressly agree to the "Rules" stated above.

我特此承认已收到开启保险箱的钥匙并明确表示同意上述规章。

  Date
  日 期_____   Guest Signature
              客人签名_____

  Time
  时 间_____   F. O. Cashier Signature
              前厅收银员签名_____

【资料链接 3-2】

贵重物品保险箱登记卡

Please fill in the form for success to your safe deposit box No. _____.

请在下列栏目中填写以便开启_____号保险箱。

Date 日　期	Time 时　间	Guest Signature 客人签名	F. O. Cashier Signature 前厅收银员签名

I hereby acknowledge that all property stored in the safe deposit box of the hotel, has been safely withdrawn from it, and all liability of the hotel is hereby released.

我特此承认我存放在贵饭店保险箱中的所有物品已经安全如数取回，贵饭店对这些物品不再负有任何责任。

  Date
  日 期_____   Guest Signature
              客人签名_____

  Time
  时 间_____   F. O. Cashier Signature
              前厅收银员签名_____

(四) 客人丢失保险箱钥匙的处理

为了保证客人贵重物品的安全,按照惯例,贵重物品保险箱每把锁只有一把钥匙,如果客人将该钥匙丢失,应当支付破箱费用。所付的费用应在《贵重物品保险箱登记卡》上说明,以免引起纠纷。

破箱时注意以下两点:

(1) 客人丢失贵重物品保险箱的钥匙后,需要让客人亲自填写《拆破贵重物品保险箱表》。

(2) 拆破贵重物品保险箱由工程部实施。在拆破时,应当有客人和安全部人员在场。

(五) 客房保险箱及其使用

为保护客人的财物安全,给客人提供方便,有的酒店在房间内设有房内保险箱。对于这样的酒店,在房内保险箱使用告示中应当说明,该保险箱是为客人临时提供方便之用,贵重物品仍需存放在酒店的贵重物品保险箱内。

房内保险箱以数字密码型为好,为防止客人将保险箱的密码遗忘,酒店在配置客房保险箱时应选购有紧急开启功能的保险箱。客人一旦将密码遗忘,可用解码器将保险箱打开。保险箱的解码器平时存放在安全部或大堂经理处,使用时应当有客人和大堂经理在场,并由客人签字同意,方可开启。

(六) 非住店客人贵重物品保管责任

对于非住店客人,只要他是来酒店进行正常消费,酒店就有责任保管好他的物品。

【案例 3-11】

某年 1 月 4 日,李某去江苏某大酒店用桑拿浴,随身携带人民币 3 000 余元和 2 000 多元的债券及其他一些贵重物品。因数额较大,李某要求大酒店服务员代为保管,可服务员却以无此先例为由,拒绝了他的要求。李某将这些财物放入更衣箱内上锁。用完桑拿后李某却发现箱内的财物不见了,当即向酒店报案并要求赔偿。酒店认为接受桑拿服务的客人应当与住店客人区别对待,对于非住店客人的贵重物品的丢失酒店不负责任。为此李某起诉到法院,要求赔偿。

法院审理后认为酒店有保管客人贵重物品的责任,判被告承担主要赔偿责任。

分析: 从酒店和客人的权利义务关系来看,只要客人提出在酒店消费,而且酒店接受了客人的消费要求,酒店就有责任保管好客人随身携带的物品。客人在酒店内用桑拿浴不可能将随身携带的物品带入浴室内,酒店也不可能要求客人不能携带物品进入酒店。所以客人在用桑拿时,要求酒店提供安全地方存放物品是合理合法的,酒店也有义务保管好客人的物品。

五、警示客人注意安全的义务

(一) 警示客人有关安全的责任

在一些有可能危及客人人身和财产安全的地方,警示客人有关注意安全是酒店的法律责任。《中华人民共和国消费者权益保护法》第十八条规定:"经营者应当保证其提供的商品或者服务符合保障人身、财产安全的要求。对可能危及人身、财产安全的商品和服务,应当向消费者作出真实的说明和明确的警示,并说明和标明正确使用商品或者接受服务的方法以及防止危害发生的方法。经营者发现其提供的商品或者服务存在严重缺陷,即使正确使用商品或者接受服务仍然可能对人身、财产安全造成危害的,应当立即向有关行政部门报告和告知消费者,并采取防止危害发生的措施。"酒店应当用恰当的方式告诉客人有关安全事宜。对一些可能危及客人人身安全的项目和服务应当作出明确的警示和正确接受服务项目的说明。

明确的警示,是指应当在显著的位置以醒目的字样或图形标明其危险性。这些警示和说明的文字应当简明易懂,不致使人产生误解,旅游酒店应当使用中、外文的警示。警示有两种方式:一是警示语;二是警示标志。无论何种警示,都应当是明确、通俗易懂的,不致发生歧义。

《中国旅游饭店行业规范》第十四条规定:"对可能危害客人人身和财产安全的场所,饭店应当采取防护、警示措施。警示牌应当中、外文对照。"

酒店的说明可以用语言方式,也可以用文字方式,还可以用图片等其他方式。无论何种方式,其说明应当是真实、准确、恰当。同样,旅游酒店应当用中、外文的说明。

缺陷,是指产品和服务存在危及客人及他人人身、财产安全的不合理的危险。

(二) 有关康乐方面的安全警示

酒店为方便客人消遣,提供有多种康乐设施设备。酒店在购置、保养和管理这些设施设备时要采取措施,保证客人在合理使用的情况下不受到伤害。酒店有义务根据危险程度的大小,向客人作出明确的警示和正确使用的说明。

酒店工作人员不要在测量客人的血压和心律后提出可以进行健身的有关建议,这样的建议应由专业医生提出,否则酒店有可能承担造成客人伤亡的法律责任。

(1) 游泳池的安全警示。游泳池内的警示要简明扼要,应置于明显的位置,字体要大,要便于阅读。警示中的内容应当包括:儿童游泳时应当有成年人照看;不得在游泳池区域使用玻璃制品;禁止患有传染病或酗酒后的客人游泳等。游泳池应当有水深的标志,救生用品要放在易于取用的地方。为防止溺水事件的发生,酒店应在开放的时间安排救生人员在现场看护。

(2) 健身房的安全警示。健身房的警示应包括以下内容:建议客人在使用健身设施前征求医生的意见;建议客人不要运动过度;使用各种器材前了解使用方法以免受伤等。

(3) 桑拿浴的安全警示。根据酒店的设施设备情况,在客人使用桑拿浴前,用文字告诉客人:患有心脏病、高血压、低血压等疾病的客人以及孕妇和幼儿应当谨慎使用桑拿浴。建议有些疾病患者在使用前征求有关医生的意见。

(三) 警示的合法性

酒店应当通过适当的方式将有可能危及客人人身安全、财产安全等情况提醒客人。但是,对一些酒店能够作出努力,而没有尽力去做,或者采取的方式不恰当,而使客人遭受损害的,酒店仍应当承担责任。《中华人民共和国消费者权益保护法》第二十四条规定:"经营者不得以格式合同、通知、声明、店堂告示等方式作出对消费者不公平、不合理的规定,或者减轻、免除其损害消费者合法权益应当承担的民事责任。格式合同、通知、声明、店堂告示等含有前款所列内容的,其内容无效。"

通知、声明、店堂告示等都是酒店在经营过程中经常使用的方式。对于充分保障客人合法权益的,法律并不禁止。如果损害了客人的合法权益,酒店不能以此为借口。对于造成对方损害的,酒店应当依法承担责任。

如果酒店对可能造成客人人身伤害的事件尽了最大努力(如在玻璃上贴有警示,对有可能危及客人人身安全的地方用文字、警示等形式明确地告诉了客人),并已尽可能地为防止事件的发生采取了措施,酒店可以免除或减轻责任。

关于客人贵重物品安全警示的张贴,美国《纽约商法》规定:这一警示必须"公开张贴在酒店、汽车旅馆或旅馆的公共场所和出租的房间内"。

六、提供符合等级标准的硬件与服务的义务

酒店为客人提供的硬件与服务必须和酒店的等级与收费标准相符,保证各种设备、设施运转良好;确保水、电、气的正常供应;确保酒店内无蚊虫、无异味、无噪音;提供符合本酒店星级与等级标准的服务。

如果酒店提供的各种服务存在问题,不能达到规定的标准,客人有权向有关部门投诉。

七、提供真实情况的义务

酒店对自己的产品和服务,应当向客人提供真实的信息,不得作引起人们误解的推销。《中华人民共和国消费者权益保护法》规定:"经营者应当向消费者提供有关商品或者服务的真实信息,不得作引人误解的虚假宣传。经营者对消费者就其提供的商品或者服务的质量和使用方法等问题提出的询问,应当作出真实、明确的答复。商店提供商品应当明码标价。""经营者以广告、产品说明、实物样品或者其他方式表明商品或者服务的质量状况的,应当保证其提供的商品或者服务的实际质量与表明的质量状况相符。"在酒店竞争越来越激烈的情况下,有些酒店采取不正当的手法欺骗客人,这不但是一种短期行为,也是一种不法行为。

八、遵守有关法律法规和合同的义务

(一)国家法律法规规定的义务

除以上所谈到的义务,酒店在为客人提供服务或商品的过程中还应当履行国家法律法规规定的其他义务。这些法律法规包括《中华人民共和国食品安全法》《中华人民共和国消防法》《中华人民共和国消费者权益保护法》《中华人民共和国产品质量法》《中华人民共和国反不正当竞争法》等。

(二)合同约定的义务

酒店不仅要履行法定的义务,与客人签订合同,还应当按照合同的规定履行约定的义务。酒店违反合同约定不履行义务的,是对客人合法权益的侵犯,客人可据此追究酒店的违约责任,造成损失的,还可以要求酒店支付赔偿金。

酒店和客人有其他方面约定的,应当按照合同的约定履行义务,但双方的约定不得违背国家法律法规的规定。

第四节 客人的权利与义务

一、客人的权利

根据有关法律法规的规定,客人享有人身安全权、心理安全权、财产安全权、知悉真实权、自主选择权、公平交易权、获得知识权、维护尊严权、监督权和获得赔偿权等项权利。

（一）人身安全权

人身安全权，是指客人在住店期间或者在酒店内使用酒店的设施或接受酒店的服务时，享有的人身不受损害的权利。客人的人身安全权是我国宪法赋予公民的权利。《中华人民共和国消费者权益保护法》第七条规定："消费者在购买、使用商品和接受服务时享有人身、财产安全不受损害的权利。消费者有权要求经营者提供的商品和服务，符合保障人身、财产安全的要求。"

客人人身安全表现在两个方面：一是健康不受损害；二是生命安全有保障。

酒店对客人利益的最大伤害是给客人造成人身损害，乃至于夺去生命。酒店由于在安全方面存在的问题给客人造成的人身伤害事件屡见不鲜，如火灾、抢劫、设备故障等。为保护客人的生命健康和生命安全，国家在不同的法律法规中作出了有关规定，以保障客人的人身安全权能够真正实现。这些法律、法规有《中华人民共和国侵权责任法》《中华人民共和国消费者权益保护法》《中华人民共和国食品安全法》《中华人民共和国产品质量法》《中华人民共和国安全生产法》《旅游安全管理暂行办法》《旅馆业治安管理办法》《最高人民法院关于审理人身损害赔偿案件适用法律若干问题的解释》等等。

（二）心理安全权

心理安全，是指客人在住店期间或进行其他的消费时对酒店的环境、设施及服务所享有的安全感。虽然客人在住店期间人身和财物未受损害，但因为酒店的设施、设备安装得不合理或不牢固；施工时没有安全警示标志；楼层常有闲杂人员走动；房内的物品被翻动等一切不安全的因素使客人认为住在该酒店没有安全感，存在着恐慌心理。客人有权要求酒店提供安全的环境，使其心理获得安全感。

（三）财物安全权

财物安全权，是指客人在住店期间或在接受酒店的服务，或在使用酒店的商品时，享有的财物不受损害的权利。2018年3月11日施行的新的《中华人民共和国宪法》第十三条规定："公民的合法的私有财产不受侵犯。"酒店不得私自扣留或者检查客人携带进酒店的私有财物。

（四）知悉真实权

知悉真实权，是指客人享有知悉其购买、使用酒店的商品或者接受酒店的服务的真实情况的权利。客人有权根据酒店商品或者服务的不同情况，要求酒店提供商品的价格、产地、生产者、用途、性能、规格、等级、主要成分、生产日期、有效期限、检查合格证明、使用方法说明书、售后服务，或者酒店服务的内容、方式、规格、费用等有关情况。

根据我国《关于商品和服务实行明码标价的规定》要求，酒店应当实行明码标价制度，"必须做到价签价目齐全、标价准确、字迹清晰、货签对位、一货一签、标志醒目、价格变动时应及时更换"。"凡提供有偿服务的单位和个人，均需在其经营场所或交费用的地点的醒目位置公布其收费项目明细价目表。价目表应包括收费项目名称、等级或规格，服务内容、计价单位、收费标准等主要内容。"

（五）自主选择权

自主选择权，是指客人在酒店内消费时享有自主选择商品或者服务的权利。客人有权自主选择酒店的商品品种或者服务方式，自主决定购买或者不购买任何一种商品，接受或者不接受任何一项服务。客人在自主选择商品或者服务时，有权进行比较、鉴别和挑选。

（六）公平交易权

公平交易权，是指客人在酒店购买商品或者接受服务时，有权获得质量保障、价格合理、计量正确等公平交易条件，有权拒绝酒店的强制交易的行为。公平交易是市场经济下交易的基本法则，它要求交易双方自愿平等、等价有偿、公平与诚实信用。

（七）获得知识权

获得知识权，是指客人享有获得有关消费和消费者权益保护方面的知识。这些内容包括两个方面：

（1）客人有获得有关消费方面的知识的权利。这方面的权利主要有：①有关商品和服务的基本知识。现代化的酒店提供的商品和服务项目越来越多，越来越复杂，有很多客人对酒店的产品不了解。客人如果不具备这方面的知识，不但难以满足自己的消费欲望，如果使用不当还会危及客人的生命安全。②有关消费市场的知识。市场经济下，众多的酒店为推销自己的产品和服务，往往向客人突出甚至夸大宣传自己的产品和服务。因此，法律赋予客人了解酒店信誉、商品与服务等方面知识的权利。③有关消费经济方面的知识。让客人了解有关消费经济方面的知识，这样可以促使客人理智地、科学地消费。

（2）有关消费者权益保护方面的知识。包括客人与酒店发生纠纷时如何投诉及其解决的途径和程序方面的知识。

（八）维护尊严权

维护尊严权，是指客人在购买、使用商品和接受服务时，享有其人格尊严、民族风俗习惯得到尊重的权利。

我国《宪法》规定："公民的人格尊严不受侵犯，禁止用任何方法对公民进行侮辱、诽谤和诬告陷害。"《宪法》还规定中华人民共和国各民族一律平等，禁止对任何民族的歧视，各民族都有保持或改革自己的风俗习惯的自由。我国《民法通则》规定："公民的姓名权、肖像权、名誉权、荣誉权受到侵害的，有权要求停止侵害，恢复名誉，消除影响，赔礼道歉，并可以要求赔偿损失。"

（九）监督权

监督权，是指客人享有对酒店的商品和服务进行监督的权利。我国《消费者权益保护法》第十五条规定："消费者享有商品和服务以及保护消费者权益工作进行监督的权利。消费者有权检举、控告侵害消费者权益的行为和国家机关及其工作人员在保护消费者权益工作中的违法失职行为，有权对保护消费者权益工作提出批评、建议。"

（十）获得赔偿权

获得赔偿权，是指客人因购买、使用酒店的商品或者接受服务时受到人身、财产损害的，享有依法获得赔偿的权利。

客人在酒店内人身受到伤害，一般有两种情况：一是客人生命健康受到伤害，如客人被酒店提供的商品或者服务致伤、致残或失去生命；二是客人的人身权、名誉权、人格权等受到侵犯。

二、客人的义务

（一）按照规定进行正确的登记

2018年4月27日起施行的《中华人民共和国反恐怖主义法》第二十一条规定：住宿等业务经营者、服务提供者，应当对客户身份进行查验。对身份不明或者拒绝身份查验的，不得提供服务。该法第八十六条规定：住宿等业务经营者、服务提供者有违反规定情形的，由主管部门处十万元以上五十万元以下罚款，并对其直接负责的主管人员和其他直接责任人员处十万元以下罚款。

2022年5月1日起施行的《旅馆业治安管理办法》第六条规定："旅馆接待旅客住宿必须登记。登记时，应当查验旅客的身份证件，按规定的项目如实登记。"登记查验制度是识别和控制不法分子的重要手段。按照规定进行登记与验证制度早在我国春秋战国时期就有记载。司马迁的《史记·商君列传》中"商君亡至关下，欲舍客舍。客人不知其是商君也，曰'商君之法，舍人无验者坐之'"说的是商鞅变法失败后，逃亡到国境关卡前，打算借住客店寻机逃走，但店主人不知他就是商鞅，说："根据商君的法律，留宿无证件的旅客，店主将与旅客一同治罪，因此我不能留你住宿。"商鞅不能住店，只得返回封地，随后被逮捕处死。这是目前所见到的酒店查验证件登记住宿制度的最早记载。

《中国旅游饭店行业规范》第七条规定："饭店在办理客人入住手续时，应当按照国家的有关规定，要求客人出示有效证件，并如实登记。"目前我国还没有全国性的统一"住客登记表"，有的地区统一印制了"旅客住宿登记单"和"旅客住宿登记簿"。凡要求住酒店的客人都有义务出示本人有效的身份证件并正确地进行登记。

（二）爱护酒店的财物

客人在酒店期间应当爱护酒店的财物。如果客人将酒店财物损坏应当进行赔偿。2021年1月1日起施行的《中华人民共和国民法典》第二百零七条规定："国家、集体、私人的物权和其他权利人的物权受法律平等保护，任何组织或者个人不得侵犯。"该法的第一千一百八十四条规定："侵害他人财产的，财产损失按照损失发生时的市场价格或者其他合理方式计算。"

（三）支付酒店各种合理的费用

客人应当支付因购买、使用酒店的商品或者接受酒店提供的服务而发生的各种合理费用。如果客人无能力支付或者拒绝支付酒店的有关费用，酒店可以通过适当方式解决。

（四）遵守有关法律、法规和规章制度

客人住宿期间应当遵守国家和地方有关的法律、法规和规章制度。如2022年5月1起施行的《旅馆业治安管理办法》第十一条规定："严禁旅客将易燃、易爆、剧毒、腐蚀性和放射性等危险物品带入旅馆。"第十二条规定："旅馆内，严禁卖淫、嫖宿、赌博、吸毒、传播淫秽物品等违法犯罪活动。"第十三条规定："旅馆内，不得酗酒滋事、大声喧哗，影响他人休息，旅客不得私自留客住宿或者转让床位。"等。

思考题

1. 酒店同其客人之间的权利和义务关系是怎样产生和终止的？
2. 酒店对客人有哪些权利？
3. 酒店在什么情况下可以拒绝接受客人？
4. 酒店对客人有哪些义务？
5. 如何处理客人遗留物品？
6. 酒店为何要告知客人有关注意安全方面的事项？
7. 客人有哪些权利？
8. 客人有哪些义务？

第四章 酒店的设立、分类与管理集团

案例导入

这些酒店为什么要拆除?

1998年10月,全国媒体报道了一则新闻,福建武夷山拆除坐落于武夷山国家风景名胜区核心地带的一家三星级酒店——九曲大酒店,这是该市为申报"世界自然与文化遗产名录"而采取的一项重大举措。

2007年2月5日,中央电视台播放了一则令人惋惜的新闻:湖南南岳衡山南天门狮仙阁宾馆和麻姑山庄爆破拆除,不久禹王山庄、古松招待所等7处宾馆、饭店也实行爆破拆除。至2007年5月底前,南岳衡山共拆除宾馆饭店28家;在河南,投资2亿7千万元的龙门石窟宾馆也被炸掉;在湖北,九宫山的某酒店也被勒令停工……

2010年8月2日下午,伴随着机器设备的轰鸣声,位于黑龙江省黑河市的五大连池风景区内规模最大的一家酒店被全部拆除。据报道,黑河市把保护五大连池风景区环境、申报世界自然遗产列为全市工作重心,景区内所有破坏和影响环境保护的各类建筑都必须被拆除。由于酒店位于重点保护区,五大连池中心位置"三池"池畔,按照风景区整体规划和环境保护要求,酒店被纳入拆迁范围,须拆除。该酒店建于2003年,是五大连池内所有酒店中投资最多、规模最大、效益最好的一家酒店。

思考: 请问这些酒店为何要拆除呢?

第一节 酒店的设立

酒店的设立即开办酒店。设立酒店,尤其是设立旅游酒店,要经办一系列的手续,涉及众多的部门,除了投资者和酒店所在系统的上级主管部门、旅游酒店管理部门外,还必须经相关单位和部门的同意和批准。

一、项目的审批单位

(1) 合资酒店的《项目建议书》需由上级发改委、经委和外经委审批;内资酒店的《项目建议书》需由上级发改委或经委审批。

(2) 确定酒店的名称,并由当地工商局审核。

(3) 如果是涉外酒店,酒店的选址需经国家安全部门审批。

(4) 合资酒店的《可行性研究报告》需由上级计委、经委、外经委审批；内资酒店由计委或经委审批即可。

(5) 合资酒店的合同、章程由发改委、经委、外经委审批。

(6) 合资各方出资后，由中国注册会计事务所进行验资并出《验资报告》。

(7) 凭上述六项的报批材料向当地工商行政管理局申领营业执照。

二、工程技术审批单位

(1) 向当地土地管理局办理《国有土地使用证》和《建设用地许可证》。

(2) 向城乡建设委员会规划部门办理《建设用地规划许可证》《用地红线图》《建设工程规划许可证》《建筑红线图》。

(3) 扩初设计会审并形成会议纪要。参加会审的单位有：发改委、经委（外经委）、建委规划部门、建筑管理部门、旅游局酒店管理处、公安消防、治安、交警、外事部门、环保局、卫生防疫站、供电、供水部门、国家安全局、邮电局、广电局、人防、白蚁防治站、文化市场管理办、劳动局锅炉压力容器安全监察部门、市政工程部门、环卫部门、设计单位、建设单位。

(4) 工程招标、《工程施工承发包合同》在建委招标监理部门、定额管理和合同管理部门、建设银行等单位指导下进行。

(5) 竣工验收基本上由扩初设计会审单位分别验收并签署验收合格证书或报告。

三、公安部门对开办酒店的要求

《旅馆业治安管理办法》第四条规定："申请开办旅馆，应经主管部门审查批准，经当地公安机关签署意见，向工商行政管理部门申请登记，领取营业执照后，方准开业。"

经批准开业的旅馆，如有歇业、转业、合并、迁移、改变名称等情况，应当在工商行政管理部门办理变更登记后三日内，向当地的县、公安局、公安分局备案。

按照《旅馆业治安管理办法》的规定：开办旅馆，其房屋建筑、消防设备、出入口和通道等，必须符合《中华人民共和国消防法》等有关规定，并且要具备必要的防盗安全设施。

四、酒店经营的许可制度

（一）酒店设立的许可制度

酒店的许可证包括涉外营业许可证、特种行业经营许可证和卫生许可证等。

1. 涉外营业许可证

涉外营业许可证是指依据有关规定，所有新建的旅游酒店要从事涉外接待业务，必须得到相应的旅游行政主管部门依法给予的旅游涉外营业许可证，方可进行旅游涉外营业。如果新建饭店没有得到旅游行政主管部门批准，没有领取旅游涉外营业许可证，当地工商行政管理部门则不给予登记注册，即使登记注册，也不得经营旅游涉外接待业务。旅游酒店没有按照规定领取涉外营业许可证而经营涉外旅游接待业务，有关部门要追究酒店经营者的法律责任。

2. 特种行业许可证

特种行业许可证是指依据《旅馆业治安管理办法》的规定，凡申请开办旅游酒店，应该经主管部门审查批准，经当地公安部门批准发给特种行业许可证后，向工商行政管理部门申请登记，领取营业执照方可开业。

3. 卫生许可证

依据 2009 年 6 月 1 日开始施行的《中华人民共和国食品安全法》，我国于 2009 年 6 月 1 日起正式启用《餐饮服务许可证》，取代已沿用了几十年的《食品卫生许可证》，并由食品药品监管部门取代卫生监督部门，对餐饮服务环节进行监管。

自 2009 年 6 月 1 日起，对餐饮服务经营者申请新发、变更、延续、补发许可证的，各级餐饮服务监管部门严格按照《食品安全法》的要求，核发《餐饮服务许可证》。餐饮服务经营者在 2009 年 6 月 1 日前已经取得《食品卫生许可证》的，该许可证在有效期内继续有效，有效期届满，按有关规定换发《餐饮服务许可证》。

（二）开业前各类营业许可证的审批单位

(1)《营业执照》由工商局审批。
(2)《酒店法人代码》由技术监督局审批。
(3)《卫星收视许可证》由文化厅（局）审批。
(4)《文化经营许可证》由文化局审批。
(5)《电梯使用许可证》由质监局审批。
(6)《锅炉使用许可证》由质监局审批。
(7)《环保排污批准证书》由环保局审批。
(8)《治安和特种行业许可证》由公安局审批。
(9)《消防验收许可证》由消防队审批。
(10)《价格许可证》由物价委员会。
(11)《收费许可证》由物价局审批。
(12)《税务登记许可证》由税务部门审批。
(13)《涉外许可证》由旅游局审批。
(14)《代办外汇兑换业务许可证》由中国银行办理。
(15)《食品流通许可证》由工商部门审批。
(16)《从业人员健康许可证》由卫生防疫站办理。
(17)《餐饮服务许可证》由食品药品监管局审批。

【资料链接 4-1】

筹建旅游酒店的工作程序表

阶段	工作内容
立项阶段	《合资项目意向书》起草、签文
	撰写《项目建议书》，通过主管局向当地计委报请立项
	计委研究后批复立项
项目可行性研究报告阶段	向当地工商办理酒店名称核准书，向银行办理开户账号
	向当地国家安全局报批饭店选址请示
	向土管局征买用地使用权
	委托"城市拆迁办"办理用地拆迁
	编制项目《可行性研究报告》
	通过主管局向计委、经委（外经委）报请《可行性研究报告》批复
	召开《可行性研究报告》论证会，形成《会议纪要》
	根据《会议纪要》修改《可行性研究报告》送"三委"审批

第四章　酒店的设立、分类与管理集团

合资酒店合同章程形成阶段
- 起草、协商、修改、签订合同、章程
- 合资各方资金到位，注册会计师出具《验资报告》
- 合同、章程经主管局请报"三委"批复

项目工程设计阶段
- 用地"三通一平"后，委托地质勘测，取得地质数据
- 整理各部门对用地的规划、消防、交通、供水、供电、邮电、电视、环卫、煤气等的总的条件和要求
- 整理将建饭店的建筑规模、层数、营业项目和规模的要求
- 起草项目《设计任务书》
- 选择有相应设计资质和经验的设计单位委托设计
- 与设计单位共同参观、考察、完善《设计任务书》
- 设计单位提出建筑议案，审查、修改、确定
- 扩初设计
- 扩初设计会审，形成《会议纪要》
- 修改扩初设计，正式出施工图

组织施工、安装、装潢阶段
- 编写招标文件，报招投标管理部门核准，分发招标文件及有关资料
- 组织有资格的投标单位现场踏勘，施工图交底，招标文件答疑
- 公开开标、审查标书、确定中标单位
- 中标单位与建设签订《工程承包合同》
- 向建委建管部门领取建筑许可证
- 土建施工实施，甲方按图监督质量、进度
- 按设计要求选购设备、定期安装
- 土建结顶，内外装饰、装潢展开
- 工程竣工验收
- 工程竣工决算、审计

营业准备阶段
- 确定本酒店组织机构和人员配备
- 广告宣传，向社会宣传、推出饭店
- 招聘有关人员并进行专业培训
- 制定经营方针和目标
- 编写各部门运转管理手册
- 向工商局领取《营业执照》
- 向税务部门领取《税务登记证》
- 向公安局领取《治安许可证》和《特种待业许可证》
- 向文化市场管理办领取《文化经营许可证》
- 安排员工体检领取《从业人员健康许可证》和《餐饮服务许可证》
- 向物价局办理《收费许可证》
- 向银行办理《代办外汇兑换业务许可证》
- 向开户银行贷款营业用流动资金，采办各类物品
- 组织试营业

```
申领涉外证书、争创星级饭店 ┬ 营业时向省旅游局申领涉外酒店证书
                        ├ 请专家来酒店指导、讲课、培训,使酒店的硬件与服务能达到相应的星级标准
                        ├ 制定争创星级酒店计划并报旅游局
                        ├ 营业一年后,向旅游局申请评定星级
                        └ 通过评星验收合格,星级挂牌
```

第二节 酒店的分类

酒店有各种不同的类型划分,按照规模划分,有特大型酒店(客房数在500间以上,我国共有80家)、大型酒店(客房数在300~499间,我国共有320家)、中型酒店(客房数在200~299间,我国共有622家)、中小型酒店(客房数在100~199间,我国共有2 225家)和小型酒店(客房数在100间以下,我国共有5 633家);按照星级划分有五星级酒店(截至2023年底我国共有739家)、四星级酒店(截至2023年底我国共有2 136家)、三星级酒店(截至2023年底我国共有3 029家)、二星级酒店(截至2023年底我国共有557家)和一星级酒店(截至2023年底我国共有7家);按照接待对象划分有旅游酒店和非旅游酒店;以及按照经济类型划分等。本节按照国家统计局和国家工商行政管理局发布的《关于经济类型划分的暂行规定》和国家旅游局发布的《旅游统计管理办法》,以酒店的经济性质分类。

一、国有经济酒店

国有经济酒店,指生产资料归国家所有的经济类型酒店。截止2023年,我国共有国有经济类型星级酒店1 414家,占全部星级酒店的21.77%。

我国《宪法》规定:"国有经济是社会主义全民所有制经济,是国民经济中的主导力量。"由此确立了国有酒店在国民经济中的重要地位。国有酒店是依法自主经营、自负盈亏、独立核算的经济实体。国有酒店的财产属于国家所有,国家依照所有权和经营权分离的原则授予酒店企业管理。酒店对国家授予其经营管理的财产享有占有、使用和依法处理的权利,享有相对独立的经营管理权。国有酒店经工商行政管理部门核准登记,取得法人资格,有组织章程和组织机构,在核准登记经营范围内从事经营活动。

二、集体经济酒店

集体经济酒店,指生产资料归公民集体所有的经济类型酒店。它是社会主义公有制经济的一个重要组成部分。集体经济酒店遵循自负盈亏、民主管理、按劳分配、集体积累、自主支配等原则。集体经济酒店依法领取营业执照后,即具有法人资格,其合法权益受到国家法律保护。

截止2023年我国共有集体经济类型星级酒店110家,占全部星级酒店的2.02%。

三、外商投资酒店

(一) 外商投资酒店概述

外商投资酒店,是指外国投资者根据我国有关涉外经济法律、法规,以合资、合作或独资的形式在中国境内开办酒店而形成的一种经济类型的酒店。

截止2023年,我国共有外商投资星级酒店133家,占全部星级酒店的2.06%。外商投资酒店有中外合资经营酒店、中外合作经营酒店和外资酒店三种类型。

中外合资经营酒店、中外合作经营酒店和外资酒店是我国改革开放以后,利用外资兴建的三种不同形式的酒店,统称"三资酒店"。它是按照我国有关法律在中国境内设立的,由外国的企业、其他经济组织或个人同中国的企业或其他经济组织共同举办的合资经营的经济实体,或共同举办契约式的合作经济组织,或全部资本由外国投资者投资的企业。尽管这些企业在投资形式、承担风险的方式、经营管理、收益分配以及设立、变更和终止程序上有很多差异,但其性质,按照我国三资企业的规定,基本上是相同的。在我国境内依照我国法律设立的三资酒店,其性质应属于中国企业。

根据中国有关法律规定,经过中国政府主管机关批准并经工商行政管理部门核准登记,发给营业执照的,都受中国司法管辖,都必须遵守中国的法律法规,不得损害中国的社会公共利益。中外合资经营酒店、中外合作经营酒店、外资酒店符合中国法律关于法人条件的规定的,依法取得中国法人资格,可以依照我国法律的有关规定,在我国境内从事酒店经营活动,其合法的权益受到我国法律的保护。

新中国成立后,我国最早的外商投资酒店追溯到1978年。当时中国可供境外旅游者住宿的旅游涉外酒店数量相当少,且管理水平同国外也有相当的差距。住宿难是当时国外旅游者投诉的重点。当时北京市仅有7家涉外酒店,床位5 200张,许多外国客人由于住不进北京市内的酒店,在旅游一天后,被安排到河北、天津等地去住宿。1978年11月,国务院成立了以谷牧、陈慕华、廖承志为首的利用侨资、外资筹建旅游涉外酒店领导小组。第一批正式批准了两个合资酒店,这就是北京长城酒店(投资8 000多万美元)和北京建国酒店(投资2 000多万美元)。

由于当时国内长期的封闭僵硬思想,在中国建造中外合资酒店阻力很大。有人提出,"合资酒店是姓社,还是姓资""让外国人管理中国的酒店,不是丢中国人的脸吗?"等等。后经中央政治局委员、国务院正副总理和全国人大常委会副委员长等16位领导人审阅批示,中央才决定:建。但是,在建设中又遇到了种种阻力,结果邓小平同志批示:"有理也不得取闹,何况无理!"在邓小平同志的亲自关注下,中美合资的建国酒店于1980年6月破土动工,1982年4月28日建成开业。第二天,英国伦敦的《泰晤士报》就登出消息:"北京一夜之间出现了一家国际标准的大酒店。"在建国酒店的开业典礼上当时的有关领导还担心"一年后建国酒店要至少赔100万元"。事实证明,一年后建国酒店盈利150多万元,第二年盈利400多万元,第三年盈利800多万元,第四年盈利1 500多万元,四年多的时间全部还本付息。建国酒店10年所创税利赚了7.6个酒店的投资。到了2002年,建国酒店已收回了26个酒店的投资。建国酒店聘请的是香港半岛酒店管理集团(Peninsula),这也是最早进入中国内地的境外酒店管理集团。1984年，中央和国务院领导指示国营酒店也应按照北京建国酒店的科学管理办法管理，国家旅游局在全国分两批选定102家酒店进行试点。全国酒店业在102家试点单位的带动下，在管理上、经营上、服务上都发生了深刻变化。在推行建国酒店的管理经验的基础上，把引进国外先进科学管理方法与国情相结合，初步总结出一套中国式的酒店科学管理体系，使中国酒店从经验型行政管理开始向科学化管理转变，促进了中国酒店业管理模式和经营机制朝现代化方向加速转变。

目前很多著名的国际酒店管理集团进入了中国，较为著名的有假日酒店集团（Holiday Inns. Inc.）、希尔顿酒店集团（Hilton Hotel Corp.）、喜来登酒店集团（Sheraton Corp.）、香格里拉国际集团（Shangri-La International）、马里奥特酒店集团（Marriott Corp.）等等。

（二）中外合资经营酒店

中外合资经营旅游酒店是在我国改革开放，利用外国资金，引进外国先进管理技术，发展国际经济合作过程中产生的特殊形式的经济组织。它是中外双方不同经济成分，按照平等互利原则所组成的负有限责任的经济联合体。大多数的中外合资经营酒店是我国企业、公司同资本主义国家的企业、公司或个人共同投资开办的，其企业的财产所有权归双方共有，既有起主导作用的社会主义经济成分，也有资本主义经济成分。我国中外合资经营的酒店有北京长城酒店、北京建国酒店等等。

中外合资经营酒店是一种特殊形式的经济组织，它有以下几个特点：

（1）合资经营酒店往往是由两个或两个以上不同国籍或不同营业所在地的投资者共同组织、共同经营、共负盈亏的经济联合体。

（2）合资经营者权利义务虽是由双方平等互利、自愿协商原则进行协商确定，但最后必须按照我国法律法规享受经济权利，承担经济义务。

（3）不是按劳分配，而是按投资比例分配。

（三）中外合作经营酒店

中外合作经营酒店，是指中国的企业或其他经济组织同外国的企业和其他经济组织或者个人，按照平等互利原则，在中国境内共同开办的合作经营的酒店。如南京状元楼酒店、广州中国大酒店等。

中外合资经营酒店是股份形式，而中外合作经营酒店是契约形式。中外合作经营酒店的中外合作者的投资或者提供的合作条件可以是现金、实物、土地使用权、技术及其他财产权利。

目前我国的中外合作酒店大都是由外国合作者提供资金和管理技术等，我国合作者主要提供场地和劳动力组成。中外合作酒店的分配，一般都在合作酒店合同中加以明确的规定。中外合作经营酒店的设立、变更、终止、延长，以及整个经营管理活动等都必须遵守中国的法律法规。

广州白天鹅宾馆是中国第一家中外合作的五星级酒店，也是我国第一家由中国人自行设计、施工和管理的大型现代化酒店。

（四）外资酒店

凡是依照中国有关法律在中国境内设立的，全部资本由外国投资者投资的酒店，为外资酒店。外资酒店的全部资本是完全由外国投资者投资的。

外资酒店的设立、变更、终止和延期等都要依据我国的法定程序办理，外资酒店的权利义务和经营管理活动都要按照我国的法律规定,主动接受国家有关机关的管理与监督。外资酒店的合法权利和利益受我国法律的保护。

四、港澳台投资经济酒店

港澳台投资经济酒店,是指港、澳、台地区投资者参照我有关法律法规,以合资、合作或独资的形式开办酒店而形成的一种经济类型酒店(图4-1)。截止2023年,我国共有港澳台投资经济酒店158家。

图 4-1　港澳台投资经济酒店批准证书

五、股份制经济酒店

股份制经济酒店,是指酒店的全部注册资本由全体股东共同出资,以股份形式投资举办酒店而形成的一种经济类型酒店。截止2023年,我国共有股份制经济酒店415家。

六、联营经济酒店

联营经济酒店,是指不同所有制性质的企业之间或企业、事业单位之间共同投资组成的一种新的经济实体类型的酒店。联营经济酒店是近几年来我国酒店发展速度最快的一种经济类型的酒店之一。截止2023年,我国共有私营经济酒店2 624家。

七、私营经济酒店

私营经济酒店,是指生产资料归公民私人所有,以雇佣劳动力为基础的经济类型酒店。近年来私营经济酒店在我国发展迅速,不但数量上升的速度很快,且在规模上大、中、小型酒店均有。

【资料链接 4-2】

2023 年度全国星级饭店基本情况表

单位：家

项目		五星级	四星级	三星级	二星级	一星级	总数
内资	国有	146	526	628	113	1	1 414
	集体	4	23	68	14	1	110
	股份合作	7	34	62	8	0	111
	国有联营	8	5	19	9	0	41
	集体联营	0	0	0	0	0	0
	国有与集体联营	0	0	0	0	0	0
	其他联营	0	0	0	0	0	0
	国有独资公司	0	0	0	0	0	0
	其他有限责任公司	150	438	489	48	0	1 125
	股份有限公司	47	155	188	24	1	415
	私营独资	209	801	1 313	298	3	2 624
	私营合伙	0	0	0	0	0	0
	私营有限责任公司	0	0	0	0	0	0
	私营股份有限公司	0	0	0	0	0	0
	其他	60	246	651	156	1	1 114
港澳台商投资	与港澳台商合资经营	73	57	28	0	0	158
	与港澳台商合作经营	0	0	0	0	0	0
	港澳台商独资	0	0	0	0	0	0
	港澳台商投资股份有限公司	0	0	0	0	0	0
外商投资	中外合资经营	0	0	0	0	0	0
	中外合作经营	0	0	0	0	0	0
	外资企业	0	0	0	0	0	0
	外商投资股份有限公司	68	40	25	0	0	133
	其他外商投资	0	0	0	0	0	0
合 计		772	2 325	3 471	670	7	7 245

第三节 酒店集团

一、酒店集团概念

酒店集团是企业集团的一种特殊类型，由两个以上满足客人相关需求的酒店构成。从国际经验来看,酒店集团表现为以产权为基础性的联结纽带,并能够在投融资、计划财务、产品研发、市场营销、品牌培育、人力资源等商业活动中保持密切联系,并能够为了集团的总体战略目标而协调行动的酒店联合体。

截至2022年6月30日,全国共有国内酒店(集团)公司180家,管理酒店1 299家。参照2022年《HOTEL》杂志公布的全球饭店以下300强排名,以下20家企业的管理规模已进入了全球300强:南京金陵酒店管理有限公司、东方酒店管理有限公司、河南中州国际集团管理有限公司、北京中江之旅酒店管理有限公司、北京天伦国际酒店管理有限公司、开元国际酒店管理有限公司、莫泰连锁旅店有限公司、青岛海天酒店管理有限公司、如家和美酒店管理有限公司、上海东方航空酒店集团有限公司、上海锦江国际酒店管理有限公司、泰达酒店管理有限公司、首旅建国酒店管理有限公司、粤海国际酒店管理(中国)有限公司、上海市衡山(集团)公司、湖南华天、海航、中航、中旅、浙江世贸。

到2022年年底,有37个国际酒店集团的60个酒店品牌进入中国,共管理502家酒店。

二、国际酒店集团

1982年香港半岛集团正式管理北京建国酒店,标志着国际酒店集团开始进入中国内地酒店市场。不久,一批国际酒店集团相继进入中国。假日集团于1984年管理北京丽都假日酒店后,五年内先后在国内拉萨、桂林、广州、厦门、大连、西安、成都、重庆等城市形成网络,成为当时管理酒店最多的国际酒店管理集团。在20世纪80年代进入我国的国际酒店集团的还有喜来登、希尔顿、雅高香格里拉、半岛、新世界、日航、华美达、凯悦、美丽华、太平洋、马尼拉等酒店管理集团。如果说,80年代进入我国的国际酒店集团对酒店的经营管理环境和盈利等情况缺乏了解,属于试探性拓展,到了90年代,尤其是中国入世后,国际酒店集团进入我国市场的步伐明显加快。如作为世界500强跨国集团之一、国际酒店集团中的巨无霸——马里奥特集团于1997年进入中国,该集团通过实施以里兹·卡尔顿、万豪、万丽品牌为主的全品牌发展战略,它们很快就打开了中国市场,该集团在中国现已开业的酒店就有20多家。

2002年3月北京凯富酒店开业,至此国际跨国酒店集团十巨头已全部登陆中国市场。据国际权威杂志《HOTEL》统计,全球跨国酒店集团十巨头依次为:圣达特、六洲、万豪、雅高、选择国际、希尔顿、最佳西方、喜达屋、卡尔逊、凯悦。其中在中国市场份额最大的是洲际酒店集团(原六洲)。

国际酒店集团在我国酒店行业的管理,大大提高了我国酒店业的国际化发展水平,使得酒店在经营管理方面依法办事、按国际惯例办事。目前在中国的国际酒店集团多达几十家,管理着数百家三星级以上的酒店。

【资料链接4-3】

2021年全球酒店集团排名

排名	酒店集团名称	房间数	酒店数
1	万豪 Marriott International	1 446 600	7 795
2	锦江 Jin Jiang International Holdings. Co. Ltd	1 239 274	11 959

(续 表)

排名	酒店集团名称	房间数	酒店数
3	希尔顿 Hilton	1 065 413	6 777
4	洲际 InterContinental Hotels Croup	885 706	6 032
5	温德姆 Wyndham Hotels & Resorts	810 051	8 950
6	雅高 Accor Hotels	777 714	5 298
7	华住 Huazhu Group. Ltd	753 216	7 830
8	精选国际 Cholce Hotels International	575 735	7 139
9	首旅如家 BTG Hotels Group Co.	475 124	5 916
10	贝斯特韦斯特 BWH Hotel Group	348 070	3 963

【资料链接 4-4】

截至 2022 年在我国的十大中外高端酒店集团排名

国际高端酒店		国内高端酒店	
排名	品牌名称	排名	品牌名称
1	洲际酒店	1	锦江酒店
2	希尔顿酒店	2	万达嘉华酒店
3	万豪酒店	3	万达文华酒店
4	Club Med	4	万达瑞华酒店
5	皇冠假日酒店	5	君澜度假酒店
6	喜来登酒店	6	尼依格罗酒店
7	丽思卡尔顿酒店	7	碧桂园凤凰酒店
8	凯悦酒店	8	黄龙饭店
9	香格里拉酒店	9	建国饭店
10	柏悦酒店	10	万达颐华酒店

三、中国酒店集团

在过去的若干年,在国际酒店业界,外国的知名酒店品牌有不少,而由于中国酒店业起步较晚,因而没有中国酒店品牌的立足之地。1988 年,国务院批准了国家旅游局关于发展自己酒店管理公司的报告。二十多年来,随着我国酒店业的逐步成熟壮大,我国酒店管理公司和集团从无到有,也进入了快速发展期。一些酒店管理公司和集团在学习和借鉴国外酒店管理集体的基础上,开创我国酒店集团的品牌。如南京的金陵酒店在开业之初就选送管理人员外出学习,并将国外的管理模式与中国酒店的情况相结合,经过不懈努力,在国内创出了自己的品牌。在当时国内大型酒店引进外国酒店管理集团时,金陵酒店是唯一由中国人自己管理的酒店。金陵酒店采取了"先仿后创"的方法,成功创出了自己的品牌,在我国酒店业中产生了巨大的反响,被誉为"金陵模式"。

目前我国酒店管理集团中发展较快的有首旅建国、金陵股份、岭南花园、香港中旅维景、浙江开元、如家、锦江之星等品牌。通过集团化建设加强饭店产业的整体竞争力一直都是政府主管部门和行业协会的基本指导方针,也是业界持续追求的梦想。以中国饭店业民族品牌20强为例,2006年年底所管理的饭店总数和房间总数分别为567家和143 773间,较2005年同期分别增长了16%和11.6%。

这些国际、国内酒店集团主要采取的管理形式有直接投资和经营管理、租赁经营管理、受聘管理、指导经营管理、出售特许经营管理权等形式的管理。

2022年中国集团酒店规模前50强排行

排名	集团名称	客房数	客房增长率(%)	门店数	总部
1	锦江国际集团	1 043 705	10.27	10 694	上海
2	华住酒店集团	753 216	15.5	7 830	上海
3	首旅如家酒店集团	475 124	12.72	5 916	北京
4	格林酒店集团	337 153	6.92	4 659	上海
5	东呈集团	192 210	1.61	2 235	广州
6	尚美生活集团	191 166	2.47	3 979	青岛
7	亚朵集团	86 654	30.08	745	上海
8	德胧集团	78 093	—	466	杭州
9	逸柏酒店集团	65 287	13.52	1 024	上海
10	凤悦酒店及度假村	55 932	32.64	206	佛山
11	住友酒店集团	43 498	8.57	785	杭州
12	丽呈酒店集团	37 107	55.25	273	上海
13	雅斯特酒店集团	36 080	7.51	328	深圳
14	恭胜酒店集团	33 777	5.66	747	上海
15	南京金陵酒店管理公司	32 337	16.66	148	南京
16	旅悦集团	31 405	15.7	1 382	天津
17	富力集团	28 192	2.86	93	广州
18	雷迪森酒店集团	28 070	—	169	杭州
19	君澜酒店集团	25 250	−24.44	103	杭州
20	万达酒店及度假村	23 268	−8.66	89	北京
21	美豪酒店集团	23 103	20.12	173	上海
22	瑞景商旅集团	22 616	3.51	281	合肥
23	山东文旅酒店集团	22 023	—	237	济南
24	中国融通旅业发展集团	20 860	—	101	北京

(续 表)

排名	集团名称	客房数	客房增长率(%)	门店数	总部
25	中国中旅酒店集团	20 068	19.15	60	北京
26	绿地酒店旅游集团	19 379	28.28	81	上海
27	广州岭南国际酒店管理有限公司	19 209	58.58	53	广州
28	荣盛酒店经营管理有限公司	18 711	2.02	76	廊坊
29	珀林酒管	16 867	61.75	202	长沙
30	途窝酒店集团	16 854	−7.19	345	深圳
31	清沐旅行酒店集团	16 450	47.23	301	南京
32	晗月酒店集团	13 629	−8.89	150	西安
33	河北香宿酒店集团	12 369	2.64	236	石家庄
34	中青旅山水酒店集团	11 713	−6.26	96	深圳
35	岷山集团	11 023	−4.59	81	成都
36	山东蓝海集团	10 923	−4.39	47	山东
37	世纪金源酒店	10 591	4.93	21	北京
38	格兰云天酒店集团	10 360	11.57	43	深圳
39	凯莱酒店集团	10 047	−2.93	45	北京
40	青藤酒店集团	8 899	−10.17	125	宁波
41	恒大酒店管理集团	8 698	—	13	广州
42	君亭酒店集团	8 621	35.87	58	杭州
43	华天实业控股	8 501	−22.37	35	长沙
44	书香酒店投资管理集团有限公司	7 892	—	62	苏州
45	世茂喜达酒店集团	7 378	−30.78	42	上海
46	尊茂酒店集团	7 056	−10.01	54	上海
47	远洲旅业	7 051	—	29	上海
48	汉爵酒店集团	7 011	2.64	11	上海
49	厦门建发旅游集团股份有限公司	6 541	—	25	厦门
50	中州国际集团	6 470	−17.04	39	郑州

四、直接投资和经营管理

这样的酒店由酒店管理集团直接投资并进行管理,其酒店的所有权和经营管理权均属于管理集团,酒店的总经理由管理集团委派,在经营上接受管理集团的直接领导和控制,管理集团的收入来源于酒店的盈利。这些酒店的名称通常在本酒店管理集团的前面加上当地的地名,如桂林假日酒店、北京香格里拉酒店等。

五、租赁经营管理

这样的酒店是由酒店管理集团与酒店建筑的所有者通过订立合同,向酒店的所有者支付一定的租赁费用,酒店的经营管理活动完全由酒店管理集团负责。

租赁费用有两种结算方式:一是按合同约定的数额支付;另一种方式是按照实际盈亏分成支付。前一种方式由管理集团承担风险,后一种方式由管理集团和酒店的所有者共同承担风险。这样的酒店通常是地名加上酒店管理集团的名称。

六、受聘管理

采取这种方式,管理集团无须对酒店的固定资产进行投资,甚至连酒店的经营财务风险也无须承担。它只是从事连锁酒店的经营管理,收取经营管理费。

经营管理费的收取一般有两种方式:一是按照所管理酒店营业额的一定比例或某一绝对额收取;另一种方式是按照酒店的盈利的一定比例进行计算。如希尔顿酒店管理集团与上海华亭宾馆签订的委托管理合同规定:在除去固定费用及税收之后,希尔顿酒店管理集团收取年收入的 5% 及经营毛利的 10%。还有的国际酒店管理集团在中国采取的方式是:由酒店管理集团提供资金周转并受聘进行管理酒店,收取每年经营毛利的 1/3。

这样的酒店所有权属原所有者,酒店经营权属管理集团,在国内酒店的名称不变,但在国际市场除原酒店的名称外,需有使用地名称和管理集团的名称。华亭宾馆与希尔顿酒店管理集团的合同书上写着:在合同有效期内,无论何时,宾馆的中文名称应为上海华亭宾馆,英文的名称应为 Hua Ting Hilton Hotel-Shanghai。

七、指导经营管理

采用这种形式的管理集团主要承担指导经营管理的任务,无需对经营管理进行资金投资。这种指导经营管理一般提供对开业前的准备工作进行指导,对开业后的经营管理进行指导,为加入管理集团的酒店提供联号的名称和商标使用权;通过联号预订系统招揽客人等。酒店的经营管理由酒店的所有者负责,指导经营管理的费用根据酒店按加入连锁的时间长短来支付,这样的酒店仍使用自己的名称。

八、出售特许经营管理权

出售特许经营管理权的方式是酒店管理集团出售其商标和订房系统的利益给其他酒店,集团的收入来自出售经营许可证的酬金。这样的酒店名称是地名加上管理集团的名称。

思考题

1. 设立旅游酒店要通过哪些部门审批?
2. 什么是国有经济酒店?
3. 什么是集体经济酒店?
4. 什么是外商经济酒店?
5. 什么是港澳台投资经济酒店?
6. 什么是股份制经济酒店?
7. 什么是联营经济酒店?
8. 什么是私营经济酒店?
9. 中外合资经营酒店、中外合作经营酒店和外资酒店有何区别?

第五章 旅游饭店的星级评定制度

案例导入

重庆希尔顿酒店被取消五星级旅游饭店的资格

2010年7月6日,全国旅游星级饭店评定委员会发布公告(2010年第2号),决定取消重庆希尔顿酒店五星级旅游饭店的资格。公告全文如下:

重庆希尔顿酒店因违法经营,被公安机关责令停业整顿15天。该酒店的行为严重损害了我国旅游星级饭店的形象,在社会上造成了恶劣影响。根据《旅游饭店星级的划分与评定》(GB/T 14308—2003)中第7.6.4d和8.1.4条款的规定,全国旅游星级饭店评定委员会决定,取消重庆希尔顿酒店五星级旅游饭店的资格。

特此公告
全国旅游星级饭店评定委员会
二〇一〇年七月六日

思考:该酒店为何被取消五星级旅游饭店的资格呢?

第一节 饭店星级评定概述

我国酒店的星级评定制度是实现酒店管理与国际标准接轨的重要举措。酒店星级的出现是国际酒店业发展到一定水平的必然产物。由于二战以后世界进入了相对和平时期,旅游业和酒店业得到迅速发展,很多国家都制定了适合本国情况的星级标准或等级标准。

改革开放前,我国旅游酒店没有统一的行业管理标准,总体管理水平低下落后。当时我国酒店的设计、建设和改造中存在着标准不明的问题。我国酒店业要发展,迫切需要一个酒店的等级标准。为了使我国酒店业的经营管理与国际水平靠拢,1986年国家旅游局决定把评定酒店星级列为工作重点。1987年国家旅游局做了大量的准备工作,认真研究并借鉴国际上15个国家,尤其是亚太地区的酒店星级标准,征求了香港有关方面专家的意见,取得世界旅游组织的支持并派来了专家、顾问,拟订了旅游涉外饭店星级标准的初稿。经过多次修改,并送国家标准局、国务院法制局及世界旅游组织征求意见。经国务院主管旅游工作的领导审阅同意后,国家旅游局于1988年8月22日正式颁布了《中华人民共和国评定旅游涉外饭店星级的规定和标准》,同时下发了《关于对全国旅游涉外饭店按五星制评定星级的通知》。国家旅游局与广东省旅游局、广州市旅游局从1988年起开始在广州市进行酒店星级评定试点工作,1989年5月25日国家旅游局旅行社饭店管理司发布新闻,公布了首批一至四星级饭店22家。从此，我国的旅游酒店管理纳入了符合国际酒店等级标准的法制轨道。

1993年，国家旅游局在《中华人民共和国评定旅游涉外饭店星级的规定和标准》的基础上，参照采用国际官方旅行组织协会的《旅馆等级标准》，按照中国标准化与信息分类编码，重新修订了既符合国际惯例又符合中国国家标准的星级评定标准。1993年9月1日国家技术监督局正式批准并发布《中华人民共和国旅游涉外饭店星级的划分及评定》，1993年10月1日起实施该标准，编号为中华人民共和国国家标准GB/T 14308—93。经过几年的实践与修改，国家旅游局于1997年10月16日，经国家技术监督局批准并发布了修改过的《中华人民共和国旅游涉外饭店星级的划分及评定》，1998年5月1日起正式实施，编号为中华人民共和国国家标准GB/T 14308—97。随着全社会经济发展水平和对外开放程度的迅速提高，旅游酒店业所面临的外部环境和市场结构发生了较大变化，其自身按不同客源类型和消费层次所作市场定位和分工也趋于细化。为促进旅游酒店业的管理和服务更加规范化和专业化，使之既符合本国实际又与国际发展趋势保持一致，2010年国家标准委发布了经重新修改过的《旅游饭店星级的划分与评定》国家标准GB/T 14308—2010。该标准自2011年1月1日起实施。

新的《旅游饭店星级的划分与评定》与老的标准相比有了以下主要的变化：

(1) 用"旅游饭店"取代了"旅游涉外饭店"。

(2) 按国际惯例明确了旅游饭店的定义。

(3) 规定了旅游饭店使用星级的有效期为三年，取消了星级终身制，增加了预备星级饭店。

(4) 明确了星级评定的规程，增加了某些特色突出或极其个性化的饭店可以直接向全国旅游饭店星级评定机构申请星级的内容。

(5) 借鉴一些国家的做法，增设了"白金五星级"饭店。

《旅游饭店星级的划分与评定》适用于各种经济性质的旅游酒店，包括宾馆、酒店、度假村等的星级划分及评定。旅游酒店用星级和颜色表示旅游酒店的等级。星级划分为五个等级，即一星级、二星级、三星级、四星级、五星级（含白金五星级）。星级越高，表示旅游酒店的档次越高。预备星级作为星级的补充，其等级与星级相同。

星级酒店的等级标准以镀金五角星为符号，星越多等级越高。酒店星级的高低标志着酒店的设计、建筑、装饰、设施设备、服务项目、服务水平和所住店客人的满意程度。凡是在中华人民共和国境内，正式开业一年后的旅游酒店，都可申请参加星级评定，经星级评定机构评定批复后，可以享有三年有效的星级及其标志使用权。开业不足一年的酒店可以申请预备星级，有效期一年。

全国旅游酒店星级评定机构，负责全国旅游酒店的星级评定，并具体负责评定全国四星级、五星级（含白金五星级）旅游酒店。

各省、直辖市、自治区的地方星级评定机构，在国家旅游星级评定机构的领导下，负责本地区旅游酒店的星级评定工作，具体负责评定本地区一星级、二星级、三星级旅游酒店。一、二星级旅游酒店的评定结果报国家旅游酒店星级评定机构备案；三星级旅游酒店评定结果报国家旅游酒店星级评定机构确认，并负责向国家旅游酒店星级评定机构推荐四、五星（含白金五星）级旅游酒店。

实行酒店星级评定制度，是我国酒店业与国际接轨的重要里程碑，它标志着我国酒店业已经走向全面成熟,跨入了国际现代化管理的新阶段。酒店星级评定是国际酒店业通行的惯例,星级制度是国际旅游业中通用的语言。酒店星级标准的实施,使我国旅游酒店业成为率先与国际规范接轨的行业之一。中华人民共和国国家标准——《旅游饭店星级的划分与评定》是一个完整的系统工程,既符合国际标准,又适合中国国情,具有中国特色。

【资料链接 5-1】

世界部分国家饭店分级制度表

国　家	分　级　名　称	执行机构
中国	五星;四星;三星;二星;一星	国家机构
阿尔及利亚	豪华;第一;第二;第三;第四	政府
阿根廷	特别豪华;A;B;C;D	政府
奥地利	A;B;C;D	饭店联合组织
保加利亚	豪华;豪华A;A;第一B;第二B;第三B	政府
智利	豪华;1A;1B;2A	政府
法国	五星;四星;三星;二星;一星	政府和饭店联合组织
希腊	A;B;C;D;E	政府
伊朗	豪华;四星;三星;二星;一星	政府
印度	五星;四星;三星;二星;一星	政府
爱尔兰	A1;A;B;BC;C;D	政府
以色列	五星;四星;三星;二星;一星	政府和饭店联合组织
意大利	豪华;第一;第二;第三;第四	政府
科威特	豪华;第一;第二;第三	政府
黎巴嫩	四星ABC;三星ABC;二星ABC;一星ABC	政府
摩纳哥	五星豪华;四星C;三星;二星;一星	政府
摩洛哥	四星豪华;四星AB;三星AB;二星AB;一星AB	政府
尼泊尔	五星;四星;三星;二星;一星	政府
挪威	观光;山区;市政;乡村	政府
葡萄牙	观光;商业	政府
波多黎各	豪华AB;第1AB;第2;第3	政府
南非	五星;四星;三星;二星;一星	政府和饭店联合组织
西班牙	豪华;1A;2B;2;3	政府
瑞士	1级;2级;3级;4级;5级;6级	饭店联合组织
叙利亚	豪华;第一;第二;第三	政府
土耳其	豪华;第一;第二;第三;第四	政府
埃及	五星;四星;三星;二星;一星	政府

第二节 旅游星级饭店评定委员会及办事机构

一、全国旅游星级饭店评定委员会

(一) 全国旅游星级饭店评定委员会的职能、组成人员和办事机构

1. 全国旅游星级饭店评定委员会的职能

全国旅游星级饭店评定委员会(简称"全国星评委")是执行《旅游饭店星级的划分与评定》(GB/T 14308—2010)的最高机构,负责全国星评工作,授权地方星级评定机构开展工作并实施监管;聘任国家级星评员,监管星评员的工作;组织五星级饭店的评定工作;批准五星级饭店的命名,并对五星级饭店实施复核。

2. "全国星评委"的组成人员

"全国星评委"由中国旅游协会领导、中国旅游饭店业协会领导、文旅部监督管理司领导、政策法规司领导、监察局领导、中国旅游协会和中国旅游饭店业协会秘书处相关负责人及各省、自治区、直辖市旅游星级饭店评定委员会主任组成。

3. "全国星评委"的办事机构

"全国星评委"办公室为"全国星评委"的办事机构,设在中国旅游饭店业协会秘书处。

(二) "全国星评委"的职责和权限

(1) 根据我国饭店业发展情况,可对现行星评标准进行修改、补充。
(2) 制定饭店星级评定工作的实施办法和检查细则。
(3) 授权和督导地方星级评定机构的星级评定工作。
(4) 对地方星评机构违反规定所评定的结果拥有否决权。
(5) 实施或组织实施对五星级饭店的星级评定和复核工作。
(6) 统一制作和发放星级饭店的标牌和证书。
(7) 制定星评员的聘任条件和办法,监管其工作,直接聘任国家级星评员。
(8) 负责国家级星评员的培训工作。

二、各省、自治区、直辖市旅游星级饭店评定委员会的组建和办事机构

(一) 各省、自治区、直辖市旅游星级饭店评定委员会的组建和办事机构

1. 各省、自治区、直辖市旅游星级饭店评定委员会的组建

各省、自治区、直辖市旅游星级饭店评定委员会(简称"省级星评委")的组建可根据本地实际情况确定,分别成立"××省(自治区、直辖市)旅游星级饭店评定委员会",并报"全国星评委"备案后,依据《旅游饭店星级的划分与评定》(GB/T 14308—2010)和"全国星评委"的授权开展星评工作。

2. "省级星评委"的组成人员

"省级星评委"可由地方旅游行业管理部门负责人和旅游饭店协会负责人等组成。

3. "省级星评委"的办事机构

"省级星评委"的办事机构可设在当地旅游局行业管理处或旅游饭店协会。

(二) "省级星评委"的职责和权限

"省级星评委"依照"全国星评委"的授权开展以下工作:

(1) 贯彻执行"全国星评委"部署的各项工作任务并保证质量。

(2) 督导本省内各级星级评定机构的工作。

(3) 对本省副省级城市、地级市(地区、州、盟)及下一级星评机构违反规定所评定的结果拥有否决权。

(4) 实施或组织实施本省四星级饭店的星级评定工作。

(5) 根据"全国星评委"的授权推荐本省五星级饭店。

(6) 聘任省级星评员。

(7) 负责副省级城市、地级市(地区、州、盟)星评员的培训工作。

三、副省级城市、地级市(地区、州、盟)旅游星级饭店评定委员会

(一) 副省级城市、地级市(地区、州、盟)旅游星级饭店评定委员会的组建与办事机构

1. 副省级城市、地级市(地区、州、盟)旅游星级饭店评定委员会(简称"地区星评委")的组建

副省级城市、地级市(地区、州、盟)旅游星级饭店评定委员会(简称"地区星评委")的组建在"省级星评委"的指导下,参照"省级星评委"的模式,分别成立"××市(地区、州、盟)旅游星级饭店评定委员会"。

2. "地区星评委"的组成人员

"地区星评委"的组成人员可由地方旅游行业管理部门负责人和旅游饭店协会负责人等组成。

3. "地区星评委"的办事机构

"地区星评委"的办事机构可设在当地旅游局行业管理处或旅游饭店协会。

(二) "地区星评委"的工作

"地区星评委"依照"省级星评委"的授权开展以下工作:

(1) 贯彻执行"国家星评委"和"省级星评委"布置的各项工作任务。

(2) 督导本地区星级评定机构的工作。

(3) 实施或组织实施本地区三星级及以下饭店的星级评定工作。

(4) 根据授权向上级星评委推荐本地区四、五星级饭店。

【资料链接 5-2】

全国旅游星级饭店评定委员会组成及办事机构

主任委员:中国旅游协会会长

副主任委员:中国旅游协会主管、分管副会长、中国旅游饭店业协会会长

委员:文旅部监督管理司司长,分管副司长,政策法规司司长,监察局局长,中国旅游协会秘书长,中国旅游协会分管副秘书长,中国旅游饭店业协会秘书长,各省、自治区、直辖市

旅游星级饭店评定委员会主任

秘书长：中国旅游协会秘书长

副秘书长：中国旅游协会分管副秘书长、中国旅游饭店业协会秘书长

办事机构：全国旅游星级饭店评定委员会办公室为全国旅游星级饭店评定委员会的办事机构，设在中国旅游饭店业协会秘书处，办公室主任由中国旅游饭店业协会秘书长兼任。

第三节　星级饭店的划分条件

一、一星级饭店的必备条件

1. 一般要求

(1) 建筑物结构完好，功能布局基本合理，方便宾客在饭店内活动。

(2) 应有适应所在地气候的采暖、制冷设备，各区域通风良好。

(3) 各种指示用和服务用文字应至少用规范的中文及第二种文字同时表示，导向系统的设置和公共信息图形符号应符合 GB/T 15566.8 和 GB/T 10001.1、GB/T 10001.2、GB/T 10001.4、GB/T 10001.9 的规定。

(4) 应有至少 15 间(套)可供出租的客房。

(5) 员工应具备基本礼仪礼节，穿着整齐清洁，可用普通话提供服务，效率较高。

(6) 设施设备应定期维护保养，保持安全、整洁、卫生和有效。

(7) 应有突发事件处置的应急预案。

(8) 应有与本星级相适应的节能减排方案，并付诸实施。

2. 设施

(1) 设总服务台，并提供客房价目表及城市所在地的旅游交通图等相关资料。

(2) 客房内应有卫生间或提供方便宾客使用的公共卫生间，客房卫生间及公共卫生间均采取必要防滑措施。

(3) 应 24 小时供应冷水，每日固定时段供应热水，并有明确提示。

(4) 客房内应有清洁舒适的床和配套家具。

(5) 客房照明充足，有遮光效果较好的窗帘。

(6) 客房内应备有服务指南、住宿须知等。

(7) 客房门安全有效，门锁应为暗锁，有防盗装置，客房内应在显著位置张贴应急疏散图及相关说明。

(8) 公共区域应有男女分设的公共卫生间。

(9) 应有公共电话。

(10) 应有应急照明设施。

3. 服务

(1) 应至少 18 小时提供接待、问询、结账服务。

(2) 晚间应有安保人员驻店值班。

(3) 应提供贵重物品保管及小件行李寄存服务。

(4) 客房、卫生间应每天全面整理一次,隔日或应宾客要求更换床单、被套及枕套,并做到每客必换。

(5) 客房内应提供热饮用水。

(6) 应为残障人士提供必要的服务。

二、二星级饭店的必备条件

1. 一般要求

(1) 建筑物结构良好,功能布局基本合理,方便宾客在饭店内活动。

(2) 应有适应所在地气候的采暖、制冷设备,各区域通风良好。

(3) 各种指示用和服务用文字应至少用规范的中文及第二种语言文字同时表示,导向系统的设置和公共信息图形符号应符合 GB/T 15566.8 和 GB/T 10001.1、GB/T 10001.2、GB/T 10001.4、GB/T 10001.9 的规定。

(4) 应有至少 20 间(套)可供出租的客房。

(5) 应提供回车线或停车场,5 层以上(含 5 层)的楼房有客用电梯。

(6) 员工应具备基本礼仪礼节,穿着整齐清洁,可用普通话提供服务,效率较高。

(7) 设施设备应定期维护保养,保持安全、整洁、卫生和有效。

(8) 应有突发事件处置的应急预案。

(9) 应有与本星级相适应的节能减排方案,并付诸实施。

2. 设施

(1) 应有与饭店规模相适应的总服务台,位置合理,提供客房价目表及城市所在地的旅游交通图、旅游介绍等相关资料。

(2) 应有就餐区域,提供桌、椅等配套设施,照明充足,通风良好。

(3) 客房内应有清洁舒适的床,以及桌、椅、床头柜等配套家具。

(4) 至少 50% 的客房内应有卫生间,或每一楼层提供数量充足、男女分设、方便使用的公共盥洗间。客房卫生间及公共盥洗间均采取有效的防滑措施。

(5) 应 24 小时供应冷水,至少 12 小时供应热水。

(6) 客房应有适当装修,照明充足,有遮光效果较好的窗帘。有防噪声及隔音措施。

(7) 客房内应配备电话、彩色电视机等设施,且使用效果良好。

(8) 设有两种以上规格的电源插座。

(9) 客房内应备有服务指南、住宿须知等资料。

(10) 客房门安全有效,门锁应为暗锁,有防盗装置,客房内应在显著位置张贴应急疏散图及相关说明。

(11) 公共区域应有男女分设的公共卫生间。

(12) 应有公用电话。

(13) 应有应急照明设施。

(14) 公共区域应有适当装修,墙面整洁、光线充足。紧急出口标志清楚,位置合理,无障碍物。

(15) 门厅及主要公共区域应有残疾人出入坡道。

3. 服务

(1) 应有管理或安保人员 24 小时在岗值班。

(2) 应 24 小时提供接待、问询、结账和留言等服务。

(3) 应提供贵重物品保管及小件行李寄存服务。

(4) 客房、卫生间应每天全面整理一次,隔日或应宾客要求更换床单、被套及枕套,并做到每客必换。

(5) 客房内应提供热饮用水。

(6) 应提供早餐服务。

(7) 应为残障人士提供必要的服务。

三、三星级饭店的必备条件

1. 一般要求

(1) 应有较高标准的建筑物结构,功能布局较为合理,方便宾客在饭店内活动。

(2) 应有空调设施,各区域通风良好,温、湿度适宜。

(3) 各种指示用和服务用文字应至少用规范的中英文同时表示。导向标志清晰、实用、美观,导向系统的设置和公共信息图形符号应符合 GB/T 15566.8 和 GB/T 10001.1、GB/T 10001.2、GB/T 10001.4、GB/T 10001.9 的规定。

(4) 应有计算机管理系统。

(5) 应有至少 30 间(套)可供出租的客房,应有单人间、套房等不同规格的房间配置。

(6) 应提供回车线,并有一定泊位数量的停车场。4 层(含 4 层)以上的建筑物有足够的客用电梯。

(7) 设施设备定期维护保养,保持安全、整洁、卫生和有效。

(8) 员工应着工装,训练有素,用普通话提供服务。前台员工具备基本外语会话能力。

(9) 应有突发事件(包括火灾、自然灾害、饭店建筑物和设备设施事故、公共卫生和伤亡事件、社会治安事件等)处置的应急预案,有年度实施计划,并定期演练。

(10) 应有与本星级相适应的节能减排方案,并付诸实施。

(11) 应定期开展员工培训。

2. 设施

(1) 应有与接待规模相适应的前厅和总服务台,装修美观。提供饭店服务项目资料、客房价目等信息,提供所在地旅游交通、旅游资源、主要交通工具时刻等资料,提供相关的报刊。

(2) 客房装修良好、美观,应有软垫床、梳妆台或写字台、衣橱及衣架、坐椅,或简易沙发、床头柜及行李架等配套家具。电器开关方便宾客使用。

(3) 客房内满铺地毯、木地板或其他较高档材料。

(4) 客房内应有卫生间,装有抽水恭桶、梳妆台(配备面盆、梳妆镜和必要的盥洗用品)、浴缸或淋浴间。采取有效的防滑、防溅水措施,通风良好。采用较高级建筑材料装修地面、墙面和天花板,色调柔和,目的物照明效果良好。有良好的排风设施,温、湿度与客房适宜。有不间断电源插座。24 小时供应冷、热水。

(5) 客房门安全有效,应设门窥镜及防盗装置,客房内应在显著位置张贴应急疏散图及相关说明。

　　(6) 客房内应有遮光和防噪声措施。

　　(7) 客房内应配备电话、彩色电视机，且使用效果良好。

　　(8) 应有两种以上规格的电源插座，位置方便宾客使用，可提供插座转换器。

　　(9) 客房内应有与本星级相适应的文具用品，备有服务指南、住宿须知、所在地旅游景点介绍和旅游交通图等，可提供与住店宾客相适应的书和报刊。

　　(10) 床上用棉织品(床单、枕芯、枕套、被芯、被套及床衬垫等)及卫生间针织用品(浴衣、浴巾、毛巾等)材质良好、柔软舒适。

　　(11) 客房内应提供互联网接入服务，并有使用说明。

　　(12) 客房内应备有擦鞋用具。

　　(13) 应有与饭店规模相适应的独立餐厅，配有符合卫生标准和管理规范的厨房。

　　(14) 公共区域应设宾客休息场所。

　　(15) 应有男女分设、间隔式公共卫生间。

　　(16) 应有公共电话。

　　(17) 应有应急供电设施和应急照明设施。

　　(18) 走廊地面应满铺地毯或与整体氛围相协调的其他材料，墙面整洁，有适当装修，光线充足。紧急出口标志清楚，位置合理，无障碍物。

　　(19) 门厅及主要公共区域应有残疾人出入坡道，配备轮椅。

　3. 服务

　　(1) 应有管理及安保人员24小时在岗值班。

　　(2) 应24小时提供接待、问询、结账和留言服务。提供总账单结账服务、信用卡结算服务。应提供客房预订服务。

　　(3) 应设门卫应接及行李服务人员，有专用行李车，应宾客要求提供行李服务。应提供贵重物品保管及小件行李寄存服务，并专设寄存处。

　　(4) 应为宾客办理传真、复印、打字、国际长途电话等商务服务，并代发信件。

　　(5) 应提供代客预订和安排出租汽车服务。

　　(6) 客房、卫生间应每天全面整理一次，每日或应宾客要求更换床单、被套及枕套，客用品补充齐全。

　　(7) 提供留言和叫醒服务。可应宾客要求提供洗衣服务。

　　(8) 客房内应24小时提供热饮用水，免费提供茶叶或咖啡。

　　(9) 应提供早、中、晚餐服务。

　　(10) 应提供与饭店接待能力相适应的宴会或会议服务。

　　(11) 应为残障人士提供必要的服务。

四、四星级饭店的必备条件

　1. 饭店总体要求

　　(1) 建筑物外观和建筑结构有特色。饭店空间布局合理，方便宾客在饭店内活动。

　　(2) 内外装修应采用高档材料，符合环保要求，工艺精致，整体氛围协调。

　　(3) 各种指示用和服务用文字应至少用规范的中英文同时表示。导向标志清晰、实用、美观,导向系统的设置和公共信息图形符号应符合 GB/T 15566.8 和 GB/T 10001.1、GB/T 10001.2、GB/T 10001.4、GB/T 10001.9 的规定。

(4) 应有中央空调(别墅式度假饭店除外),各区域通风良好。

(5) 应有运行有效的计算机管理系统。主要营业区域均有终端,有效提供服务。

(6) 应有公共音响转播系统,背景音乐曲目、音量适宜,音质良好。

(7) 设施设备应维护保养良好,无噪声,安全完好、整洁、卫生和有效。

(8) 应具备健全的管理规范、服务规范与操作标准。

(9) 员工应着工装,体现岗位特色。

(10) 员工训练有素,能用普通话和英语提供服务,必要时可用第二种外国语提供服务。

(11) 应有突发事件(包括火灾、自然灾害、饭店建筑物和设备设施事故、公共卫生和伤亡事件、社会治安事件等)处置的应急预案,有年度实施计划,并定期演练。

(12) 应有与本星级相适应的节能减排方案,并付诸实施。

(13) 应有系统的员工培训规划和制度,有员工培训设施。

2. 前厅

(1) 区位功能划分合理。

(2) 整体装修精致,有整体风格、色调协调、光线充足。

(3) 总服务台位置合理,接待人员应 24 小时提供接待、问询和结账服务。并能提供留言、总账单结账、国内和国际信用卡结算及外币兑换等服务。

(4) 应专设行李寄存处,配有饭店与宾客同时开启的贵重物品保险箱;保险箱位置安全、隐蔽,能够保护宾客的隐私。

(5) 应提供饭店基本情况、客房价目等信息,提供所在地旅游资源、当地旅游交通及全国旅游交通信息,并在总台能提供中英文所在地交通图、与住店宾客相适应的报刊。

(6) 在非经营区应设宾客休息场所。

(7) 门厅及主要公共区域应有符合标准的残疾人出入坡道,配备轮椅,有残疾人专用卫生间或厕位,为残障人士提供必要的服务。

(8) 应 24 小时接受包括电话、传真或网络等渠道的客房预订。

(9) 应有门卫应接服务人员,18 小时迎送宾客。

(10) 应有专职行李员,配有专用行李车,18 小时提供行李服务,提供小件行李寄存服务。

(11) 应提供代客预订和安排出租汽车服务。

(12) 应有相关人员处理宾客关系。

(13) 应有管理人员 24 小时在岗值班。

3. 客房

(1) 应有至少 40 间(套)可供出租的客房。

(2) 70%客房的面积(不含卫生间)应不小于 20 m²。

(3) 应有标准间(大床房、双床房),有两种以上规格的套房(包括至少 3 个开间的豪华套房),套房布局合理。

(4) 装修高档。应有舒适的软垫床,配有写字台、衣橱及衣架、茶几、坐椅,或沙发、床头柜、全身镜、行李架等家具,布局合理。所有电器开关方便宾客使用。室内满铺高级地毯,或优质木地板或其他高级材料。采用区域照明,且目的物照明效果良好。

(5) 客房门能自动闭合,应有门窥镜、门铃及防盗装置。客房内应在显著位置张贴应急疏散图及相关说明。

(6) 客房内应有装修良好的卫生间。有抽水恭桶、梳妆台(配备面盆、梳妆镜和必要的盥洗用品),有浴缸或淋浴间,配有浴帘或其他防溅设施。采取有效的防滑措施。采用高档建筑材料装修地面、墙面和天花板,色调高雅柔和。采用分区照明,且目的物照明效果良好。有良好的低噪声排风设施,温、湿度与客房适宜。有110/220V不间断电源插座、电话副机。配有吹风机。24小时供应冷、热水,水龙头冷热标志清晰。所有设施设备均方便宾客使用。

(7) 客房内应有饭店专用电话机,可以直接拨通或使用预付费电信卡拨打国际、国内长途电话,并备有电话使用说明和所在地主要电话指南。

(8) 应有彩色电视机,画面和音质良好。播放频道不少于16个,备有频道目录。

(9) 应有防噪声及隔音措施,效果良好。

(10) 应有内窗帘及外层遮光窗帘,遮光效果良好。

(11) 应有至少两种规格的电源插座,电源插座应有两个以上供宾客使用的插位,位置合理,并可提供插座转换器。

(12) 应有与本星级相适应的文具用品。配有服务指南、住宿须知、所在地旅游资源信息和旅游交通图等。可提供与住店宾客相适应的书和报刊。

(13) 床上用棉织品(床单、枕芯、枕套、被芯、被套及床衬垫等)及卫生间针织用品(浴巾、浴衣、毛巾等)材质较好、柔软舒适。

(14) 客房、卫生间应每天全面整理一次,每日或应宾客要求更换床单、被套及枕套,客用品和消耗品补充齐全,并应宾客要求随时进房清理。

(15) 应提供互联网接入服务,并备有使用说明,使用方便。

(16) 应提供开夜床服务,放置晚安致意品。

(17) 应提供客房微型酒吧服务,至少50%的房间配备小冰箱,提供适量酒和饮料,并备有饮用器具和价目单。免费提供茶叶或咖啡。提供冷热饮用水,可应宾客要求提供冰块。

(18) 应提供客衣干洗、湿洗、熨烫服务,可在24小时内交还宾客。可提供加急服务。

(19) 应18小时提供送餐服务。有送餐菜单和饮料单,送餐菜式品种不少于8种,饮料品种不少于4种,甜食品种不少于4种,有可挂置门外的送餐牌。

(20) 应提供留言及叫醒服务。

(21) 应提供宾客在房间会客服务,可应宾客要求及时提供加椅和茶水服务。

(22) 客房内应备有擦鞋用具,并提供擦鞋服务。

4. 餐厅及吧室

(1) 应有布局合理、装饰设计格调一致的中餐厅。

(2) 应有位置合理、格调优雅的咖啡厅(或简易西餐厅)。提供品质较高的自助早餐。

(3) 应有宴会单间或小宴会厅。提供宴会服务。

(4) 应有专门的酒吧或茶室。

(5) 餐具应按中外习惯成套配置,无破损,光洁、卫生。

(6) 菜单及饮品单应装帧精致、完整清洁,出菜率不低于90%。

5. 厨房

(1) 位置合理、布局科学,传菜路线不与非餐饮公共区域交叉。

(2) 厨房与餐厅之间,采取有效的隔音、隔热和隔气味措施。进出门自动闭合。

(3) 墙面满铺瓷砖,用防滑材料满铺地面,有地槽。

(4) 冷菜间、面点间独立分隔,有足够的冷气设备。冷菜间内有空气消毒设施和二次更衣设施。

(5) 粗加工间与其他操作间隔离,各操作间温度适宜,冷气供给充足。

(6) 应有必要的冷藏、冷冻设施,生熟食品及半成食品分柜置放,有干货仓库。

(7) 洗碗间位置合理,配有洗碗和消毒设施。

(8) 应有专门放置临时垃圾的设施并保持其封闭,排污设施(地槽、抽油烟机和排风口等)保持清洁通畅。

(9) 采取有效的消杀蚊蝇、蟑螂等虫害措施。

(10) 应有食品留样送检机制。

6. 会议和康体设施

(1) 应有至少两种规格的会议设施,配备相应设施并提供专业服务。

(2) 应有康体设施,布局合理,提供相应的服务。

7. 公共区域

(1) 饭店室外环境整洁美观。

(2) 饭店后台设施完备、导向清晰、维护良好。

(3) 应有回车线,并有足够泊位的停车场。提供相应的服务。

(4) 3层以上(含3层)建筑物应有数量充足的高质量客用电梯,轿厢装修高雅。配有服务电梯。

(5) 主要公共区域应有男女分设的间隔式公共卫生间,环境良好。

(6) 应有商品部,出售旅行日常用品、旅游纪念品等。

(7) 应有商务中心,可提供传真、复印、国际长途电话、打字等服务,有可供宾客使用的电脑,并可提供代发信件、手机充电等服务。

(8) 提供或代办市内观光服务。

(9) 应有公用电话。

(10) 应有应急照明设施和有应急供电系统。

(11) 主要公共区域有闭路电视监控系统。

(12) 走廊及电梯厅地面应满铺地毯或其他高档材料,墙面整洁,有装修装饰,温度适宜、通风良好、光线适宜。紧急出口标志清楚醒目,位置合理,无障碍物。有符合规范的逃生通道、安全避难场所。

(13) 应有必要的员工生活和活动设施。

五、五星级饭店的必备条件

1. 总体要求

(1) 建筑物外观和建筑结构应具有鲜明的豪华饭店的品质。饭店空间布局合理,方便宾客在饭店内活动。

(2) 内外装修应采用高档材料,符合环保要求,工艺精致,整体氛围协调,风格突出。

(3) 各种指示用和服务用文字应至少用规范的中英文同时表示。导向标志清晰、实用、美观,导向系统的设置和公共信息图形符号应符合 GB/T 15566.8 和 GB/T 10001.1、GB/T 10001.2、GB/T 10001.4、GB/T 10001.9 的规定。

(4) 应有中央空调(别墅式度假饭店除外),各区域空气质量良好。

(5) 应有运行有效的计算机管理系统,前后台联网,有饭店独立的官方网站或者互联网主页,并能够提供网络预订服务。

(6) 应有公共音响转播系统。背景音乐曲目、音量与所在区域和时间段相适应,音质良好。

(7) 设施设备应维护保养良好,无噪声,安全完好、整洁、卫生和有效。

(8) 应具备健全的管理规范、服务规范与操作标准。

(9) 员工应着工装,工装专业设计、材质良好、做工精致。

(10) 员工训练有素,能用普通话和英语提供服务,必要时可用第二种外国语提供服务。

(11) 应有与本星级相适应的节能减排方案,并付诸实施。

(12) 应有突发事件(包括火灾、自然灾害、饭店建筑物和设备设施事故、公共卫生和伤亡事件、社会治安事件等)处置的应急预案,有年度实施计划,并定期演练。

(13) 应有系统的员工培训规划和制度,应有专门的教材、专职培训师及专用员工培训教室。

2. 前厅

(1) 功能划分合理,空间效果良好。

(2) 装饰设计有整体风格,色调协调,光线充足,整体视觉效果和谐。

(3) 总服务台位置合理,接待人员应 24 小时提供接待、问询和结账等服务,并能提供留言、总账单结账、国内和国际信用卡结算、外币兑换等服务。

(4) 应专设行李寄存处,配有饭店与宾客同时开启的贵重物品保险箱;保险箱位置安全、隐蔽,能够保护宾客的隐私。

(5) 应提供饭店基本情况、客房价目等信息,提供所在地旅游资源、当地旅游交通及全国旅游交通的信息,并在总台能提供中英文所在地交通图、与住店宾客相适应的报刊。

(6) 在非经营区应设宾客休息场所。

(7) 门厅及主要公共区域应有符合标准的残疾人出入坡道,配备轮椅,有残疾人专用卫生间或厕位,为残障人士提供必要的服务。

(8) 应 24 小时接受包括电话、传真或网络等渠道的客房预订。

(9) 应有专职的门卫应接服务人员,18 小时迎送宾客。

(10) 应有专职行李员,配有专用行李车,24 小时提供行李服务,提供小件行李寄存服务。

(11) 应提供代客预订和安排出租汽车服务。

(12) 应有专职人员处理宾客关系,18 小时在岗服务。

(13) 应提供礼宾服务。

(14) 应有管理人员 24 小时在岗值班。

3. 客房

(1) 应有至少 50 间(套)可供出租的客房。

(2) 70％客房的面积(不含卫生间和门廊)应不小于 20 m²。

(3) 应有标准间(大床房、双床房)、残疾人客房,两种以上规格的套房(包括至少 4 个开间的豪华套房),套房布局合理。

(4) 装修豪华,具有良好的整体氛围。应有舒适的床垫及配套用品。写字台、衣橱及衣架、茶几、坐椅或沙发、床头柜等家具配套齐全、布置合理、使用便利。所有电器开关方便宾客使用。室内满铺高级地毯,或用优质木地板或其他高档材料装饰。采用区域照明,目的物照明效果良好。

(5) 客房门能自动闭合,应有门窥镜、门铃及防盗装置。客房内应在显著位置张贴应急疏散图及相关说明。

(6) 客房内应有装修精致的卫生间。有高级抽水恭桶、梳妆台(配备面盆、梳妆镜和必要的盥洗用品)、浴缸,并带淋浴喷头(另有单独淋浴间的可以不带淋浴喷头),配有浴帘或其他有效的防溅设施。采取有效的防滑措施。采用豪华建筑材料装修地面、墙面和天花板,色调高雅柔和。采用分区照明且目的物照明效果良好。有良好的无明显噪声的排风设施,温、湿度与客房无明显差异。有 110/220 V 不间断电源插座、电话副机。配有吹风机。24 小时供应冷、热水,水龙头冷热标志清晰。所有设施设备均方便宾客使用。

(7) 客房内应有饭店专用电话机,使用方便。可以直接拨通或使用预付费电信卡拨打国际、国内长途电话,并备有电话使用说明和所在地主要电话指南。

(8) 应有彩色电视机,画面和音质优良。播放频道不少于 24 个,频道顺序有编辑,备有频道目录。

(9) 应有背景音乐,音质良好,曲目适宜,音量可调。

(10) 应有防噪声及隔音措施,效果良好。

(11) 应有纱帘及遮光窗帘,遮光效果良好。

(12) 应有至少两种规格的电源插座,电源插座应有两个以上供宾客使用的插位,位置方便宾客使用,并可提供插座转换器。

(13) 应有与本星级相适应的文具用品。配有服务指南、住宿须知、所在地旅游景点介绍和旅游交通图等。提供与住店宾客相适应的报刊。

(14) 床上用棉织品(床单、枕芯、枕套、被芯、被套及床衬垫等)及卫生间针织用品(浴巾、浴衣、毛巾等)材质高档、工艺讲究、柔软舒适。可应宾客要求提供多种规格的枕头。

(15) 客房、卫生间应每天全面清理一次,每日或应宾客要求更换床单、被套及枕套,客用品和消耗品补充齐全,并应宾客要求随时进房清理。

(16) 应提供互联网接入服务,并备有使用说明,使用方便。

(17) 应提供开夜床服务,夜床服务效果良好。

(18) 应提供客房微型酒吧(包括小冰箱)服务,配置适量与住店宾客相适应的酒和饮料,备有饮用器具和价目单。免费提供茶叶或咖啡。提供冷热饮用水,可应宾客要求提供冰块。

(19) 应提供客衣干洗、湿洗、熨烫服务,可在 24 小时内交还宾客,可提供加急服务。

(20) 应 24 小时提供送餐服务。有送餐菜单和饮料单,送餐菜式品种不少于 8 种,饮料品种不少于 4 种,甜食品种不少于 4 种,有可挂置门外的送餐牌,送餐车应有保温设备。

(21) 应提供自动和人工叫醒、留言及语音信箱服务,服务效果良好。

(22) 应提供宾客在房间会客服务,应宾客的要求及时提供加椅和茶水服务。

(23) 客房内应备有擦鞋用具,并提供擦鞋服务。

4. 餐厅及吧室

(1) 各餐厅布局合理、环境优雅、空气清新,不串味,温度适宜。

(2) 应有装饰豪华、氛围浓郁的中餐厅。

(3) 应有装饰豪华、格调高雅的西餐厅(或外国特色餐厅)或风格独特的风味餐厅,均配有专门厨房。

(4) 应有位置合理、独具特色、格调高雅的咖啡厅,提供品质良好的自助早餐、西式正餐。咖啡厅(或有一餐厅)营业时间不少于 18 小时。

(5) 应有 3 个以上宴会单间或小宴会厅。提供宴会服务,效果良好。

(6) 应有专门的酒吧或茶室。

(7) 餐具应按中外习惯成套配置,材质高档,工艺精致,有特色,无破损磨痕,光洁、卫生。

(8) 菜单及饮品单应装帧精美、完整清洁,出菜率不低于 90%。

5. 厨房

(1) 位置合理、布局科学,传菜路线不与非餐饮公共区域交叉。

(2) 厨房与餐厅之间,采取有效的隔音、隔热和隔味的措施。进出门分开并能自动闭合。

(3) 墙面满铺瓷砖,用防滑材料满铺地面,有地槽。

(4) 冷菜间、面点间独立分隔,有足够的冷气设备。冷菜间内有空气消毒设施。

(5) 冷菜间有二次更衣场所及设施。

(6) 粗加工间与其他操作间隔离,各操作间温度适宜,冷气供应充足。

(7) 洗碗间位置合理(紧临厨房与餐厅出入口),配有洗碗和消毒设施。

(8) 有必要的冷藏、冷冻设施,生熟食品及半成食品分柜置放。有干货仓库。

(9) 有专门放置临时垃圾的设施并保持其封闭,排污设施(地槽、抽油烟机和排风口等)保持畅通清洁。

(10) 采取有效的消杀蚊蝇、蟑螂等虫害措施。

(11) 应有食品化验室或留样送检机制。

6. 会议康乐设施

(1) 应有两种以上规格的会议设施,有多功能厅,配备相应的设施并提供专业服务。

(2) 应有康体设施,布局合理,提供相应的服务。

7. 公共区域

(1) 饭店室外环境整洁美观,绿色植物维护良好。

(2) 饭店后台区域设施完好、卫生整洁、维护良好,前后台的衔接合理,通往后台的标志清晰。

(3) 应有清晰可辨的回车线,并有与规模相适应泊位的停车场,有残疾人停车位,停车场环境效果良好,提供必要的服务。

(4) 3 层以上(含 3 层)建筑物应有数量充足的高质量客用电梯,轿厢装饰高雅,速度合理,通风良好;另备有数量、位置合理的服务电梯。

(5) 各公共区域均应有男女分设的间隔式公共卫生间,环境优良,通风良好。

(6) 应有商品部,出售旅行日常用品、旅游纪念品等。

(7) 应有商务中心,可提供传真、复印、国际长途电话、打字等服务,有可供宾客使用的电脑,并可提供代发信件、手机充电等服务。

(8) 提供或代办市内观光服务。

(9) 应有公用电话,并配有便签。

(10) 应有应急照明设施和应急供电系统。

(11) 主要公共区域有闭路电视监控系统。

(12) 走廊及电梯厅地面应满铺地毯或其他高档材料,墙面整洁,有装修装饰,温度适宜、通风良好、光线适宜。紧急出口标志清楚醒目,位置合理,无障碍物。有符合规范的逃生通道、安全避难场所。

(13) 应有充足的员工生活和活动设施。

第四节 星级饭店的评定规则

一、星级的申请

申请星级的旅游饭店,应执行《旅游统计调查制度》,承诺履行向全国旅游饭店星级评定机构提供不涉及本酒店商业机密的经营管理数据的义务。

旅游酒店申请星级,应向相对评定权限的旅游酒店星级评定机构递交星级申请材料;申请四星级以上的酒店,应按属地原则逐级递交申请材料。申请材料包括:酒店星级申请报告、自查自评情况说明及其他必要的文字和图片资料。

二、星级的评定规程

1. 受理

接到酒店星级申请报告后,相应评定权限的旅游饭店星级评定机构应在核实申请材料的基础上,于14天内作出受理与否的答复。对申请四星级以上的酒店,其所在地旅游酒店星级评定机构在逐级递交或转交申请材料时,应提交推荐报告或转交报告。

2. 检查

受理申请或接到推荐报告后,相应评定权限的旅游饭店星级评定机构应在一个月内以明查和暗访的方式安排评定检查。检查合格与否,检查员均应提交检查报告。对检查未予通过的酒店,相应星级评定机构应加强指导,待接到酒店整改完成并要求重新检查的报告后,于一个月内再次安排评定检查,对申请四星级以上的酒店,检查分为初检和终检。

(1) 初检由相应评定权限的旅游饭店星级评定机构组织,委派检查员以暗访或明查的形式实施检查,并将检查结果及整改意见记录在案,供终检时对照使用;初检合格,方可安排终检。

(2) 终检由相应评定权限的旅游饭店星级评定机构组织,委派检查员对照初检结果及整改意见进行全面检查;终检合格,方可提交评审。

3. 评审

接到检查报告后一个月内,旅游饭店星级评定机构应根据检查员意见对申请星级的酒店进行评审。评审的主要内容有:审定申请资格,核实申请报告,认定本标准的达标情况,查验违规及事故、投诉的处理情况等。

4. 批复

对于评审通过的酒店,旅游饭店星级评定机构应给予评定星级的批复,并授予相应星级的标志和证书(图 5-1、图 5-2)。对于经评审认定达不到标准的酒店,旅游饭店星级评定机构不予批复。

图 5-1　中国星级饭店标志牌(三星级)

图 5-2　中国星级饭店证书(五星级饭店)

第五节 星级饭店的服务质量与管理制度要求

一、服务质量要求

1. 服务基本原则
(1) 对客人礼貌、热情、亲切、友好。
(2) 对所有客人,不分种族、国别、贫富、亲疏,一视同仁。
(3) 密切关注并尽量满足客人的需求,高效率地完成对客服务。
(4) 遵守国家法律法规,保护客人的合法权益。
(5) 尊重客人的道德信仰与风俗习惯,不损害民族尊严。

2. 服务基本要求
(1) 员工仪容仪表要求:
① 着工装、佩工牌上岗,仪容仪表端庄、大方、整洁;
② 服务过程中表情自然、亲切,热情适度,提倡微笑服务;
③ 遵守酒店的仪容仪表规范。
(2) 言行举止要求:
① 站、坐、行姿符合各岗位的规范与要求,主动服务,有职业风范;
② 以协调适宜的自然语言和身体语言对客服务,让客人感到尊重舒适。
(3) 语言要求:
① 语言文明、简明、清晰,符合礼仪规范;
② 对客人提出的问题暂时无法解决时,应耐心解释并于事后设法解决,不推诿和应付;
③ 业务能力与技能要求:服务人员应掌握相应的业务知识和技能,并能熟练运用。

二、管理制度要求

(1) 有员工手册。
(2) 有酒店组织机构图和部门组织机构图。
(3) 管理制度。主要针对管理层如层级管理制度、质量控制制度、市场营销制度、物资采购制度等。一项完整的酒店管理制度包括制度名称、制度目的、管理职责、项目运作规程(具体包括执行层级、管理对象、方式与频率、管理工作内容)、管理分工、管理程序与考核指标等项目。
(4) 部门化运作规范。包括管理人员岗位工作说明书、管理人员工作关系表、管理人员工作项目核检表、专门的质量管理文件、工作用表和质量管理记录等内容。
(5) 服务和专业技术人员岗位工作说明书。对服务和专业技术人员的岗位要求、任职条件、班次、接受指令与协调渠道、主要工作职责等内容进行书面说明。
(6) 服务项目、程序与标准说明书。针对服务和专业技术人员岗位工作说明书的要求,对每一个服务项目完成的目标、完成该目标所需要经过的程序,以及各个程序的质量标准进行说明。

(7) 工作技术标准说明书。对国家和地方主管部门和强制性标准所要求的特定岗位的技术工作,如锅炉、强弱电、消防、食品加工与制作等,应有相应的工作技术标准的书面说明,相应岗位的从业人员应知晓。

(8) 其他可以证明酒店质量管理水平的证书或文件。

第六节 申请星级饭店的材料

拟申请星级的饭店必须向星级饭店评定与检查机构出示以下材料,并保证其真实有效。

(1) 员工手册。包括总经理致辞、角色阐释、服务理念、行为通则,以及员工福利、奖惩、安全基本管理制度等。一至五星级饭店必须提供。

(2) 组织机构图。旅游酒店申请报告书中的组织机构图是指负责酒店运转的正式组织机构图,包括酒店组织机构图和部门组织机构图。一至五星级酒店必须提供。

(3) 管理制度。管理制度是酒店科学化管理的基础和服务与管理模式的操作工具。它能最大限度减少包括管理者在内员工行为的随意性。拟评酒店报告书的管理制度主要针对管理层如层级管理制度、质量控制制度、市场营销制度、物资采购制度等,必要可专门形成《经理手册》。一项完整的酒店管理制度包括制度名称、制度目的、管理职责、项目运作规程(具体包括执行层级、管理对象、方式与频率、管理工作内容)、管理分工、管理程序与考核指标等项目。大体来说,管理制度可以分为服务流程管理制度、支持性流程管理和全局性职能管理制度几大类。

管理制度应当及时修订,以达到现代酒店科学管理的基本要求。为此,国家旅游局提倡星级酒店积极采用符合国际惯例和国际通行的财务、质量、人力资源等方面的管理制度。

一星级饭店必须提供3项以上服务流程管理制度,2项以上支持性流程制度和1项以上全局性职能管理制度;从关键项目和严谨程度方面进行要求,不分星级,不从量上要求。

二星级饭店必须提供4项以上服务流程管理制度,3项以上支持性流程制度和2项以上全局性职能管理制度。

三星级饭店必须提供5项以上服务流程管理制度,4项以上支持性流程制度和3项以上全局性职能管理制度。

四星级饭店必须提供8项以上服务流程管理制度,6项以上支持性流程制度和5项以上全局性职能管理制度。

五星级饭店必须提供12项以上服务流程管理制度,10项以上支持性流程制度和8项以上全局性职能管理制度。

(4) 部门化运作规范。为了使各工作区域和不同的管理层级能够达到一种有序运行的状态,星级酒店需要制定各个部门的运作规范。一般来说,部门化运作规范包括以下主要内容:

① 管理人员岗位工作说明书。对管理人员的工作岗位、班次、指令与反馈渠道、工作目标、工作职责和任职条件、任职要求等项内容进行说明。一星级以上酒店要求提供。

② 管理人员工作关系表。对不同部门和不同层级进行与酒店管理有关的计划、组织、

审批、指令、反馈、控制等活动以及相应的上下级关系、协调关系进行表格化说明。三星级以上酒店要求提供。

③ 管理人员工作项目核检表。管理人员每天、每周、每季、每年需要进行的工作项目进行列表，以备自查和上级核查。三星级以上酒店要求提供。

④ 专门的质量管理文件、工作用表和质量管理记录。质量管理和保持酒店星级标准是贯穿于酒店管理各个方面、各个环节的常备工作，而且质量是管理出来的，而不仅仅是检查出来的。为此，酒店需要有专门的质量管理文件以及与此配套的工作用表和质量管理的记录。酒店管理者，特别是高层管理者也应当在自己的日常管理行为中尽力体现上述文件所规定的质量理念，包括顾客导向、全员参与、专业管理、全流程覆盖等原则。三星级以上酒店要求提供。

⑤ 服务和专业技术人员岗位工作说明书。对服务和专业技术人员的岗位要求、任职条件、班次、接受指令与协调渠道、主要工作职责等内容进行书面说明。一星级以上酒店要求提供。

⑥ 服务项目、程序与标准说明书。针对服务和专业技术人员岗位工作说明书的要求，对每一个服务项目完成的目标、为完成该目标所需要经过的程序，以及为各个程序的质量标准进行局面说明。二星级以上酒店要求提供。

⑦ 工作技术标准说明书。对国家和地方主管部门和强制性标准所要求的特定岗位的技术工作如锅炉、强弱电、消防、食品加工与制作等，必须有相应的工作技术标准的书面说明，相应岗位的从业人员必须知晓。一星级以上酒店必须提供。四星级以上酒店还要求提供与设施设备、空间区域的维修保养与清洁卫生有关的作业技术标准的书面材料。

⑧ 其他可以证明酒店质量管理水平的证书或文件。在酒店提供的上述材料中，必须体现现代酒店管理和星级酒店所要求的质量、环保、科技和对当地社会文化发展的承诺，并有相应的措施保证这些承诺能够在酒店管理中得以贯彻和执行。

第七节　星级评定检查工作

一、检查员的设置

为具体实施《旅游饭店星级的划分与评定》，使旅游饭店的星级评定工作更加专业化和规范化，国家旅游局制定了星级评定检查制度。国家饭店星级评定机构设国家级检查员，负责对全国各星级饭店进行评定前后的检查。各省、自治区、直辖市及下属地、市、州等饭店星级评定机构设地方级检查员，负责对本地区各星级饭店进行星级评定前后的检查。

二、检查员的任用条件

旅游饭店星级评定检查员必须是旅游行政管理部门从事酒店行业管理的专业人员；有较高的政治思想水平，热爱旅游事业，思想品德好，能做到大公无私，秉公办事，工作认真，严格要求；有一定的政策水平、较强的法制观念，能严格执行法令、法规和纪律。

旅游饭店星级评定检查员需要有较丰富的酒店业务知识，全面掌握《旅游饭店星级的划分与评定》国家标准，并且有一定的组织能力和协调能力，有分析和研究问题能力，有一定的口头、文字表达能力。国家级旅游饭店星级评定检查员需要有技术(业务)职称或有较强的酒店行政管理工作经验和能力。

旅游饭店星级评定检查员必须通过国家统一培训考核，领取国家级或地方级检查证。取得检查证的各级检查员每两年接受一次复核。

三、检查员的工作守则

在国家旅游饭店星级评定机构的统一领导和组织下，对申请星级的旅游酒店进行评定，行使检查职能。检查员在检查酒店时，除须持有检查证外，还须持有星级评定机构的介绍信，否则检查员身份无效。

旅游饭店星级评定检查员应当评分公正，尊重酒店的管理规章制度，互相监督，彼此合作，不随意以个人看法解释标准，不对外发表议论，不对外传播检查的分数，不得借用检查员身份为个人谋取利益。

四、评定前的检查

星级评定机构接到酒店提出的正式申请后，委派检查员对酒店进行检查。旅游饭店星级评定检查员在认真研究《饭店星级申请报告》，掌握被评定酒店的概况和特点，并准确填写其中有关部分后，听取酒店领导介绍，并由店方派人陪同，根据《旅游饭店星级的划分与评定》，实地检查酒店所申请星级的必备条件。根据《旅游饭店星级的划分与评定》标准，采用明查、暗访、普查、抽查的方法，全面检查酒店。按照《旅游饭店星级的划分与评定》，核实、统计各项目的实得分数和得分率。星级评定检查员与被评定酒店交换意见，肯定其长处，指出其存在的问题。星级评定检查员向星级评定机构汇报检查情况，提出客观的评定意见。

五、评定后的检查与暗访制度

由星级评定机构委派，检查员对已取得星级的酒店进行定期与不定期的明查和暗访。明查的目的是为了核实酒店在取得星级后，是否保持了原有的水准。暗访的目的是为监督、考察酒店在取得星级后在服务质量方面是否保持了原有的水准。根据宾客的意见和投诉所反映的问题，星级评定机构决定派检查员对酒店进行暗访。暗访结束时，星级评定检查员须通知店方。检查员除出示检查证外，还须将评定机构的介绍信交给店方，请酒店领导在介绍信和检查员的消费单据(房费单、餐饮费单等)上签字，然后寄回星级评定机构。检查员与店方交换意见后，将填写的暗访报告由检查员和酒店经理共同签名，上报星级评定机构。

思考题

1. 我国为何要施行旅游饭店的星级评定制度？
2. 一星、二星、三星、四星、五星、白金五星级饭店划分的条件各有哪些？

第六章 旅游饭店行业规范

案例导入

客人车辆被窃所引起的酒店责任之争

2016年初,某四星级酒店的停车场发生了一起客人车辆被撬、车内的物品失窃案件。为防止再次发生类似的案件,酒店安排了保安对停车场进行24小时管理,同时在车场设置了明显的告示牌:本停车场只负责提供车位,请车主加强安全防范措施,酒店对车辆被盗及一切受损概不负责。

2016年8月3日,客人李某开车来到该店入住,在保安的指挥下,客人将车停在酒店的停车位,然后到总台办理手续,进房休息。但第二天早晨起床散步时,李某发现车辆失踪,酒店事后查明当晚盗贼乘保安睡觉时盗走了客人的汽车。客人遂与酒店交涉要求赔偿,但酒店以有告示声明在先,拒绝赔偿。

思考: 请问该酒店是否应对客人车辆的失窃负责?

第一节 旅游饭店行业规范的出台

目前我国用于调整酒店和客人之间纠纷的有关法律、法规大多是一些原则性的规定,详细具体的法律规定尚欠缺。在酒店和客人之间发生纠纷后,无据可依,往往各执一词。酒店在日常经营管理中同客人不断发生各种纠纷,向酒店提出索赔的客人越来越多,对酒店业的健康发展极为不利。国家在短时间内制定酒店法规时机尚不成熟,但是,通过制定《中国旅游饭店行业规范》,将旅游酒店这一层次的酒店纳入规范范围内,通过规范旅游酒店行业的行为来保护客人与酒店的合法权益。

为了倡导诚信准则,维护酒店客人的权益,保障旅游酒店的合法利益,维护旅游酒店业经营管理的正常秩序,促进中国旅游酒店业的健康发展,中国旅游饭店业协会依据国家有关法律、法规于2002年3月颁布《中国旅游饭店行业规范》,该规范于2002年5月1日正式实施,2009年8月进行了修订。

我国的旅游酒店近年来发展迅速,但与之相适应的酒店法律、法规的制定相对滞后。随着到旅游酒店消费人群的增多,酒店和客人之间所产生的纠纷也随之增多。有些纠纷的产生是由于酒店在经营管理中忽视了保护客人的合法权益,没有有效地保护好酒店客人的人身和财产安全,也有的是因为客人对酒店的情况不了解而产生纠纷。在此情况下,迫切需要一个规范酒店行为的全国旅游饭店行业的规范。《中国旅游饭店行业规范》于2001年

7月起草，在广泛调研的基础上，经过无数次的修改，并征求了中国消费者协会、中国社会科学院法学研究所、全国人大法工委、国家物价局等有关部门和法律专家的意见，并委托协会常务理事会征求了会员旅游酒店的意见，并多次召开座谈会，对规范进行反复修改，十易其稿，完成了我国旅游酒店业的第一个行业规范。

《中国旅游饭店行业规范》是《中华人民共和国民法通则》《中华人民共和国合同法》《中华人民共和国消费者权益保护法》等有关法律、法规以及国际有关酒店公约和规章在我国旅游酒店具体行为规范的细化，符合我国法律的精神。《中国旅游饭店行业规范》中所提到的一些具体的规定，在我国后来出台的《中华人民共和国民法典》中有所提及。如在人格权法编中专门提到了隐私权的概念，这是我国法律第一次具体提到隐私权。《中国旅游饭店行业规范》第十六条中规定"饭店应当保护客人的隐私权"，完全符合法律的精神。《民法典》的侵权责任编中规定：旅馆、银行的客户以及列车的乘客，在旅馆、银行、列车内受到他人侵害的，在无法确认侵权人或者侵权人没有能力承担赔偿责任的情况下，旅馆、银行、列车的所有者或经营者尽到义务的，不承担责任；未尽到保护义务的，应当承担补充赔偿责任。在《中国旅游饭店行业规范》的第四章、第五章、第六章和第八章中都有类似保护酒店客人人身和财产安全，防止侵权事件的发生，以及发生以后酒店应承担的责任的规定。可以说，《中国旅游饭店行业规范》的出台不仅符合当时有关法律的精神，而且符合后来出台的我国《民法典》的有关规定。

第二节　旅游饭店行业规范的主要内容

《中国旅游饭店行业规范》规范了酒店的经营行为，保护了客人的合法权益，维护了酒店的正常经营秩序，尤其针对酒店同客人常发生的一些主要纠纷作了相应的规范。

一、客人物品报失纠纷

在法律上，酒店有保护酒店客人财物安全的义务。凡是来到酒店住宿的客人往往携带一些物品入店。有些酒店忽视了有效保护好住店客人的财物安全的义务，造成客人财物的损坏或被窃。客人物品报失纠纷在酒店业相当普遍。很多酒店为处理这类纠纷颇费精力。客人报失的情况各种各样，有的是错误报失，有的是虚假报失，有的是真正失窃。在真正的失窃案中，又有多种情况，有的留有现场，有的没有留下任何痕迹。有的失窃案是酒店的过错所为（如服务员在清扫完客人的房间后未锁上房门，以致客人的物品被窃），有的失窃案是客人的过错（如客人外出或睡觉时自己未锁上房门而致物品被窃）。

针对酒店常发生的情况，《中国旅游饭店行业规范》规定："饭店应当采取措施，防止客人放置在客房内的财物灭失、毁损，由于饭店的原因造成客人财物灭失、毁损的，饭店应当承担责任。"此条规定明确了酒店所承担的责任。

物品，在法律上分为一般物品和贵重物品。酒店有保护住店客人贵重物品安全的义务。但有些酒店忽略了对客人贵重物品的保护，如没有设置酒店专用的、有双锁的客人贵重物品保险箱，或者设置的地方不方便、不隐蔽，或者没有提醒客人将贵重物品存放在贵重物品保管箱内保管等等，以致客人的贵重物品丢失。

由于贵重物品价值很高,客人的贵重物品报失纠纷是客人物品报失案中十分突出和棘手的问题。酒店在具体处理客人财物尤其是贵重物品纠纷时,对于究竟何种情况酒店应当赔偿,何种情况不承担赔偿责任,双方往往各执一词。尤其是一些没有留下任何痕迹的报失案,公安和司法部门也难以作出判断。往往是客人盯得紧一点,酒店就适当多赔偿一些。酒店如何防范客人在住店期间财物被窃;发生客人报失事件后,酒店如何承担责任,《中国旅游饭店行业规范》作了较详细的规定,从而避免或者减少这方面的纠纷发生。

二、客人人身损害纠纷

客人在酒店内因受伤或死亡而引发的纠纷在酒店业较为普遍,其原因各异。有的客人受伤或死亡事件是由于酒店的设施、设备的缺陷所致;有的是外来犯罪分子作案所为;还有的是由于其他人员的侵害。

在法律上,一旦成为酒店的客人后,酒店有保护客人人身安全的义务。一些酒店对保护好客人的人身安全没有引起足够的重视,火灾、抢劫、凶杀等事件在酒店业时有发生。有的酒店客房的房门上没有装置防盗链、房门窥镜、火灾应急疏散图;客房内无住客须知、防火指南;客房卫生间内无防滑措施等,以致客人的人身遭受伤害。有的酒店在地面打蜡或拖地时未放置告示牌提醒客人,致使客人滑倒受伤等等。

有些客人在酒店内受伤或死亡是由于自身的原因,如洗澡摔倒、饮酒过量、身体不适等而致伤或死亡。还有的甚至是客人在酒店内自杀身亡。

很多情况是,只要客人在酒店内受伤或死亡,家属就要求酒店承担责任,而酒店往往认为是客人自身的原因所致拒绝承担责任。《中国旅游饭店行业规范》针对不同情况,作了相应的规定。

三、客人自带酒水纠纷

由于酒店出售的不仅仅是商品本身,还包括了酒店的服务和环境等,所以酒店出售的酒水价格高于一般商店酒水的价格。酒店业的惯例是,一般情况下,酒店谢绝客人自带酒水和食品进入酒店的餐厅等场所享用。但是,有些人对此概念较为模糊。对此《中国旅游饭店行业规范》第二十九条作出了明确的规定:"饭店如果谢绝客人自带酒水和食品进入餐厅、酒吧、舞厅等场所享用,应当将谢绝的告示设置于经营场所的显著位置,或者确认已将上述信息用适当方式告知客人。"由于一些人对《中国旅游饭店行业规范》中的第二十九条这一规定不理解,在《中国旅游饭店行业规范》出台后的一段时间内提出了反对的意见。由此在社会上引起前所未有的广泛的大讨论。《中国食品报》在2002年4月28日头版以"禁带酒水,一石激起千层浪"为标题,详细报道了社会各界的种种看法;《中国旅游报》于2002年5月22日以"《中国旅游饭店行业规范》第二十九条掀起轩然大波"为题开展了专题讨论;浙江等电视台还专门组织酒店业内人士、法学界专家学者和社会其他有关人士在电视节目中做现场专题讨论;还有的旅游院校以"酒店是否可以谢绝客人自带酒水"为题开展了大辩论。

为何《中国旅游饭店行业规范》第二十九条会在社会各界引起如此轩然大波?正如《扬州晚报》2002年5月8日的一篇专题文章所阐述的:其原因之一是,一些人未能理解"旅游饭店"的含义,将旅游饭店与小餐馆混为一谈。《中国旅游饭店行业规范》中的饭店指的是包括住宿和餐饮在内的旅游饭店(这样的饭店英文为 Hotel),而不是街头路边的小餐馆(仅提供餐饮服务的饭店英文为 Resturant)。

在国外,酒店和客人之间有种默契,客人一般不会自带酒水到酒店饮用。我国酒店行业的惯例也是,不准客人将酒店以外的酒水带入酒店内饮用。

为什么酒店(尤其是高星级旅游饭店)限制客人自带酒水进入酒店饮用?因为酒店出售的不仅仅是酒水本身,还包含了它的服务、场地、环境等。所以,旅游酒店出售的酒水价格适当高于一般商店酒水的价格,具有一定的合理性。人们都知道,不可以将外面的食品和饮料带入肯德基、麦当劳等国际著名的连锁餐厅享用,那么为什么投资很大的酒店就不能谢绝客人自带酒水呢?如果大家都把酒水或者食品带入酒店的餐厅、舞厅和酒吧等场所享用,那么又有谁去经营餐厅、舞厅和酒吧呢?

所以,酒店可以谢绝客人自带酒水和食品进入餐厅、酒吧、舞厅等场所享用,但酒店应当将谢绝的告示设置于有关场所的显著位置。

四、侵害客人隐私权纠纷

侵害客人隐私权的纠纷近年来在酒店业也较为突出。由于一些酒店是从过去传统的招待所模式的酒店转变过来,不太注意保护客人的隐私权。随着法制的健全,越来越多的客人对酒店侵害其隐私权表示不满。从法律的角度来看,虽然客房是属于酒店的,但客房一旦出租给客人,使用权即属于客人。有些酒店不注意保护客人的隐私权,随意将客人情况透露他人,或者工作人员随意进入住客房间,客人对此很有意见,由此产生纠纷。在《中国旅游饭店行业规范》中规定了酒店应当保护客人的隐私权,除日常进行清扫卫生、设施设备维修或者发生火灾等紧急情况外,酒店员工未经客人许可不得随意进入客人下榻的房间。

五、客人洗涤衣物破损纠纷

客人洗涤衣物引发的纠纷在酒店较为常见。有的酒店在客人送洗衣物之前不仔细检查客人的衣物有无破损,而在客人收到衣物后对其破损一概予以否认。也有的可能是客人在送洗衣物之前已经破损,但客人自己也不知道,在洗涤后才发现问题,引起纠纷的发生。针对酒店常发生的情况,《中国旅游饭店行业规范》规定:客人送洗衣物,酒店应当要求客人在洗衣单上注明洗涤种类及要求,并应当检查衣物状况有无破损。客人如有特殊要求或者酒店工作人员发现衣物破损的,双方应当事先确认并在洗衣单上注明。客人事先没有提出特殊要求,酒店按照常规进行洗涤,造成衣物损坏的,酒店不承担责任。客人送洗的衣物在洗涤后即时发现破损等问题,而酒店无法证明该衣物是在洗涤以前破损的,由酒店承担责任。

六、客人车辆毁损或灭失纠纷

保管好来店消费客人的车辆,是酒店服务的一部分,因为没有停车服务有些客人是不会来酒店消费的。所以酒店应当保护好来店消费客人的车辆安全,防止车辆被窃和损坏。有些酒店没有有效地保护好客人的车辆安全以致纠纷发生。

近年来,酒店和客人之间因为停车场内的车辆毁损或灭失所发生的纠纷十分突出,有的是场内车辆或者其零部件被盗,有的是车辆受损。因为各酒店所发生的情况各异,在承担责任上,也应有所不同。而酒店内一旦发生上述情况,无论酒店是否有过错,车辆是否停在指定的地方,是否双方之间事先有约定,客人都要求酒店进行赔偿。

对于酒店范围内的客人车辆灭失或毁损,在何种情况下酒店应当负责,何种情况可以免除或者减轻酒店的责任,根据酒店业的实际情况,《中国旅游饭店行业规范》规定:酒店应当保护停车场内客人的车辆安全。由于保管不善,造成车辆灭失或者毁损的,酒店应承担相应责任,但因为客人自身的原因造成车辆灭失或者毁损的除外。双方均有过错的,应当各自承担相应的责任。

七、酒店收取房费纠纷

2009年8月,中国旅游饭店业协会公布了新版《中国旅游饭店行业规范》,其中将原先的第十条:"旅游饭店客房收费以'间/夜'为计算单位(钟点房除外)。按客人住一'间/夜',计收一天房费;次日12时以后、18时以前办理退房手续者,饭店可以加收半天房费;次日18时以后办理退房手续者,饭店可以加收一天房费。"修改为:"饭店应在前厅显著位置明示客房价格和住宿时间结算方法,或者确认已将上述信息用适当方式告知客人。"

从旅游饭店行业协会对酒店的经营管理的规范角度上来说,对客人退房的时间不统一规定,有一定道理。因为客人住店消费是经济行为,应该交给市场去选择调整,既没有限制竞争也没有盲目的一刀切,而是把权力交给了消费者和经营者。应当说,行业规范的修改是中国旅游饭店业协会从行业管理的角度调整行业规范中涉及本行业收费问题的表述方法。但这一修改不是对酒店收费方式——"12点退房"的全部否定。

酒店客房现行的收费方式是否合理,可以从以下几个方面分析:

(一)酒店客房的有效价值

目前国内酒店客房收费是以"间/夜"为计算单位,即按客人住一"间/夜",计收一天房费;次日12时以后、18时以前办理退房手续者,酒店加收半天房费;次日18时以后办理退房手续者,酒店加收一天房费。为什么酒店这么收费?因为酒店的有效使用时间是夜,及酒店客房是以客人使用一间客房过夜一次,计收一天的房费,特别强调了"间/夜"。2010年国家标准(GB/T 14308—2010)对旅游饭店做了如下定义:"以间(套)夜为时间单位出租客房,以住宿服务为主……"该标准也是强调了以"夜"为时间单位。在酒店的日常经营中,这一收费标准并非一成不变。对于客人在一些特殊的情况下退房的,酒店也大多不加收半天的房费,比如客人是下午3点的火车,希望能延迟到13点退房。对这种情况,只要酒店的客房不是很紧张,往往都是同意的。有些酒店为了吸引客人入住,还主动将退房的时间向后推迟到下午的14时,甚至于15时退房,让利于客人。但这些酒店对客人做出的优惠,是他们的一种促销手段,并不代表酒店业均是以此为收费标准。

为何一夜不等于24小时?有人认为住一天应当是24小时,即我下午19时入店,到明天的19时才为"一天"。此言看似有理,但经不起推敲。因为同其他的产品一样,酒店的客房也是一种商品。作为商品,酒店的客房也是有计量单位的——即"间/夜"。如同按小时收费的停车场,你说我只停10分钟,只付10分钟的停车费是不行的。再如商家为了促销,往往将批发价定得很低,大大低于零售价。如果消费者硬是要只买一个商品,而又要商家给予批发价,也是没有道理的,除非商家主动提出卖给你。对于有些酒店推出的"钟点房",

这只是一种销售的方式,并不代表酒店的客房是按24小时的平均小时计算房费的。如某酒店一天的房价为600元,如果除以24小时,每小时应当是25元。如果客人只是在23时入店,早晨5点退房。他只住了6个小时,是否应当只收150元呢?答案是否定的,因为你占用了酒店的有效时间。如果这样,从上午的5点后到晚上的23时,房间卖给谁呢!假设一个酒店的全天房价是600元,它的钟点房一定是超过25元,如果它的小时房价低于25,也一定是指的是白天房价。

在国际上,目前酒店业都广泛使用了"间/夜"这一词,即按照客人住酒店一夜计收一天房费,而不是按照24小时为一天计收一天房费。为什么酒店要以夜为时间单位计算房费呢?因为客人住饭店,无论出差办事、还是旅游观光,均是在白天。到了晚上,找家酒店落脚休息。古今中外均是如此。酒店客房的真正有效价值是在晚间,一般的客人到了晚上才进客房休息。

联合国世界旅游组织的有关文件,在计算某一国的旅游者人数时,也是以过夜为计算。即便过了午夜到店也是头一天到店,过一夜为一天。

从人们的习惯上看,何为"夜"?人们指通常指的夜是指昨天晚上到今天凌晨。如人们通常说我昨夜睡得很迟,快到凌晨才睡。尽管按照日期已经是今天凌晨,但人们习惯上还是称为"昨夜",而不会说今晨睡得很迟。

当然,也有这样的情况,即客人当天上午8点钟入住酒店,第二天中午12时退房,虽然他住了28小时(甚至于29或30个小时),酒店也是只收取他一天的房费,因为他只占用了一夜的房间。

(二)酒店收费方式与有关法律规定

1. 酒店收费方式与知情权

酒店现行收费方式,即超过12时加收半天的房费,是否违背了《消费者权益保护法》中的知情权?《消费者权益保护法》第八条的规定是:"消费者享有知悉其购买、使用的商品或者接受的服务的真实情况的权利。消费者有权根据商品或者服务的不同情况,要求经营者提供商品的价格、产地、生产者、用途、性能、规格、等级、主要成分、生产日期、有效期限、检验合格证明、使用方法说明书、售后服务,或者服务的内容、规格、费用等有关情况。"本条规定,即消费者的知情权。对于这个问题,《中国旅游饭店行业规范》明确规定:"饭店应在前厅显著位置明示客房价格和住宿时间结算方法,或者确认已将上述信息用适当方式告知客人",就是充分尊重了消费者的知情权。对于一些特殊要求的客人(比如客人夜里入店,下午的火车),酒店也是考虑给予一定的优惠。为避免饭店同客人的纠纷,《中国旅游饭店行业规范》明确规定酒店如给予客人房价折扣,应当书面约定。

2. 酒店收费方式与自主选择权

酒店现行收费方式即超过12时加收半天的房费,是否违背了《消费者权益保护法》中的自主选择权呢?《消费者权益保护法》第九条的规定是:"消费者有权自主选择提供商品或者服务的经营者,自主选择商品品种或者服务方式,自主决定购买或者不购买任何一种商品、接受或者不接受任何一项服务。消费者在自主选择商品或者服务时,有权进行比较、鉴别和挑选。"对于客人来说,他有权选择任何一家不同等级与不同价格的酒店,这就是他的自主选择权。至于他在这家酒店应当付多少钱,是按照酒店的规定与房价政策所定。酒店是否可以给予优惠,是酒店的自主经营权,而非客人的自主选择权。正如人们去买商品,是按照商品上的标价付款的,如果你认为价格高,可以选择另一家商店,或者另一品牌的同类商品,这就是自主选择权。

3. 酒店收费方式与公平交易权

酒店现行收费方式是否违背了《消费者权益保护法》中的公平交易权呢?《消费者权益保护法》第十条的规定是:"消费者享有公平交易的权利。消费者在购买商品或者接受服务时,有权获得质量保障、价格合理、计量正确等公平交易条件,有权拒绝经营者的强制交易行为。"所谓公平交易权简单地说,就是付多少钱享受多少服务,付什么样的价钱住什么样的酒店,以及付几天的房钱住几天的客房等。为什么客人在第一天下午入店,第二天中午退房酒店仍要收取一天的房费,因为他占用了酒店客房有效的使用时段。商家和顾客在市场交易中是相互公平的。

4. 酒店收费方式与格式合同

有人认为12时退房是酒店单方的规定,是不合法的格式合同,违背了《消费者权益保护法》的有关规定。《消费者权益保护法》第二十四条对于格式合同是这样规定:"经营者不得以格式合同、通知、声明、店堂告示等方式作出对消费者不公平、不合理的规定。"该条还规定:"格式合同、通知、声明、店堂告示等含有前款所列内容的,其内容无效。"那么酒店的收费是否属于无效条款而不受法律保护?从制定形式上来看,这些规定的确立是得到了客人的认可,符合合同法规定的要约和承诺形式的要件。尽管收取房费的时间是酒店单方面规定的,但是酒店是在总服务台旁醒目的位置以店堂告示的形式让客人知道其收费的方式,或者对于一些特殊的情况(如客人前一天晚上入店),酒店已事前向客人声明,这实际上是在向客人发出要约,客人对要约完全有选择和自由决定的权利,即是否作出承诺。

【案例 6-1】

2008年3月17日王聪入住了北京铁建信达经贸有限公司广安门铁路宾馆。他是17日16时到店18日14时退房。该宾馆收取了王先生一天半的房费。王聪认为,自己入住的时间是22小时,不但不满一天半,而且连24小时都不到。宾馆多收半天房费的做法没有法律依据,属霸王条款,违背了公平交易原则。王聪一纸诉状将该宾馆告到了法院,要求宾馆退还多收的半日房费74元,书面赔礼道歉并赔偿各种经济损失6 000元。王聪的诉状称:2008年3月17日下午4点,他入住了广安门铁路宾馆的2403房间,房价为每日148元人民币。次日下午2点,他在宾馆前台退房离店。当时,服务员要求他多支付半日的房费,理由是他过了中午12点才退房。他在宾馆只入住了22小时,连一天都不到,故要求宾馆退还多收的半天房费74元,并承担交通费、误工费等其他各项费用共计6 000余元。在6月19日的庭审中王聪出具了入住发票、火车票等证据,以证实自己的入住和离开时间。

法庭没有做出当庭判决。但一石激起千层浪,此案在全国的媒体上广泛进行了报道。此案一经报道,立即引起了全社会对酒店收费问题的高度关注,有些媒体对饭店现行的收费方式是否合理合法提出了质疑。

2008年7月8日北京市玄武区法庭一审做出了宣判。法庭认为:客店双方关于12点前退房的合同规定,并未损害各方利益,不在法律干预范围之内,驳回起诉。法院在判决中称:王聪入住北京广安门铁路宾馆时,在有提示"退房时间是中午12时整,延时加收半费"的《宾客住房单》和《预收定金》票据上签了名,属于对宾馆要约的承诺。

分析：从该判例可以看出，只要酒店在客人入住的时候对酒店收费的方式明确地告知了客人，并得到了客人的认可，酒店是不存在不合理的格式合同的问题。

（三）12时退房与国际惯例

《国际法院规约》第三十八条是对国际法的法律渊源最权威的表示，根据该条款，所谓国际惯例即作为通例之证明而经接受为法律者。指在国际实践中反复使用形成的，具有固定内容的，未经立法程序制定的，如为一国承认或当事人采用，就对其具有约束力的一种习惯做法或常例。

国际惯例是国际习惯和国际通例的总称，是指在国际间具有普遍性、明确性和长期性的习惯做法。国际惯例是国际交往中逐渐形成的不成文的原则、准则和规则。国际惯例的形成条件在于：有习惯事实，内容明确规范，与现行法律没有冲突而法律又未规定。国际惯例有五个特点：①通用性：即在国际上大多数国家和地区通用；②稳定性：不受政策调整和经济波动的影响；③效益性：被国际交往活动验证是成功的；④重复性：要重复多次地运行作用；⑤准强制性：虽不是法律但受到各国法律的保护，具有一定的法律约束力。

从以上几个特点来看，国际惯例是在长期的、从人们的生活习惯中总结出来的，惯例不是创新出来的。现行的收费方式是国际间在长期的运作过程中逐步形成的。

据调查，我国已接待了数十亿人次的海外旅游者，国家有关部门还没有接到就房价（以12时为退房的时间）问题接到海外旅游者的有关投诉。近年来我国每年有上千万人次出境旅游或从事公务活动，如果我们的出国人员对国际通行的惯例不了解，为此去投诉国外的酒店，可能影响到中外人员之间的交往。所以，我国外交部网站有关出国旅行须知中关于住宿中也有如下提示：过夜到第二天上午12时以前按一天计算，延至下午按两天计算。

（四）我国有关法规对客房收费的规定

我国的法律中目前尚不能找到酒店客房收费的具体规定，但法律没有规定并不代表现行的收费方式不合理。首先，我国《民法通则》第六条规定："民事活动必须遵守法律，法律没有规定的，应当遵守国家政策。"该法第七条规定："民事活动应当尊重社会公德，不得损害社会公共利益，破坏国家经济计划，扰乱社会经济秩序。"在法无定论、国无禁令的情况下，公序良俗应该成为民事活动的行为规范。

在1978年国务院的《关于计算外宾住宿天数的规定》（国发1978第224号文）中是有具体规定的。该规定中指出："外宾住进饭店，不论白天、晚间，过夜算一天。如果离房间的当天，中午十二点后到下午六点前离开房间的，按半天计算，下午超过六点以后离开房间，按整天计算。"虽然这是1978年的规定，其规定的主体也是"外宾"，但该规定出台的背景是在1978年，当时我国的宾馆、饭店只接待少量邀请的国际友人住宿。改革开放后，我国开始对自费来华旅游者开放。按照当时的规定，外宾只能住宿涉外饭店，涉外饭店也只接待外宾，该规定中的饭店指的是涉外饭店，即现今的旅游饭店。该规定的主体虽然是"外宾"，但是随着旅游饭店对老百姓的开放，收费的规定也适用于其他的客人。

（五）国际旅游法律文件中有关收费的规定

中午退房制最早起源于欧洲。国际饭店协会早在1920年就着手统一关于客房收费的规定。上世纪三十年代起国际间的旅游逐步兴起，为了在国际间有一个较为统一的收费标准,在经过多年的讨论后,1954年,国际饭店业协会和国际旅行社协会联合会共同签署了协议书,明确客人以中午12时为结账的时间。

1981年11月2日,在尼泊尔首都加德满都由国际旅馆协会理事会制定并通过的《国际饭店协会章程》正式施行。该法规第一部分第三款规定:"合同在某个确定或不确定的期限内生效。当双方在一个确定的时间范围内达成协议之后,这个时间段即为最短的合同期限。除非超过一天的合同被要求和同意,自客人进店起到次日中午12:00,即为饭店业的合同期限。""所有期限不确定的合同将被视为一天。在这种情况下,双方都必须在次日中午,通知合同期满以终止合同。"(注:中国旅游饭店协会已于1994年加入国际旅游饭店协会)由此看来,目前国际上酒店普遍采取的收费的方式均是以当日到店至次日中午12时为一天,计收房费。不足一天的按一天计算。这种收费的方式也是国际酒店业的规定。

世界旅游组织关于《国内旅游统计数据的收集和编纂》技术手册中对"过夜"一词的解释是:午夜后到达饭店的旅客一般的视为过夜旅客,也就是说,即使客人午夜后到店,同样视为前一天到店。

(六)酒店运营方式与客房收费

为何酒店将结算房费的时间定为中午12时?假设客人入住酒店有上午入住、中午入住也有晚上入住。同样,退房时也有上午、中午和晚上退房。如何确定退房时间对各种时间入住和退房的客人均有利?于是,就确定了一个中间值,即以12点为结算时间。这样,各种情况的客人都需要等候的时间不是很长,而这个12点最终被酒店业确定下来,并且延续了多年,在国际上,也逐步得到了绝大多数国家的认可。

一般的客人入住酒店的时间集中在白天,如果以12时为结算,绝大多数的客人在上午退了房,客房的服务员可以有充足的时间整理房间。准备迎接下面的客人。假设酒店退房的时间延续到16时后,清洁人员在打扫完房间已经到了晚上。如果客人推迟退房时间到了下午,清洁人员根本不可能在短时间内清洁大量的房间。势必给后面的客人带来不便。对后入住的客人也是不公平的,因为他还是要付当天的房费。中午12点之前退房,能够有利于保证当天到店的客人入住休息。

(七)如何避免客房收费的纠纷

为了避免同客人就房费问题发生纠纷,酒店应当在总服务台将本酒店的房价予以明示。对于一些特殊住酒店的情况,总台服务员应当告知客人收费的情况,并将酒店和客人双方对收费的情况书面记录下来。如客人第一天下午到店,第二天下午退房,酒店员工应当事先向客人说明此种情况将如何收费,避免在客人结账时发生纠纷,也就是法律上的"明示"。对于夜里12点以后入住的客人,酒店应当向客人解释,虽然已经超过夜里12点了,但是前一夜的房钱,是需要付的。如果客人凌晨5点到店,酒店的工作人员应当告诉他如果不介意可以再等一个小时,可以不用付昨天的房钱(如果该酒店是以早晨6点为计算)。当然,如果酒店此时不忙,给予客人一些优惠也是可以的。

酒店应当尽可能地告诉客人结算房费的方式,最大可能地避免同客人发生纠纷。对于需要下午离店的客人,如果酒店不能给予优惠,可建议客人在12点前退房,将行李寄存在酒店的行李寄存处,然后去用餐。这样可以省下半天的房费。

酒店同客人之间产生的纠纷各种各样,《中国旅游饭店行业规范》不可能规定得十分具体细致,也不具备法律、法规意义上的对全酒店行业的普遍的约束力,它只是对中国旅游饭店业协会的会员酒店有一定的约束力,其他酒店可以参照执行。但这一规范的施行可以更好地维护客人的合法权益,同时也能维护酒店的合法权益,避免或者减少客人与酒店发生的纠纷。对于已经发生纠纷的酒店可以以此规范为依据,界定酒店的责任。自律、规范是酒店的经营之本。

第三节 实施旅游饭店行业规范的意义

《中国旅游饭店行业规范》出台以后引起了社会各界前所未有的广泛关注。在中国旅游饭店业协会举行的记者招待会上公布了《中国旅游饭店行业规范》后,中央电视台当晚即作了报道。接着,从中央到各地方电视台,从中央级报刊到各省、市级报刊都给予了广泛的报道,充分显示了社会各界对《中国旅游饭店行业规范》的高度关注。在《中国旅游饭店行业规范》的新闻发布会上,中国旅游饭店业协会侣海岩会长、国家旅游局副局长、中国消费者协会副会长等对规范的意义作了高度的评价,主要表现在以下几个方面。

一、《中国旅游饭店行业规范》的出台标志着中国旅游饭店业向更加成熟的方向迈出了新的一步

中国旅游酒店业是目前国内市场化程度较高,并与国际接轨较为顺畅的行业。但是由于种种原因,我国旅游酒店业尚无统一的行业规范,在一定程度上影响了酒店的经营管理和发展。因此,《中国旅游饭店行业规范》成为中国旅游酒店业发展几十年来规范酒店经营行为的第一部规范,是指导和规范旅游酒店自律行为的准则,同时也是评价酒店经营行为是否符合行业规范、国际规则和法律、法规的依据。该规范的实施,标志着中国旅游酒店业逐步走向成熟。

二、实施规范是主动应对我国入世、全球经济一体化竞争和挑战的积极举措

随着我国入世和全球经济一体化,对于开放较早的我国旅游酒店业同样面临竞争和挑战。面对竞争与挑战,要在国际市场竞争中生存和发展,需要采用符合国际规则和惯例去评价。《中国旅游饭店行业规范》的实施摒弃了过去一家酒店一种规范,行业没有统一规范的弊端,采用了与国际规则接轨的办法,对中国旅游酒店业融入国际酒店业竞争具有积极的意义。

三、实施规范是完善旅游饭店业法规建设的重要步骤

随着旅游酒店的大量增加、社会公众到酒店消费的增多,酒店同客人的纠纷也随之增多。由于目前我国旅游酒店方面的法规还不够完善,我国对旅游酒店业的国际惯例宣传不够,酒店与客人发生纠纷后,往往各执一词,无据可依,客人的权益得不到保护,一定程度上也影响了酒店的经营。《中国旅游饭店行业规范》的出台明确了酒店的义务和责任。

四、实施规范为其他行业制定相应规范及酒店工作程序提供参考依据

《中国旅游饭店行业规范》不仅是中国旅游酒店业及旅游业的第一部行业规范,也是我国

服务行业的第一部行业规范。在《中国旅游饭店行业规范》新闻发布会上,中国消费者协会的负责人指出,它将为其他服务行业制定行业规范起到良好的示范作用。由于《中国旅游饭店行业规范》出台后新闻媒体给予了广泛、深入的报道,社会知晓度大大提高,一些全国性和地方性的行业在制定其规范时均以《中国旅游饭店行业规范》为参考依据,如2003年实施的《浙江省旅游饭店行业规范》、2004年3月15日实施的《南京市规范餐饮业经营行为的办法》等。

很多酒店在《中国旅游饭店行业规范》发布后,以《中国旅游饭店行业规范》中的内容为标准,对酒店的一些工作程序和管理制度进行了修正,使之与《中国旅游饭店行业规范》相符。

五、实施规范是引导酒店客人消费行为、保障其合法权益的有效手段

客人到酒店消费促进了旅游酒店业的发展。为了保障客人的合法权益,根据国家有关法律、法规,《中国旅游饭店行业规范》将客人在旅游酒店消费的具体权利进行了细化界定,明确了酒店在接受客人、保护客人人身和财物安全方面的有关责任,使客人获得更多的知情权,让客人明明白白去酒店消费。

六、实施规范是推动我国旅游饭店业持续健康发展的航标

随着我国旅游市场的日趋成熟,根据国际行业惯例和我国旅游酒店的经营管理现状,《中国旅游饭店行业规范》对我国旅游酒店在经营中的权利和义务及相应的行为准则等进行了相应规定,为旅游酒店平等协商解决有关纠纷提供了有力的参考和依据,我国旅游酒店的交易成本将有所降低,企业整体运行效益和竞争实力将得以提升。

七、实施规范为我国旅游饭店行业管理提供依据

随着我国社会主义市场经济的不断完善,各级政府将法制化、规范化建设作为促进行业发展的必要手段。如果说旅游饭店星级评定标准作为技术标准在推动我国旅游酒店经营管理水平与服务质量的提高上起到了重大的历史性作用,则《中国旅游饭店行业规范》的出台,将从规制的层面促进我国旅游酒店统一规范的形成,为行业管理部门提供了重要依据,丰富了管理手段。

【资料链接6-1】

中国旅游饭店行业规范

(中国旅游饭店业协会2009年8月修订版)

第一章 总 则

第一条 为了倡导履行诚信准则,保障客人和旅游饭店的合法权益,维护旅游饭店业经营管理的正常秩序,促进中国旅游饭店业的健康发展,中国旅游饭店业协会依据国家有关法律、法规,特制定《中国旅游饭店行业规范》(以下简称为《规范》)。

第二条 旅游饭店包括在中国境内开办的各种经济性质的饭店,含宾馆、酒店、度假村等(以下简称为饭店)。

第三条 饭店应当遵守国家有关法律、法规和规章,遵守社会道德规范,诚信经营,维护中国旅游饭店行业的声誉。

第二章 预订、登记、入住

第四条 饭店应当与客人共同履行住宿合同,因不可抗力不能履行双方住宿合同的,任何一方均应当及时通知对方。双方另有约定的,按约定处理。

第五条 饭店由于出现超额预订而使预订客人不能入住的,饭店应当主动替客人安排本地同档次或高于本饭店档次的饭店入住,所产生的有关费用由饭店承担。

第六条 饭店应当同团队、会议、长住客人签订住房合同。合同内容应当包括客人入住和离店的时间、房间等级与价格、餐饮价格、付款方式、违约责任等款项。

第七条 饭店在办理客人入住手续时,应当按照国家的有关规定,要求客人出示有效证件,并如实登记。

第八条 以下情况饭店可以不予接待:
(一)携带危害饭店安全的物品入店者;
(二)从事违法活动者;
(三)影响饭店形象者(如携带动物者);
(四)无支付能力或曾有过逃账记录者;
(五)饭店客满;
(六)法律、法规规定的其他情况。

第三章 饭店收费

第九条 饭店应当将房价表置于总服务台显著位置,供客人参考。饭店如给予客人房价折扣,应当书面约定。

第十条 饭店应在前厅显著位置明示客房价格和住宿时间结算方法,或者确认已将上述信息用适当方式告知客人。

第十一条 根据国家规定,饭店如果对客房、餐饮、洗衣、电话等服务项目加收服务费,应当在房价表或有关服务价目单上明码标价。

第四章 保护客人人身和财产安全

第十二条 为了保护客人的人身和财产安全,饭店客房房门应当装置防盗链、门镜、应急疏散图,卫生间内应当采取有效的防滑措施。客房内应当放置服务指南、住宿须知和防火指南。有条件的饭店应当安装客房电子门锁和公共区域安全监控系统。

第十三条 饭店应当确保健身、娱乐等场所设施、设备的完好和安全。

第十四条 对可能损害客人人身和财产安全的场所,饭店应当采取防护、警示措施。警示牌应当中外文对照。

第十五条 饭店应当采取措施,防止客人放置在客房内的财物灭失、毁损。由于饭店的原因造成客人财物灭失、毁损的,饭店应当承担责任。

第十六条 饭店应当保护客人的隐私权。除日常清扫卫生、维修保养设施设备或者发生火灾等紧急情况外,饭店员工未经客人许可不得随意进入客人下榻的房间。

第五章　保管客人贵重物品

第十七条　饭店应当在前厅处设置有双锁的客人贵重物品保险箱。贵重物品保险箱的位置应当安全、方便、隐蔽，能够保护客人的隐私。饭店应当按照规定的时限，免费提供住店客人贵重物品的保管服务。

第十八条　饭店应当对住店客人贵重物品的保管服务做出书面规定，并在客人办理入住登记时予以提示。违反第十七条和本条规定，造成客人贵重物品灭失的，饭店应当承担赔偿责任。

第十九条　客人寄存贵重物品时，饭店应当要求客人填写贵重物品寄存单，并办理有关手续。

第二十条　饭店客房内设置的保险箱仅为住店客人提供存放一般物品之用。对没有按规定将贵重物品存放在饭店前厅贵重物品保险箱内，而造成客房里客人的贵重物品灭失、毁损的，如果责任在饭店一方，可视为一般物品予以赔偿。

第二十一条　如无事先约定，在客人结账退房离开饭店以后，饭店可以将客人寄存在贵重物品保险箱内的物品取出，并按照有关规定处理。饭店应当将此条规定在客人贵重物品寄存单上明示。

第二十二条　客人如果遗失饭店贵重物品保险箱的钥匙，除赔偿锁匙成本费用外，饭店还可以要求客人承担维修保险箱的费用。

第六章　保管客人一般物品

第二十三条　饭店保管客人寄存在前厅行李寄存处的行李物品时，应当检查其包装是否完好、安全，询问有无违禁物品，并经双方当面确认后，给客人签发行李寄存牌。

第二十四条　客人在餐饮、康乐、前厅行李寄存处等场所寄存物品时，饭店应当当面询问客人寄存物品中有无贵重物品。客人寄存的物品中如有贵重物品的，应当向饭店声明，由饭店员工验收并交饭店贵重物品保管处免费保管；客人事先未声明或不同意核实而造成物品灭失、毁损的，如果责任在饭店一方，饭店按照一般物品予以赔偿；客人对寄存物品没有提出需要采取特殊保管措施的，因为物品自身的原因造成毁损或损耗的，饭店不承担赔偿责任；由于客人没有事先说明寄存物品的情况，造成饭店损失的，除饭店知道或者应当知道而没有采取补救措施的以外，饭店可以要求客人承担相应的赔偿责任。

第七章　洗　衣　服　务

第二十五条　客人送洗衣物，饭店应当要求客人在洗衣单上注明洗涤种类及要求，并应当检查衣物状况有无破损。客人如有特殊要求或者饭店员工发现衣物破损的，双方应当事先确认并在洗衣单上注明。客人事先没有提出特殊要求，饭店按照常规进行洗涤，造成衣物损坏的，饭店不承担赔偿责任。客人送洗衣物在洗涤后即时发现破损等问题，而饭店无法证明该衣物是在洗涤以前破损的，饭店承担相应责任。

第二十六条　饭店应当在洗衣单上注明，要求客人将送洗衣物内的物品取出。对洗涤后客人衣物内物品的灭失，饭店不承担责任。

第八章 停车场管理

第二十七条 饭店应当保护停车场内饭店客人的车辆安全。由于保管不善,造成车辆灭失或者毁损的,饭店承担相应责任,但因为客人自身的原因造成车辆灭失或者毁损的除外。双方均有过错的,应当各自承担相应的责任。

第二十八条 饭店应当提示客人保管好放置在汽车内的物品。对汽车内放置的物品的灭失,饭店不承担责任。

第九章 其 他

第二十九条 饭店如果谢绝客人自带酒水和食品进入餐厅、酒吧、舞厅等场所享用,应当将谢绝的告示设置于经营场所的显著位置,或者确认已将上述信息用适当方式告知客人。

第三十条 饭店有义务提醒客人在客房内遵守国家有关规定,不得私留他人住宿或者擅自将客房转让给他人使用及改变使用用途。对违反规定造成饭店损失的,饭店可以要求入住该房间的客人承担相应的赔偿责任。

第三十一条 饭店可以口头提示或书面通知客人不得自行对客房进行改造、装饰。未经饭店同意进行改造、装饰而造成损失的,饭店可以要求客人承担相应的赔偿责任。

第三十二条 饭店有义务提示客人爱护饭店的财物。由于客人的原因造成损坏的,饭店可以要求客人承担赔偿责任。由于客人原因,饭店维修受损设施、设备期间导致客房不能出租、场所不能开放而发生的营业损失,饭店可视其情况要求客人承担责任。

第三十三条 对饮酒过量的客人,饭店应恰当、及时地劝阻,防止客人在饭店内醉酒。客人醉酒后在饭店内肇事造成损失的,饭店可以要求肇事者承担相应的赔偿责任。

第三十四条 客人结账离店后,如有物品遗留在客房内,饭店应当设法同客人取得联系,将物品归还或寄还给客人,或替客人保管,所产生的费用由客人承担。三个月后仍无人认领的,饭店可登记造册,按拾遗物品处理。

第三十五条 饭店应当提供与本饭店档次相符的产品与服务。饭店所提供的产品与服务如果存在瑕疵,饭店应当采取措施及时加以改进。由于饭店的原因而给客人造成损失的,饭店应当根据损失程度向客人赔礼道歉,或给予相应的赔偿。

第十章 处 理

第三十六条 中国旅游饭店业协会会员饭店违反本《规范》,造成不良后果和影响的,除按照有关规定进行处理外,中国旅游饭店业协会将对该会员饭店给予协会内部通报批评。

第三十七条 中国旅游饭店业协会会员饭店违反本《规范》,给客人的人身造成较大伤害,或者给客人的财产造成严重损失且情节严重的,除按规定进行赔偿外,中国旅游饭店业协会将对该会员饭店给予公开批评。

第三十八条 中国旅游饭店业协会会员饭店违反本《规范》,给客人人身造成重大伤害或者给客人的财产造成重大损失且情节特别严重的,除按规定进行赔偿外,经中国旅游饭店业协会常务理事会通过后,将对该会员饭店予以除名。

第十一章 附 则

第三十九条 饭店公共场所的安全疏散标志等,应当符合国家的规定。饭店的图形符号,应当符合中华人民共和国旅游行业标准 LB/T001-1995 旅游饭店公共信息图形符号。

第四十条 中国旅游饭店业协会会员饭店如果同客人发生纠纷,应当参照本《规范》的有关条款协商解决;协商不成的,双方按照国家有关法律、法规和规定处理。

第四十一条 本《规范》适用于中国旅游饭店业协会会员饭店。

第四十二条 本《规范》自 2002 年 5 月 1 日起施行。

第四十三条 本《规范》由中国旅游饭店业协会常务理事会通过并负责解释。

思考题

1. 为什么要出台《中国旅游饭店行业规范》?
2. 《中国旅游饭店行业规范》的主要宗旨是什么?
3. 《中国旅游饭店行业规范》对酒店和客人起到了什么作用?

第七章 酒店合同

案例导入

员工违规操作致残所引发的酒店责任之争

2021年春节即将来临,为应付即将到来的春节旺季市场,南京某饭店在大堂外张贴了招工启事。在招工启事贴出的第二天,一位名叫王进明(化名)的男子来到饭店应聘。当饭店人事部门的人员要求他出示身份证件时,对方称身份证没有随身携带,只是从饭店路过时看到了招工启事才进来应聘,如果饭店正式录用后再回去拿。因当时饭店缺人,再加上王某看上去较单纯,不像是油头滑脑的人,人事部的人员经过商量当即决定予以录用,但要求王某在录用后尽快将身份证拿来给饭店核实其身份。在饭店的新员工登记表上,王某所填写的出生日期是2005年1月20日。

由于当时饭店非常忙,饭店没有对他进行任何岗前培训,就分配到了餐饮部工作。餐饮部经理将小王安排到了厨房工作。可就在一周后的一天,由于小王在绞肉时违反厨房的工作程序,再加上思想不集中,将左手伸进了绞肉机内。随着一声惨叫,小王的左手立即血肉模糊。饭店迅速将小王送去医院。

经诊断,小王的左手腕粉碎性骨折,整个左手失去功能。经南京市劳动能力鉴定委员会鉴定为伤残五级,并建议配装假肢。事故发生后,饭店支付了小王的所有医疗费。但是小王认为自己因为这次事故导致了残废,影响了今后的工作和生活,仅仅支付医疗费用是不够的,饭店还应当支付假肢费及精神损害赔偿等项费用。由于饭店没有达到小王所要求赔偿的数额,小王突然提出他在被饭店录用时是未成年人,并将此事实报告给了市劳动局。市劳动局经过调查确认,小王的生日是2005年3月20日,饭店属于非法用工。劳动局对饭店的非法用工行为作了罚款5 000元的处罚。由于在赔偿金的数额上小王与饭店始终没有达成一致。于是小王将饭店告上了法庭,请求判令饭店一次性支付赔偿金32万元,假肢等项费用36万元,以及其他的费用共计71万多元。

思考: 员工违规操作受伤致残,酒店为什么要承担责任?

酒店在经营、管理和运行过程中涉及各种形式的合同,有服务合同、采购合同、劳动合同、咨询合同、管理合同、经营合同、合资经营合同、合作经营合同、客房出租合同、常包房合同、写字楼或公寓出租合同等。合同是当事人之间设立、变更、终止民事关系的协定。合同依法成立,即具有法律的约束力,在当事人之间形成特定的权利义务关系。依法订立和履行合同是酒店减少纠纷和损失的重要保障。

第一节 合同的基本概念

一、合同的概念

2021年1月1日起施行的《中华人民共和国民法典》(以下简称《民法典》)第四百六十四条规定:合同是民事主体之间设立、变更、终止民事法律关系的协议。该法典第四百六十五条规定:依法成立的合同,受法律保护。

依据上述规定,合同的概念包括以下的内容:

(1) 合同是平等的当事人之间的协议。协议的内容体现了民事权利义务关系,该民事权利义务关系在当事人之间进行变动(设立、变更、终止等),这就是合同的基本含义。

(2) 合同法适用于平等主体的自然人、法人、其他组织之间的协议,在民事活动中,当事人的地位都是平等的。

二、合同的基本原则

酒店的合同形式多种多样,但一般都遵循以下基本原则:

(1) 平等原则,即合同当事人的法律地位平等,一方不得将自己的意志强加给另一方。
(2) 自愿原则,即当事人依法享有自愿订立合同的权利,任何单位和个人不得非法干预。
(3) 公平原则,即当事人应当遵循公平原则确定各方的权利和义务。
(4) 诚实信用原则,即当事人行使权利、履行义务应当遵循诚实信用原则。
(5) 守法原则,即当事人订立、履行合同,应当遵守法律、法规,尊重社会公德,不得扰乱社会经济秩序,损害社会公共利益。

三、合同的订立

合同的成立必须基于当事人双方的意思表示完全一致。合同的订立过程是当事人双方使其意思表示趋于一致的过程。这一过程在合同法上称为"要约"和"承诺"。

(一) 要约

要约,是指当事人一方向特定的另一方提出订立合同的建议或要求,是希望与他人订立合同的意思表示。发出建议的一方称为"要约人",另一方称为"受要约人"。

要约可以是书面的,也可以是口头的。要约应当具备以下的条件:
(1) 要约应当是向特定的受要约人发出;
(2) 要约应当是与另一方当事人订立合同的意思表示;
(3) 要约应当能够反映所要订立合同的主要内容。

(二) 承诺

承诺,是指受要约人在要约有效期内对要约人的要约表示完全同意的答复。承诺是一种法律行为,受要约人接受要约后,合同就具有法律效力。承诺应当具备以下条件:
(1) 承诺应当由受要约人作出并送达要约人;
(2) 承诺应当是在有效的期限内作出;

（3）承诺应当是对要约内容的完全同意。

四、合同订立的形式

（一）口头形式

口头形式，是指当事人用口头语言为意思表示订立合同，而不用文字表达协议内容的合同形式。凡是当事人无约定而法律又未规定采用特定形式的合同，均可采用口头形式，如预定旅游酒店的客房或者用餐等。口头合同简单方便，但其缺点是在发生合同纠纷时难以取证，不容易分清责任。对于合同标的数额较大的合同，不宜采用这种形式。

（二）书面形式

书面形式，是指以文字表现当事人所订合同的形式。《民法典》第四百六十九条规定：书面形式是合同书、信件、电报、电传、传真等可以有形地表现所载内容的形式。以电子数据交换、电子邮件等方式能够有形地表现所载内容，并可以随时调取查用的数据电文，视为书面形式。

书面形式的最大优点是一旦发生合同纠纷时有据可查，便于分清责任。因此，对于关系较复杂的合同和重要的合同最好采用书面形式。

五、酒店常用合同的种类

（一）格式合同

《民法典》第四百九十六条规定："格式条款是当事人为了重复使用而预先拟定，并在订立合同时未与对方协商的条款。采用格式条款订立合同的，提供格式条款的一方应当遵循公平原则确定当事人之间的权利和义务，并采取合理的方式提示对方注意免除或者减轻其责任等与对方有重大利害关系的条款，按照对方的要求，对该条款予以说明。提供格式条款的一方未履行提示或者说明义务，致使对方没有注意或者理解与其有重大利害关系的条款的，对方可以主张该条款不成为合同的内容。"格式合同，又称为标准合同或定型化合同，是指酒店事先确定了权利义务内容，经对方承诺认可后即发生法律效力的协议。格式合同是酒店与客人和其他法律关系主体进行交易的形式之一。格式合同的优点是，能够缩短交易过程，节省酒店与客人及其他法律关系主体的时间与精力。

格式合同具有如下法律特征：

（1）格式合同的要约向公众发出，并且规定了在某一特定时期订立该合同的全部条款；

（2）格式合同的条款是单方事先制定的；

（3）格式合同条款的定型化导致了对方当事人不能就合同条款进行协商；

（4）格式合同一般采取书面形式；

（5）格式合同（特别是提供商品和服务的格式合同）条款的制定方一般具有绝对的经济优势或垄断地位，而另一方为不特定的、分散的消费者。

（二）双务合同

以合同双方当事人是否互负义务为划分标准，合同划分为双务合同与单务合同。双务合同，是双方当事人彼此间互负义务的合同。它区别于仅由一方当事人负担义务，而另一方当事人完全不负担义务的单务合同。

（三）有偿合同

以合同双方当事人彼此间有无"对价"的给付为标准，合同划分为有偿合同与无偿合同。有偿合同，是双方当事人彼此向对方作出给付并互有对价的合同。它区别于仅有一方当事人作出给付不能形成对价，或虽有双方当事人作出给付但未能形成对价的无偿合同。

（四）诺成合同

诺成合同又称"诺成契约"，是指以缔约当事人意思表示一致为充分成立条件的合同，即一旦缔约当事人的意思表示达成一致即告成立的合同。根据合同的成立是否以交付标的物为要件，可将合同分为诺成合同与实践合同。

以合同成立的要件是否包含合同标的物给付为标准，合同划分为诺成合同与实践合同。诺成合同，是一旦双方当事人达成合意，随即产生债的结构合同。

诺成合同又称为不要物合同，是"实践合同"的对称，它不依赖物的交付。如：借贷合同、运输合同、仓储保管合同。诺成合同与实践合同区分之意义在于确定合同是否成立以及标的物风险转移时间。

诺成合同与实践合同的主要区别，在于二者成立的要件不同。诺成合同自当事人意思表示一致时即告成立，而实践合同则除当事人达成合意之外，尚需交付标的物或完成其他给付才能成立和生效。因此，在诺成合同中，交付标的物或完成其他给付是当事人的合同义务，违反该义务便产生违约责任；而在实践合同中，交付标的物或完成其他给付只是先合同义务，违反该义务不产生违约责任，可构成缔约过失责任。

（五）有名合同

有名合同是指法律上或者经济生活习惯上按其类型已确定了一定名称的合同，又称典型合同。我国合同法中规定的合同和民法学中研究的合同都是有名合同。无名合同是指有名合同以外的、尚未统一确定一定名称的合同。无名合同如经法律确认或在形成统一的交易习惯后，可以转化为有名合同。

我国合同法规定的有名合同有：买卖合同、供用电合同、赠与合同、借款合同、租赁合同、融资租赁合同、承揽合同、建设工程合同、运输合同、技术合同、保管合同、仓储合同、委托合同、行纪合同、居间合同等。

六、违反合同的责任

（一）违反合同责任的概念

违反合同，是指合同当事人没有按照合同约定履行义务的行为。违反合同的责任又称为"违约责任"，是指合同当事人因违反合同义务所应承担的责任。它包括单方违约和双方违约；完全不履行和部分不履行；迟延履行和不适当履行。如果当事人违反合同应当依法承担民事法律后果，简称"违约责任"。违约之责与合同义务有密切联系，合同义务是违约责任产生的前提，违约责任则是合同义务不履行的结果。《民法典》第五百七十七条规定："当事人一方不履行合同义务或者履行合同义务不符合约定的，应当承担继续履行、采取补救措施或者赔偿损失等违约责任。"《民法典》第五百七十八条规定："当事人一方明确表示或者以自己的行为表明不履行合同义务的，对方可以在履行期限届满前请求其承担违约责任。"

(二) 合同违约赔偿损失规则

1. 等额赔偿规则

《民法典》第五百八十四条规定:"当事人一方不履行合同义务或者履行合同义务不符合约定,造成对方损失的,损失赔偿额应当相当于因违约所造成的损失,包括合同履行后可以获得的利益。"

2. 赔偿限制规则

《民法典》规定:当事人一方不履行合同义务或者履行合同义务不符合约定,造成对方损失的,损失赔偿额应当相当于因违约所造成的损失,包括合同履行后可以获得的利益;但是,不得超过违约一方订立合同时预见到或者应当预见到的因违约可能造成的损失。

该规则包括以下内容:

① 法律要求预见的是合同的违约方;
② 是在合同订立时就应当预见到的;
③ 预见的内容是由于其违约所可能造成的财产损失;
④ 是否预见到的判断的标准采取主客观相结合的方法,即一般人所能预见到的。

3. 经营欺诈惩罚赔偿规则

《中华人民共和国消费者权益保护法》(2013年第二次修正版)第五十五条规定:经营者提供商品或者服务有欺诈行为的,应当按照消费者的要求增加赔偿其受到的损失,增加赔偿的金额为消费者购买商品的价款或者接受服务的费用的三倍;增加赔偿的金额不足五百元的,为五百元。法律另有规定的,依照其规定。经营者明知商品或者服务存在缺陷,仍然向消费者提供,造成消费者或者其他受害人死亡或者健康严重损害的,受害人有权要求经营者依照本法第四十九条、第五十一条等法律规定赔偿损失,并有权要求所受损失二倍以下的惩罚性赔偿。

《中华人民共和国食品安全法》(2021年第二次修正版)第一百四十八条规定:消费者因不符合食品安全标准的食品受到损害的,可以向经营者要求赔偿损失,也可以向生产者要求赔偿损失。接到消费者赔偿要求的生产经营者,应当实行首负责任制,先行赔付,不得推诿;属于生产者责任的,经营者赔偿后有权向生产者追偿;属于经营者责任的,生产者赔偿后有权向经营者追偿。生产不符合食品安全标准的食品或者经营明知是不符合食品安全标准的食品,消费者除要求赔偿损失外,还可以向生产者或者经营者要求支付价款十倍或者损失三倍的赔偿金;增加赔偿的金额不足一千元的,为一千元。但是,食品的标签、说明书存在不影响食品安全且不会对消费者造成误导的瑕疵的除外。

4. 减少损失规则

《民法典》第五百九十一条规定:"当事人一方违约后,对方应当采取适当措施防止损失的扩大;没有采取适当措施致使损失扩大的,不得就扩大的损失请求赔偿。"

七、不可抗力

(一) 不可抗力的概念

不可抗力,是指不能预见、不能避免并不能克服的客观情况。不可抗力通常分为自然现象和社会现象。自然现象有地震、水灾等;社会现象有政治骚乱、罢工等。

(二) 不可抗力的条件

不可抗力具有严格的构成条件。

1. 不能预见

不能预见,是指合同当事人在订立合同时不可抗力事件是否会发生是不可能预见的,即人们根本预料不到的情况。

2. 不能避免

不能避免,是指合同当事人在订立合同时不可抗力事件是否发生是不可能预见的,即不管采取什么措施都不能阻止事情的发生。

3. 不能克服

不能克服,是指合同的当事人对于意外事件所造成的损失是不能克服的,即人力不能战胜的情况。

(三) 不可抗力的法律后果

《民法典》第五百九十条规定:"当事人一方因不可抗力不能履行合同的,根据不可抗力的影响,部分或全部免除责任,但是法律另有规定的除外。"由此可见,不可抗力是法定的违约责任的免除条件或免除事由之一。因为,如果让当事人对自己主观上无法预见,客观上不能避免、不能克服的事件造成的损失承担法律责任,是不符合"公平"原则的。不可抗力作为免责事由是有时间限制的,即它只有发生在合同订立之后、履行完毕之前。如果不可抗力发生在合同订立之前或者履行之后,都不能构成不可抗力事件。此外,如果当事人延迟履行义务后发生不可抗力的,也不能成为免责事由。

(四) 遭遇不可抗力一方当事人的义务

当事人一方因不可抗力不能履行合同的,应当及时通知对方,同时采取措施防止损失扩大,以减轻可能给对方造成的损失,并应当在合同期限内提供证明。因此,遭遇不可抗力的一方当事人具有下列义务:

1. 及时通知义务

不可抗力发生后,遭遇不可抗力的一方应当及时通知对方,向对方通报自己不能履行或者不能完全履行或者延期履行合同的情况和理由,以期得到对方的协助,共同采取措施,防止和减少损失。遭遇不可抗力的一方若不及时履行通知义务,则不能部分或者全部免除责任。

2. 采取措施义务

《民法典》第五百九十一条规定:"当事人一方违约后,对方应当采取适当措施防止损失的扩大;没有采取适当措施致使损失扩大的,不得就扩大的损失请求赔偿。"

3. 提供证明义务

不可抗力发生后,遭遇不可抗力的一方当事人应当在合理期限内提供有关机构的证明,以证明不可抗力事件发生及影响当事人履行合同的具体情况。根据《合同法》的规定,证明应当采用书面形式,而且应当在合理的限期内提供。

应当指出的是,当一方当事人遭遇不可抗力时,必须及时通知对方,并在合理的期限内提供证明,这是法定的义务。如果当事人没有履行这两项义务,则不能部分或全部免除违约责任。

八、定金的法律特征及与订金、押金、预收款和违约金的区别

定金具有证明合同成立,保证合同履行,在合同履行后充当预付款等作用。定金与订金、押金、预收款和违约金容易相互混淆,在此作一分析。

(一)定金的法律特征

1. 定金是合同的一种担保形式

按照规定,给付定金的一方不履行合同时,无权请求返还定金,接受定金的一方不履行合同时,应当双倍返还定金。双方当事人为了避免定金罚则的制裁,必须认真完成履行合同的义务,这就体现了定金的担保作用。当然,采取定金担保,违约后仍然要付违约金和赔偿金,不能以定金代替。

2. 定金是合同成立的一种证明

在订立合同时,当事人一方为了保证合同的履行,按价款或酬金一定比例给付定金,这种给付定金的法律事实,也是合同成立的证明。

3. 定金具有预先支付的作用

当合同按期履行后,支付定金的一方有权收回定金,或者折抵价款。在后一种情况下,定金就能起到预先支付的作用。

(二)定金与订金的区别

定金,是指合同当事人为了确保合同的履行,依据法律规定或者当事人双方的约定,由当事人一方在合同订立时或者订立后履行前,按照合同标的额的一定比例,预先给付对方当事人的金钱。当事人可以约定一方向对方给付定金作为债权的担保。债务人履行债务后,定金应当抵作价款或者收回。给付定金的一方不履行约定债务的,无权要求返还定金;收受定金的一方不履行约定的债务的,应当双倍返还定金。

订金则是一种订约金,含有约定购买、订购的意思,它不具有对合同履行进行担保的性质。合同的当事人若有一方不履行义务时,则不能发生定金的法律效力,因而不能适用定金罚则。

(三)定金与押金的区别

定金与押金都属于金钱担保的范畴,都是合同一方当事人按照约定向对方当事人交付的钱款,在合同履行或者不履行后,都发生一定的法律后果,但二者有如下的区别:

(1)定金除了具有履行担保功能,还具有违约救济功能,而押金不具备违约救济功能。

(2)定金一般是按照合同标的额一定比例支付的,也就是说定金不能超过合同标的额,而押金通常是可以超过或者等于合同标的额的。

(3)发生违约时,定金适用定金罚则,即给付定金的一方不履行约定的债务的,无权要求返还定金。收受定金的一方不履行合同约定的债务的,应当双倍返还定金。而押金没有这样的罚则。

(四)定金与预收款的区别

预收款,是指在消费活动中,消费者在得到所需要某项商品或接受某项服务以前,先向经营者支付一笔钱款,然后,经营者在一定期限内向消费者提供商品或服务的情况。这一钱款对经营者来说是预收款,对消费者来说是预付款。

定金与预收款(预付款)都是属于预先给付钱款的范畴,都是合同当事人一方按照约定向对方当事人支付的钱款,且在合同履行后都发生抵作价款的功能。但是,在法律上,定金和预收款(预付款)是有区别的,其主要区别如下:

(1)定金是合同担保的一种方式,而预收款(预付款)无担保的性质。

(2)定金的数额由当事人约定,但一般不超过主合同标的额的百分之二十。定金只是价款或服务费的一部分,是按照合同标的额的一定比例支付的,一般不能超过合同标的额。而预收款(预付款)可以是价款的部分,也可以是价款的大部分或更多,即所谓的"多退少补"。

(3) 当发生违约时,预收款(预付款)只要如数退还并承担该事项的利息即可,而定金则或者加倍返还,或者是无权要求返还。所以定金和预收款(预付款)的法律后果是不一样的。

按照有关法律的规定,在一般情况下合同双方当事人在合同约定中没有明确是定金的,应视为预收款(预付款)。

(五) 定金与违约金

1. 定金与违约金的区别

如前所述,定金作为一项合同法律制度,既有履行担保功能,还具有违约救济的功能。

违约金,是指当事人在合同中约定的或者由法律所规定的,一方违约时应向对方支付一定数额的货币。

定金为双向担保,违约金是单向的。

违约金分为法定违约金与约定违约金。约定违约金应当在合同中订立,没有订立约定违约金的合同,当事人无权要求另一方偿付违约金;违约金的数额应与违约损失大体相当,如果违约金高于或低于违约损失时,当事人可以请求仲裁机构或者法院予以适当减少或增加。《民法典》第五百八十五条规定:"当事人可以约定一方违约时应当根据违约情况向对方支付一定数额的违约金,也可以约定因违约产生的损失赔偿额的计算方法。约定的违约金低于造成的损失的,人民法院或者仲裁机构可以根据当事人的请求予以增加;约定的违约金过分高于造成的损失的,人民法院或者仲裁机构可以根据当事人的请求予以适当减少。当事人就迟延履行约定违约金的,违约方支付违约金后,还应当履行债务。"从《民法典》的规定可以看出,违约金的性质是属于承担违约责任的一种形式。它是一种以补偿性为主、惩罚性为辅的违约责任承担形式。违约金主要是补偿因违约造成的损失。对于约定的违约金低于或明显高于造成的损失的,人民法院或仲裁机构可以予以增加或减少,但没有要求必须相等。

2. 定金与违约金的选用

《民法典》第五百八十八条规定:"当事人既约定违约金,又约定定金的,一方违约时,对方可以选择适用违约金或者定金条款。定金不足以弥补一方违约造成的损失的,对方可以请求赔偿超过定金数额的损失。"该规定表明,当合同当事人在合同约定中既约定有违约金又约定有定金时,一旦发生违约,就不能既适用违约金条款,同时又适用定金条款,而是只能适用其中的一项条款。

第二节 酒店采购合同

酒店在建设、改造及日常经营过程中需要采购大量的设备、器材和物资并签订大量的合同。酒店工作人员应当对我国有关的法律有所了解,避免酒店不必要的损失。

一、签约前的准备工作

酒店在签订合同前应做好以下准备工作。

1. 审查合同当事人的资格

为了避免和减少在执行合同过程中的纠纷,酒店在签约前要审查对方当事人的资格。合同当事人的资格,是指对方当事人以及经办人员必须具有法定的订立合同的权利。审查对方合同当事人的资格的目的在于确认对方当事人是否具有合法的签约能力,这关系到酒店同对方签订的合同是否有效。

(1) 法人资格审查

法人,是指具有民事权利能力和民事行为能力,依法独立享有民事权利和承担民事义务的组织。法人应具备以下四个条件:

① 依法成立;
② 有必要的独立财产或者经费;
③ 有自己的名称、组织机构和场所;
④ 能够独立承担民事责任。

酒店在签约之前应当审查对方当事人是否具有法人资格。确定对方是否具有法人资格,主要查看对方是否持有工商行政管理部门颁发的营业执照。

(2) 法人能力审查

具有法人资格的组织并非都可以同酒店签订合同。酒店在签约之前还要审查对方的经营活动是否超出章程或营业执照批准的范围。法律规定,法人只能在自己的业务范围内进行经营活动,否则所签订的合同无效。

2. 审查对方的资信和履约能力

审查对方的资信情况对于了解对方是否能够履行合同具有重要的意义。除此之外,酒店还要了解对方的履约能力。履约能力,是指当事人的技术和生产能力以及产品的质量和信誉程度等方面的情况。很多酒店在订购大宗设备时,由于没有认真审查对方的资信和履约能力,致使其产生纠纷。还有的酒店由于购买了质量不符合标准的产品给酒店造成了巨大的损失。如江苏某酒店因购买了劣质的消防报警系统,在酒店发生火灾时报警器不报警,造成严重的后果;1996年杭州某酒店的电梯在载客运行过程中突然出现故障,当场致客人死亡;1997年7月泰国旅游胜地帕塔亚的皇家宗天大酒店发生特大火灾死亡90人,在这之中很多人是因为酒店的电子门锁无紧急供电功能,在酒店的电源被大火切断的情况下,无法打开门锁,而困在房内被活活烧死;国内不少酒店因门锁质量不好,用其他钥匙能随意开启或很容易地撬开,致使酒店蒙受损失;还有的酒店门锁锁上后却不能开启,以至于撬门或撬锁才能打开房门。

二、合同的主要条款

1. 合同的组成部分

完整的合同一般由开头、正文、结尾和附录等部分组成。

开头,包括当事人的名称、地址,合同的名称,法人的法定代表人或合法代理人的姓名等项内容。

合同的正文是双方议定的合同内容,即合同的主要条款。

结尾,包括合同文本的份数,合同签订的时间、地点,合同的有效期限,双方当事人的签名盖章等项内容。

附件,是指与合同有关的文书、图表及其他的资料。

2. 合同的主要条款

合同的种类繁多,因此合同的条款也各有差异。但合同的成立必须具备基本的条款,缺少这些条款合同就不完整,它包括法定条款和基本条款。这是合同的核心部分,是合同中不能缺少的条款。它明确了合同当事人的基本权利和义务,是双方履行合同的基本依据。

一般合同的主要条款包括:

(1) 标的。标的,是合同当事人双方的权利义务所共同指向的对象,它是合同法律关系的客体。酒店在签订合同时要注意,标的条款必须明确、具体,不能有含糊不清之处。

(2) 数量和质量。数量和质量是确定合同标的具体特征的最主要因素,决定着当事人权利义务的大小。

数量条款一般由三个要素构成:

① 标的量的数字;

② 标的物的计量单位;

③ 有些标的物的自然损耗、正负尾数、超欠幅度等。

签订质量条款时要注意:

① 产品的内在质量和外表质量,采用何种标准;

② 规定质量的检验方法;

③ 提出质量异议的条件和时间;

④ 违反质量条款的处理,如退货、减价、修理、更换等。

(3) 价款或酬金。价款或酬金在法律术语中统称为"价金",是取得标的物或接受劳务的一方当事人所支付的代价。

(4) 履行的期限、地点和方式。合同的履行期限、地点和方式是合同中具有重要意义的条款,它是指当事人按合同规定完成自己义务的时间、地点和方法。

履行方式有多种多样,包括履行程序、履行方法、履行手段;是一次履行还是分期履行;是必须当事人履行还是允许其他人代为履行;是送货还是自己提货,送货或提货的具体地点;结算采取什么方式等。

(5) 违约责任。违约责任,是指当事人因过错而违反合同应当承担的法律责任。规定违约责任条款,对保护当事人的合法权益,维护合同的严肃性,督促当事人履行合同义务,都具有重要的意义。

违约责任条款一般依据法律规定来确定,有违约金和赔偿金两种形式。酒店在签订合同时应注意,如果国家法规对合同的违约责任有明文规定的,当事人不能采取协议方式加以改变。

第三节 客房租赁合同

一、客房租赁合同概念

《民法典》规定：租赁合同是出租人将租赁物交付承租人使用、收益，承租人支付租金的合同。酒店客房租赁合同可分为客房预订合同、旅行社订房合同、散客订房合同、团队订房合同、写字楼（或者公寓）租赁合同等。这些合同也称为"协议书"。该法第七百零五条规定："租赁期限不得超过二十年。超过二十年的，超过部分无效。租赁期限届满，当事人可以续订租赁合同；但是，约定的租赁期限自续订之日起不得超过二十年。"无论何种合同，一旦依法订立，对双方都具有约束力。

酒店"客满"不能成为违反合同的理由。只有发生不可预见的特殊原因（如地震、水灾等情况），酒店不具备接待对方的能力，才属于法定的免责条件，可以不接待对方。酒店方与对方（旅行社、有关公司、单位或客人）如果因为某种原因，不能履行合同，应尽快通知对方，减少对方的损失。否则，将对由此产生的损失负责。

二、对话与非对话订房

酒店在日常经营中往往会遇到一些通过打电话，或客人口头要求预订客房的情况。客人口头要求订房或通过电话提出要求订房，是一种对话要约。只要双方一旦就住房的时间、价格等达成一致，就会对双方产生一定的约束力。客人如果采取非直接方式（如通过书信、传真等）发出订房等要约是一种非对话要约。客人向酒店发出非对话订房要约后，酒店同对方的合同关系并未成立。只有在酒店向客人发出回信或回电并且经双方确认后，才被认定为是一种订房合同的成立，对双方具有约束力。

三、超额预订

酒店如要保证对已预订的客人按预订的时间进入房间，就应当避免超额预订。超额预订，是指酒店接受客人入住人数大于酒店的实际接待能力，而使已预订房的客人无法按时进房的现象。导致酒店超额预订的原因很多，有的是已住店的客人延迟了退房时间；还有的是由于客人在预订房间后既未按约定时间到达，也不通知酒店，导致酒店的客房不能出租，造成损失。为减少损失，酒店往往就超额预订。但是，一旦客量估计不准，必然会造成一部分已预订的客人住不到房间，从而构成酒店对预订客人的违约，并因此承担责任。《中国旅游饭店行业规范》第五条规定："饭店由于出现超额预订而使预订客人不能入住的，饭店应当主动替客人安排本地同档次或高于本饭店档次的饭店入住，所产生的有关费用由饭店承担。"

有的酒店在超额预订时，对当日到店客人估计不足，事先向同等级的酒店预订一定数量的客房作为补充。对于已安排入住其他酒店的客人，一旦本酒店有空房，在征得客人同意的情况下，派车免费将客人接回酒店，按重要客人礼遇予以接待。

四、违约责任

客人预订了客房而不按时使用,或者提前离开酒店,会给酒店带来一定的损失。为避免客人预订后不进店的损失,酒店可以要求客人预付一定数量的房费。很多国家的酒店法都有关于客人预订后不住店的赔偿规定,我国目前尚没有具体的规定。

下面是法国对酒店客人无故提前退房和预订房后未到店入住进行赔偿的规定:

(1) 无故提前中断酒店合同,缩短原约定的住房时间(分为短期住房和长住房),短期住房者提前中断合同,赔偿费用一般以一个晚上的客房价格计算,长住房者则按五个晚上的客房价格计算。

(2) 旅客不按预订时约定的日期使用客房,损失赔偿最高不超过五个晚上的客房价格加上五天约定价格或习惯价格的就餐费用,或者按三天全价计算(即房费加上餐费)。

对于有合同书的旅行社、公司或客人在订房后未能按时到达,给酒店造成经济损失的,按合同约定处理。

【资料链接7-1】

上海××酒店与旅行社订房合同

(2024年1月1日—2025年12月31日)

上海××酒店(以下简称甲方)与 　　　　　旅行社(以下简称乙方)就2022年1月1日至2023年12月31日订房业务达成协议如下:

一、团队房价。

1. 10人以上(含10人)

　　旺季(5、9、10)　　　　　　　　　　　　USD/间天(净房价)

　　平季(4、6、7、8、11)　　　　　　　　　USD/间天(净房价)

　　淡季(12、1、2、3)　　　　　　　　　　USD/间天(净房价)

　　全陪房:　　USD/人天

2. 6~9人等

　　旺季(5、9、10)　　　　　　　　　　　　USD/间天(净房价)

　　平季(4、6、7、8、11)　　　　　　　　　USD/间天(净房价)

　　淡季(12、1、2、3)　　　　　　　　　　USD/间天(净房价)

　　全陪房:　　USD/人天

3. 5人以下等

　　标准间　　　　　　　　　　　　　　　　USD/间天(净房价)

　　商务单人间　　　　　　　　　　　　　　USD/间天(净房价)

　　5人以下等全陪房价与客人同等

4. 团队16人(含16人),酒店为旅行社免1张床位,以此类推,但每团最多提供4张床位。

5. 加床价　　　　　　　　　　　　　　　　USD/床天

二、餐饮价格。

1. 6人以上(含6人)

　　　　　　　中式　　　　　　　　　　　　西式

　　早餐　　USD/人餐　　　　　　　　　　USD/人餐

午餐　　　USD/人餐(含饮料)　　　　　　　　USD/人餐(含饮料)
　　晚餐　　　USD/人餐(含饮料)　　　　　　　　USD/人餐(含饮料)
　2. 5人以下等客人用餐自点,若需用餐,价格为:
　　　　　　　中式　　　　　　　　　　　　　　西式
　　早餐　　　USD/人餐(含饮料)　　　　　　　　USD/人餐(含饮料)
　　午餐　　　USD/人餐(含饮料)　　　　　　　　USD/人餐(含饮料)
　　晚餐　　　USD/人餐(含饮料)　　　　　　　　USD/人餐(含饮料)

三、预定和取消。

1. 乙方在团队到达酒店15天前,向甲方提供团队客人名单、团名、用房数、团队的抵离日期等情况。

2. 乙方有团队取消,若7天前通知甲方,甲方不收费。若7天内取消,甲方收费如下:
　5天前取消收1天总房费的20%
　2天前取消收1天总房费的50%
　当天前取消收1天总房费的100%

3. 取消预订客房日期以乙方发出的电函日期为准。

4. 对由于自然灾害或其他不可抗拒因素造成的损失,双方各负一半的损失费。

5. 如甲方不能提供已确认的住房,须负责为乙方联系同等级酒店。

6. 乙方若取消预订的(早、中、晚)餐,或有变更,须在12小时内通知甲方,否则甲方将按原预定的人数和标准收取100%的损失费。

四、付款方式。

1. 乙方应在预订房间正式确认付给甲方总费用的50%作为预订金(保证金)。

2. 团队发生费用每月结账一次,甲方在每个团离店后5日将账单寄出,乙方在接到账单后如有疑问,3日内通知甲方,乙方在收到账单后20~40天内付清所有费用。

3. 汇率按　　　计算(若汇率有大的变动,届时书面通知)。

五、本合同一式两份,双方各执一份。未尽事宜,双方友好协商解决。

六、本合同有效期自2024年1月1日至2025年12月31日止。

甲方:上海××酒店　　　　　　　　　　　　乙方:
代表签字:　　　　　　　　　　　　　　　　代表签字:
日期:　　　　　　　　　　　　　　　　　　日期:
地址:　　　　　　　　　　　　　　　　　　地址:
电话:　　　　　　　　　　　　　　　　　　电话:
邮箱地址:　　　　　　　　　　　　　　　　邮箱地址:
邮政编码:　　　　　　　　　　　　　　　　邮政编码:
美元账号:　　　　　　　　　　　　　　　　美元账号:
人民币账号:　　　　　　　　　　　　　　　人民币账号:

【资料链接7-2】

散客订房协议书

协议编号

经协商,西安××酒店(以下简称甲方)与　　　(以下简称乙方)就散客接待事宜达成如下协议：
一、**房价**：

　　　　　　　　门市价　　　　协议价

单人房

标准房

高级房

豪华房

其他种类房

以上房价均需加收10％服务费。

二、乙方应在客人入住甲方**3**天前，以电话或邮件的形式将有关订房信息通知甲方，甲方将按乙方要求及时予以确认。

三、乙方客人在离店前付清其在甲方发生的一切费用，若贵公司欲为其承担费用，须在客人抵店前预付定金。

四、甲、乙双方若有一方要求修改或终止协议，须提前一个月以书面形式通知另一方。

五、本协议一式两份，双方各执一份。自双方签字之日起生效，有效期自　　　年　月　日至　　　年　月　日。

六、本协议未尽事宜，双方本着友好互利原则协商解决。

甲方授权代表（签章）　　　　　　　　　　乙方授权代表（签章）

　　　年　月　日　　　　　　　　　　　　　　年　月　日

地址：　　　　　　　　　　　　　　　　　地址：

邮编：　　　　　　　　　　　　　　　　　邮编：

电话：　　　　　　　　　　　　　　　　　电话：

邮箱地址：　　　　　　　　　　　　　　　邮箱地址：

营销部：

客房预订：

【资料链接7-3】

广州××酒店写字楼租赁合同

订立合同双方：

出　租　方：(以下称甲方)广州××酒店

地　　　址：广州市××路××号

注　册　地　点：中国广州市

承　租　方：(以下称乙方)

注　册　地：

法定代表人：

甲方同意将××酒店写字楼出租给乙方，经双方协商特订立本合同，以便共同遵守。

第一条　租赁地点、期限及使用性质。

1. 甲方同意将××路××酒店　　房(附页平面图中涂红色部分，面积约为　　平方米)出租给乙方作办公室使用。

2. 租约为期　　年。从2022年　　月　　日起至2023年　　月　　日止。

3. 租用物只允许作办公用途,晚间不得留宿。正常办公时间为星期一至星期五上午八时至下午六时。星期六和星期日为休息日。非正常办公时间进入大厦,所有租户、访客,必须在大堂登记处登记。

第二条　租金、押金和租金交纳期限及条件。

1. 每月租金为美金　　元(USD　　)(此租金已包括法定办公时间内冷暖空调、管理费、水电,但不包括政府税项及一切政府收费),乙方在公历每月5日之前应按甲方指定账户缴付当月租金而无需甲方催促。逾期为拖欠,并按照本合同第七款规定执行。

2. 乙方必须在签定本合同之日起　　天内,向甲方指定账户支付相当于三个月的租金USD　　为租赁押金。逾期未能支付,则视为乙方弃约,甲方有权向第三方出租该租赁物。合约租期内,押金由甲方保管,租赁期满后,乙方交清一切租金、杂费及清理场地后,甲方将押金无息退还给乙方。如乙方违反本合约,而造成本合约提前终止,则押金不予退回。

3. 租赁合同期满,如甲方的租赁物继续出租,在同等的条件下,乙方享有优先承租权。如果双方同意续约,须于合同终止前两个月提出,在合同终止前十天内重新签订租赁合同。

第三条　城市交通建设费。

根据市政府规定,乙方如在六个月内因故终止合同,甲方将代政府向乙方追收从承租日起至终止日所有租金发生额之百分之五的城市交通建设费。

第四条　租赁物内的设施及设备。

1. 地面铺设高级地胶,墙面采用高级涂料,光管照明。

2. 采用中央空调系统(空调供应时间由大厦统一规定,星期六、星期日和节假日除外)如需在规定时间以外享用空调须提前通知甲方。延长供应空调所需的一切费用由乙方承担。

3. 每房间提供IDD内线电话线路一条。

第五条　出租方和承租方的变更。

1. 租赁期间,甲方如将房产所有权转移给第三方,不必征得乙方同意,但应书面通知乙方。房产所有权转移给第三方后,该第三方即成为本合同的甲方,享有原甲方的权利,承担甲方的义务。

2. 租赁期间,乙方不能将租赁物转让、转租给第三方。如乙方将租赁物转让、转租给第三方,被视为违约行为,因此而造成甲方的损失,乙方负全部责任。

第六条　甲方责任。

1. 甲方负责租赁物及其设备的维修和保养,甲方有权事先通知乙方,在乙方合理的时间内,不受阻止地对租赁物内的设备进行维修。若发现属乙方的设备发生故障,且危及大厦安全时(如发生火警等),甲方有权通知乙方维修更换,如乙方超过通知时间仍不维修,甲方有权代为修理,费用由乙方负责。

2. 由于乙方故意或过失造成大厦安全受到影响的紧急情况下,甲方及有关人员无须事先通知乙方,便可进入租赁物进行检查或采取紧急措施,发生的费用由乙方负责。

3. 如乙方利用租赁物进行非法活动,损害公共利益或他人利益;擅自改变租赁物的结构或约定用途;拖欠租金五十天以上,甲方有权终止本合同。甲方有权向乙方追索所欠租金和其他费用,并没收押金。

4. 租赁期间,甲方如确实需要收回租赁物作其他用途,可提前三个月通知乙方,解除本合约。

5. 甲方有权对承租人使用承租物的情况进行监督,但不得对承租人正常、合理使用承租物进行干扰或妨碍。

6. 建议乙方对放置在租赁物内的自用财物购买保险。

第七条　乙方责任。

1. 乙方应依约按时缴付租金,乙方如拖欠租金及应付费用,应从拖欠日起按日加收欠缴金额百分之五的滞纳金;逾期三十天,甲方有权对该租赁物实施封房。在甲方发出封房通知二十天内乙方仍不补缴所欠金额,本租约自行终止。同时,甲方将清出该租赁物内的所有物品,该租赁物会重新用于出租。在甲方发出封房通知三个月内,如乙方补缴所拖欠的金额和支付租赁物的存放仓费,便可取回原租赁物内的物品。否则,甲方将自行处理这些物品,乙方不得追讨索赔。

2. 乙方有责任在租赁期间内爱护租赁物内的设备和设施。租赁期满后,乙方应将租赁物及设施、设备完好无缺退还给甲方(自然折旧除外)。如有损坏,则由乙方负责赔偿。

3. 租赁期间,如乙方确因特殊需要解除合同,须提前三个月书面通知甲方,否则甲方不退回租赁押金。

4. 乙方必须遵守中华人民共和国的法律、法规和有关政策,不得利用租赁物进行非法活动。同时,乙方必须严格遵守甲方制定的《用户手则》及有关大厦管理的其他规章制度,违反上述法规和规章条例且情节严重的作违约行为处理。

5. 未经甲方书面同意,乙方不能对租赁物进行装修及更改设备。

6. 租赁期满或合同解约后,如无甲方书面同意,乙方应在合约期满日或解除日搬出,否则,甲方将以原租约价的两倍向乙方收取租金。如超出一个月后迁出租赁物的,甲方将不退回原租赁押金,因此而造成的损失由乙方负责。租约期满或乙方中途放弃租赁,乙方遗弃任何物品于租赁单位内时,甲方有权不必通知乙方而对租赁单位内剩留物品作出处理。

第八条　租赁期间,租赁物如因不可抗拒的自然灾害导致损毁,本合同自然终止,互不承担责任。

第九条　本合同如有未尽事宜,须经双方协商作出补充规定,补充规定与本合同具有同等效力。

第十条　本合同一式两份,甲、乙双方应在　　年　月　日或之前签署本合同。本合同由签署之日起生效。

附:《××酒店用户守则》

甲方:	乙方:
法人代表:	
签名:	签名:
公章:	公章:
日期:　　年　月　日	日期:　　年　月　日

第四节 酒店劳动合同

一、劳动合同的法律特征

订立劳动合同是一种法律行为,酒店的员工与酒店签订了劳动合同,就产生了劳动法律关系。

劳动合同具有以下五个方面的法律特征:

(1) 劳动合同的主体是由劳动者和酒店双方构成。按照国家的规定,酒店的劳动合同的当事人一方应当是劳动者,另一方应当是酒店(包括各种经济类型的酒店)。两个单位之间订立的有关劳动问题的协议不是劳动合同。

(2) 劳动合同可以依法或者约定变更和解除。劳动合同中约定的劳动关系主体双方的权利和义务在社会发展过程中是不断发展变化的,因此决定了劳动合同的内容不仅可以依照法律、法规的规定或者当事人的协商进行变更,而且劳动合同也可以依照法律的规定或者当事人的协商,由一方或者双方解除。

(3) 劳动合同当事人在实现权利和义务过程中具有从属关系。劳动者和酒店在订立劳动合同时,双方的法律地位是平等的。但是,在劳动合同订立以后,劳动者则需要成为酒店的一名工作人员,而酒店的劳动是一个有组织、有秩序的活动,员工必须接受并服从酒店的组织与管理,遵守酒店的各项规章制度。这是劳动合同区别于采购合同、预订合同及其他合同的重要法律特征。

(4) 劳动合同的目的主要在于劳动过程的实现,而不是劳动成果的给付。劳动合同的目的在于确定劳动关系,通过确定劳动关系,实现劳动者就业,使劳动过程得以进行。当然,这之中也可包括劳动合同对劳动成果的给付。

(5) 劳动合同在一定的条件下涉及与劳动者有关的第三人的物质利益关系。在订立劳动合同时,不仅涉及劳动者本人的权利与义务,还会涉及劳动者的直接亲属在一定的条件下享有酒店给予的物质帮助的权利。如酒店职工发生工伤、死亡等情况,酒店不仅要负责职工本人的生活保障,对职工所供养的直系亲属也要给予一定的物质帮助。

二、签订劳动合同的原则

酒店同职工在签订劳动合同时,应当遵守以下原则:

(1) 应当遵守国家的法律、法规和政策的规定;
(2) 应当坚持平等自愿和协商一致的原则;
(3) 应当以书面形式明确规定双方的责任、义务和权利。

上述原则是劳动合同的有效条件。按照此原则签订的劳动合同为有效的劳动合同。劳动合同一经签订,就受到国家法律的保护,酒店同职工都不得任意变更和解除。

三、劳动合同的必备条款

劳动合同的必备条款,是指依据《中华人民共和国劳动法》(以下简称《劳动法》)和《中

华人民共和国劳动合同法》(以下简称《劳动合同法》)的规定,合同必须具备的条款,有七个方面的内容:

(1) 合同的期限。劳动合同的期限,是指劳动合同的有效时间,是劳动关系存在的一种标志。劳动合同的期限可以分为固定期限、无固定期限和完成一定工作期限的劳动合同。固定期限的合同可以是短期的,也可以是长期的。酒店在同职工签订固定期限的劳动合同时应当约定期限的年限。固定期限的劳动合同应变能力强,既能保持劳动关系的相对稳定,又有利于职工的合理流动,酒店一般采用此劳动合同。

(2) 工作内容。工作内容,是指酒店安排职工从事什么工作,这是职工在劳动合同中确定的应当履行的劳动义务的主要内容。

(3) 劳动保护和劳动条件。劳动保护和劳动条件,是指酒店应当在劳动合同中规定对职工所从事的劳动必须提供符合安全健康的劳动条件。

(4) 劳动报酬。劳动报酬,是指酒店根据职工的工作岗位、技能等情况所支付给职工的工资、福利及保险等。酒店同职工签订的劳动报酬的标准不得低于国家规定的本地最低的报酬。

(5) 劳动纪律。劳动纪律,是指职工在工作中必须遵守的纪律,包括国家的法律、法规和酒店制定的有关店纪店规。

(6) 劳动合同终止的条件。劳动合同终止的条件,是指劳动合同终止的理由,这是劳动关系终止的客观要件。酒店在同职工签订的劳动合同中约定的终止条件,一般是在国家法规规定的劳动合同终止的条件以外协商确定的劳动合同终止的条件。

(7) 违反劳动合同的责任。违反劳动合同的责任,是指酒店和职工在履行合同的过程中,一方当事人故意或者过失违反劳动合同,致使劳动合同不能正常履行,从而给另一方造成经济损失,而应当承担的法律后果。

四、酒店的集体合同

集体合同,是集体协商双方代表根据法律、法规的规定,就劳动报酬、工作时间、劳动安全卫生、休息休假、福利保险等事宜在平等协商一致的基础上签订的书面协议。

1. 集体合同的内容

根据《劳动法》《劳动合同法》和《集体合同规定》,集体合同应当包括以下内容:

(1) 劳动报酬;
(2) 工作时间;
(3) 休息休假;
(4) 保险福利;
(5) 劳动安全与卫生;
(6) 集体合同的期限;
(7) 变更、解除、终止集体合同的协商程序;
(8) 双方履行集体合同的权利和义务;
(9) 双方履行集体合同发生争议时协商处理的约定;
(10) 违反集体合同的责任;
(11) 双方认为应当约定的其他事宜。

2. 集体合同的格式

国家对于集体合同的格式目前还没有统一的规定,但其表现形式一般包含以下几个部分:

(1) 集体合同的名称。应在集体合同文本的卷首标明该合同的名称。如"某某酒店集体合同"。在集体合同的名称下方标明"某年某月某日第几届职工代表大会审议通过"。

(2) 总则。总则主要说明订立集体合同的目的,写明一些原则性的问题。总则也可以用序言的形式替代。

(3) 正文。正文是当事人双方协商议定的集体合同的主要内容,这些内容反映当事人双方应承担的义务和享有的权利。主要包括"员工聘用""劳动报酬""工作时间""保险福利""劳动安全卫生""员工培训""合同争议处理""合同的变更和终止"等项内容。

(4) 附则。主要说明集体合同的生效、监督检查、正本和副本的份数、正本和副本保管何处、集体合同的报核准单位等项内容。

(5) 结尾。一份完整的集体合同结尾部分应当有双方当事人签名盖章,签订集体合同的年、月、日及签订的地点等。

【案例 7-1】

在本章"案例导入"中,南京某饭店在招收新员工时,因为没有按照有关规定认真核实对方的身份,也没有进行认真培训,仓促上岗,致使新录用的员工在一次意外事故中造成左手残废。

在法庭上,饭店方认为:聘用王进明是由于他谎报年龄所造成的。如果当时他在填写新员工登记表时没有谎报自己的出生年月日,饭店是绝对不会录用他的,而且离16周岁只相差一个多月,事发后市劳动部门对于饭店的过错也已经进行了处罚。目前饭店经营困难,而且王进明来饭店工作才几天,并且当时也是违反工作程序,思想不集中才造成此次事故的发生,饭店不应当支付如此高额的赔偿金。

法院在审理后认为,饭店在聘用王进明时,王进明尚不满16周岁,所以他和饭店的用工关系不符合劳动法的强制性规定,应予解除。对于非法用工,《工伤保险条例》规定,用人单位使用童工造成童工伤残、死亡的,由该单位向童工给予一次性赔偿。2022年6月,法庭判决解除王进明与饭店之间的非法用工关系,饭店一次性给付王进明各项赔偿金33万元。

分析:该案给了酒店业在用工与培训和内部管理等方面很大的启示。很多酒店出现类似该酒店的情况造成员工的人身伤害,往往以员工不遵守操作规程为由,拒绝对伤者进行赔偿或者只是道义上的补偿。这种观点是错误的,因为只要酒店没有充分证据证明员工受到的伤害是他的故意行为或者是不可抗力所造成的,酒店就应当承担责任。因为很多事故的发生归根到底是由于酒店对员工的培训不够,再加上管理不到位所致。

其次,在目前酒店行业招工难,人手紧张的情况下,很多酒店对新员工没有进行认真的审查,以至于留下了严重的隐患。如南京某饭店在录用新员工时,有关部门没有认真核对其身份,致使一名杀人外逃十多年的在逃犯,在饭店工作很长时间才被公安机关抓获。所以,酒店一定要把好用人关,以免留下后患。该酒店因为春节即将来临,人手较紧,在没有查验有关证件的情况下录用新员工。事后,因为酒店工作较忙,既未对新员工进行培训,又忘了再次要求王进明出示其有效证件,为该事件的高额赔偿留下了隐患。

【资料链接 7-4】

某大酒店全员劳动合同书

根据《中华人民共和国劳动法》及其他有关法律、法规的规定,北京 ZDG 大酒店(以下简称甲方)与　　　　(以下简称乙方)在平等自愿的基础上,经协商一致,签订本合同。

一、合同期限。

第一条　本合同生效日期自　　年　月　日起,终止日期为　　年　月　日止。

二、工作内容和工作时间。

第二条　乙方应按岗位职责和甲方规定的工作标准按质按量按时完成工作任务。

第三条　甲方可以根据工作需要和乙方的业务技术能力、工作表现等情况调动乙方工作地点、调整乙方工作岗位,提升或降低乙方职务,并可相应地调整工资、福利待遇。

第四条　甲方实行每周 40 小时工作制,每日工作 8 小时。

第五条　甲方可根据工作需要按国家有关法规延长乙方工作时间或要求乙方加班,但甲方必须安排乙方补休。

三、劳动保护和劳动条件。

第六条　甲方为乙方提供符合国家规定的劳动安全卫生条件和必要的劳动保护用品。

第七条　甲方必须建立健全劳动安全卫生制度,并负责对乙方进行劳动安全卫生教育和培训,乙方有义务参加甲方组织的各种培训活动。

第八条　乙方在工作过程中严格遵守安全操作规程,有权拒绝甲方违章指挥,强行危险作业的工作指令。

四、劳动报酬。

第九条　乙方的劳动报酬在甲方生产经营正常的情况下,受本市最低工资标准保护。

第十条　甲方遵循按劳分配、同工同酬的原则,按甲方的工资制度和分配方案确定乙方的工资水平。

第十一条　甲方有权根据经营状况和效益情况以及对乙方的考核情况提高或降低乙方的工资标准。

第十二条　甲方每月中旬以现金形式支付乙方上月工资,如遇假期则往后顺延。

五、社会保险和福利。

第十三条　甲、乙双方均必须按国家规定参加社会保险,依法按时足额缴纳社会保险金。

第十四条　甲方有权在乙方劳动报酬中代扣代缴应由乙方支付的社会保险金及个人所得税。

第十五条　乙方在退休、患病、负伤、因工负伤或患职业病、失业、死亡等情形下,依法享受社会保险待遇,乙方享受社会保险待遇的条件和标准按国家有关规定办理。

第十六条　甲方在经济效益稳定和提高的前提下,有义务创造条件提高乙方的其他福利待遇。

六、劳动纪律。

第十七条　乙方应遵守甲方依法制定的各项规章制度和劳动纪律,严格遵守劳动安全卫生操作规程和工作规范,履行工作职责,遵守职业道德,爱护甲方财产。

第十八条　乙方必须接受甲方的领导,服从甲方的管理、教育、调配,自觉遵守国家政策、法律、法令和法规。

七、商业秘密。

第十九条　下列内容为甲方商业秘密:

1. 甲方与他人签订的各类合同、协议；

2. 甲方商业客户情况；

3. 甲方专有技术；

4. 甲方生产经营计划、经济效益情况、财务状况以及人员编制、职工队伍结构、工资水平、培训方法等人力资源管理资料；

5. 甲方内部使用的文件、传真、电话会议记录和内部掌握的各种信息材料；

6. 甲方的投资发展计划、商业谈判计划；

7. 甲方自行编制或请他人专为甲方编制的电脑软件；

8. 甲方事先声明属于商业秘密的其他内容；

9. 乙方在甲方工作期间的职务性成果。

第二十条 乙方在合同期内及解除合同之日起三年之内不得将商业秘密的内容向第三者泄密，但按规定向上级主管部门或政府有关机关报送、接受查询除外。如乙方违反本条的规定并给甲方造成损害时，甲方有权要求乙方赔偿经济损失并承担相应的法律责任。

八、培训和最低服务期。

第二十一条 甲方为提高职工素质、能力、技能而开展的各项培训、学习活动，乙方有义务积极参与，认真学习。

第二十二条 甲方出资选送乙方在国内外有关机构进行业务培训、学历教育的，甲方可以规定乙方在甲方继续工作的最低年限，并据此变更劳动合同期限或另签专项协议作为劳动合同的附件。

第二十三条 乙方经甲方出资培训后在甲方工作未满最低服务年限的，乙方须赔偿甲方培训费或其他经济损失，赔偿标准按甲方规定办理。

九、劳动合同的变更、解除、终止、续订。

第二十四条 订立本合同所依据的法律、行政法规、规章发生变化，本合同相应变更有关内容。

第二十五条 订立本合同所依据的客观情况发生重大变化，经甲乙双方协调一致可以变更合同内容。

第二十六条 合同期满或当事人约定的劳动合同终止条件出现，劳动合同即行终止。

第二十七条 乙方有下列情形之一的，甲方随时可以书面形式通知乙方解除劳动合同：

1. 违反公司劳动纪律和规章制度、《员工手册》有关辞退条款的；

2. 严重失职，违章作业，营私舞弊，对公司利益造成损失的；

3. 被依法追究刑事责任的；

4. 因生产经营状况发生严重困难，确需裁减人员的；

5. 经公司同意属于正常调动的；

6. 公司各项规章制度规定应予解除劳动合同的；

7. 法律、法规、政策规定的其他情况；

8. 达不到考核要求的；

9. 乙方在签订本合同时应如实告知甲方其家族遗传病史、本人既往病史，及其他不适合在酒店工作的疾病，如乙方隐瞒或未如实告知的；

10. 乙方在签订本合同时不得隐瞒其与原用人单位尚未解除劳动合同关系的情况，如乙方隐瞒或未如实告知的。

第二十八条　有下列情形之一的,甲方可以解除合同,但应提前三十日书面通知乙方:

1. 乙方患病或者非因工负伤,医疗期满后,不能从事原工作,也不能从事另行安排的工作的;
2. 乙方不能胜任本职工作,经过培训或调整工作岗位后仍不能胜任工作的;
3. 本合同订立时所依据的客观情况发生重大变化,致使本合同无法履行,经双方协商不能就变更合同达成协议的。

第二十九条　乙方解除合同应提前三十天以书面形式通知甲方。

第三十条　有下列情形之一的,乙方可以随时通知甲方解除合同:

1. 甲方以暴力、威胁或非法限制人身自由的手段强迫劳动;
2. 甲方未按合同规定支付劳动报酬或提供劳动条件的。

第三十一条　乙方有下列情形之一,甲方不能依据本合同第二十八条规定解除合同:

1. 患职业病或者因工负伤并被确认丧失劳动能力的;
2. 女职工在孕期、产期、哺乳期内的;
3. 法律、行政法规规定的其他情形。

第三十二条　有下列情形之一的,乙方不得解除劳动合同:

1. 在公司担任了某项重点工作、改造任务或科研项目,任务未完结者;
2. 经公司培训后,工作服务期未满的;
3. 甲方工作确实不能离开的。

第三十三条　有下列情形之一的,本合同即行终止:

1. 乙方达到法定退休年龄或死亡;
2. 公司被依法撤销、解散、关闭或宣告破产。

第三十四条　本合同期满后,双方均有权不续订,但必须提前三十日书面通知对方,如双方协商同意续订的,应履行续订手续。

十、违约责任。

第三十五条　乙方违反本合同第二十七条第9款的规定,导致工作时出现意外事故,由乙方自行负责,并应当赔偿甲方因此受到的损失。

第三十六条　乙方违反本合同第二十七条第10款的约定,给原用人单位造成损害的,乙方负完全责任。

第二十七条　甲方依据本合同第二十八条提出解除合同但未提前二十日书面通知乙方时,须赔偿乙方相当于一个月工资的损失费。

第三十八条　乙方提出解除合同但未提前三十日书面通知甲方(符合第三十条规定情形除外)以及合同期未满擅自离岗时,须赔偿甲方相当于一个月工资的损失费。

第三十九条　本合同未解除前乙方又受雇于其他单位或者个人时,甲方有权要求乙方及相关单位赔偿经济损失。

第四十条　乙方不论何因离开单位,必须在本合同解除后七天内交清公用物品,结清财务账目,办理离开单位手续。乙方不按规定时间办清手续的,每逾期一天,须按乙方上月日工资标准的两倍赔偿甲方经济损失。

十一、附则。

第四十一条　本合同一式两份,自双方签字盖章后生效。甲乙双方各执一份,具备同等法律效力。

甲方(盖章):　　　　　　　　　　　　法定代表人(签章):

乙方(签字):

签订时间:　　年　月　日

思考题

1. 合同有哪些法律特征?
2. 合同的要约应具备哪几个条件?
3. 合同的承诺应具备哪几个条件?
4. 订立采购合同前应当做好哪些工作?
5. 采购合同的主要条款有哪些?
6. 劳动合同有哪些法律特征?
7. 劳动合同的必备条款有哪些?

第八章 外国人与涉外案件、事件的处理

案例导入

外国人涉及黑、黄、赌、毒的案件如何处理?

2010年春夏,中国警方在全国各地掀起了扫黄、查赌、打黑的活动。很多酒店和娱乐场所在这次打黑扫黄风暴中,涉及其中。北京、重庆、南京、西安、昆明、兰州、济南等地的多家酒店和娱乐场所的管理人员涉及黑、黄、赌、毒的案件中。各地警方按照有关法律规定,对这些涉案的酒店和娱乐场所的管理人员及其他有关人员进行了处罚。在这些涉案的酒店中,有些是外方管理的酒店和娱乐场所,有的是外方的管理人员,还有的涉及外国人。

思考:对于这些涉及外国人的案件如何处理呢?

第一节 外国人在中国的法律地位

一、外国人

(一) 外国人概念

外国人,是指在一国境内不具有该居住国国籍,而具有其他国家国籍的人。无国籍人也包括在这一范围,享有外国人的待遇。区别谁是本国人,谁是外国人或无国籍人,其根据就是国籍。具有某一国国籍的人对该国有一定的权利和义务。国籍,是指一个人属于某一个国家成员的法律资格,也是区别一个人是本国人还是外国人的唯一标志。每一个国家都有权制定自己的国籍法。目前世界上国籍的取得主要有出生和入籍两种方式。

(二) 外国人在我国法律地位总则

(1) 外国人入境、过境和在中国境内居留,必须经中国政府主管机关许可。

(2) 外国人入境、出境、过境,必须从对外国人开放或者指定的口岸通行,要接受边防检查机关的检查。

(3) 中国政府保护在中国境内的外国人的合法权益。外国人的人身自由不受侵犯,非经人民检察院批准或者人民法院决定,并由公安机关或者国家安全机关执行,不受逮捕。

(4) 外国人在中国境内,必须遵守中国法律,不得危害中国国家安全、损害社会公共利益、破坏社会公共秩序。

二、法律地位的内容

(一) 内容概述

外国人的法律地位主要涉及外国人入境、出境以及居留期间的权利、义务等。外国人在一国境内的法律地位,一般由该国的国内法规定,有的也通过双边或多边条约所规定的外国人待遇标准加以规定。外国人在中国的法律地位包括外国人在我国居留及居留期间的权利和义务等方面的规定。按照国际法原则,所有在一国境内的外国人都处于所在国的管辖之下,他们必须遵守所在国的法律。根据这一原则,在中国酒店内的外国人必须遵守和服从我国的法律、法令及有关规定。我国法律对于外国人的合法权益和生命财产的安全也给予保护。

在出入境方面,为了国家的安全和利益,我国法律规定了几种人不能入境。如各种严重传染病者、精神病患者、来中国进行间谍活动者、走私贩毒等刑事犯罪者、未持有效的入境证件者等。这是国家行使主权的表现,是国际法所承认的。国家有驱逐在境内违反我国法律的已判刑的和未判刑的外国人的权利。

(二) 外国人在中国的民事法律地位

《中华人民共和国宪法》规定:"中华人民共和国保护在中国境内的外国人的合法权利和利益,在中国境内的外国人必须遵守中华人民共和国的法律。"这表明,我国承认外国人在我国应有的法律地位。我国有关法律中也明确规定在某些方面赋予外国人以国民待遇。近年来,我国制定了一系列的涉外法律,这些法律赋予外国人在我国享有广泛的权利,包括人身权、财产权、诉讼权等等。如果他们的民事权利遭受侵害,可以在我国法院提起民事诉讼。但是我国公民所享有的政治权利,外国人是不享有的。比如,外国人在我国没有选举和被选举权,不参与我国的政治活动,不参加我国的党派,不服兵役,也不负担政治上的义务。

(三) 外国人在中国的刑事法律地位

《中华人民共和国刑法》规定:"凡在中华人民共和国领域内犯罪的,除法律有特别规定的以外,都适用本法。犯罪的行为或者结果有一项发生在中华人民共和国领域内的,就认为是在中华人民共和国领域内犯罪。"

《中华人民共和国刑法》第十一条规定:"享有外交特权和豁免权的外国人的刑事责任,通过外交途径解决。"

三、关于外国人入境、出境、居留

(一) 入境

为了维护国家主权和安全,各国对外国人入境都制定了严格的签证管理制度,并根据互惠和对等的原则,对办理入境签证提出了不同的要求。

(1) 凡外国人要求入境应向中国外交代表机关、领事机关或外交部授权的其他驻外机关申请办理登记。根据外国人来中国的身份和所持护照的种类,分别发给外交签证、礼遇签证、公务签证、普通签证等。我国政府规定,根据外国人申请来中国的事由,在普通签证上标有相应的汉语拼音字母(D、Z、X、F、L、G、C)。凡持有"L"字母的签证者,系来中国旅游、探亲或因其他私人事务入境的人员。九人以上组团来中国旅游的,发给该类团体签证。在国外办理签证的机关是中国的外交代表机关、领事机关和外交部授权的其他驻外机关。在国内办理签证的机关是公安部或由公安部授权的地方公安机关和外交部授权的地方外事部门(港澳居民往来内地的,自1998年1月15日起使用新的《港澳居民来往内地通行证》,由香港中国旅行社受理,在这之前使用的《港澳同胞回乡证》同日停止签发)。

外国人入境有下列几种情况:

① 同中国政府订有签证协议的国家的人员入境,照协议执行;

② 外国对中国公民入境、过境有专门规定的,中国政府主管机关可以根据情况采取相应措施;

③ 我国政府为简便入境手续,规定"持有联运客票,搭乘国际航班直接过境,在中国停留不超过24小时,不出机场的外国人免办签证。要求临时离开机场的,要经我边防检查机关批准"。

(2) 申请入境的外国人,应提供下列证明:

① 提供有效护照;

② 应聘受雇来华工作的外国人,出示受聘应雇证明;

③ 申请来中国定居的外国人,应持有定居身份确认表;定居身份确认表,由申请人向定居处的公安机关申领;中国政府主管机关根据外国人申请入境的事由,审核合格者发给相应的签证。

(3) 对入境后可能危害中国国家安全和社会秩序的外国人不准入境。我国不准外国人入境的规定有:

① 被中国政府驱逐出境,未满不准入境年限的;

② 被认为入境后可能进行恐怖、暴力颠覆活动的;

③ 其入境后可能进行走私、贩毒、卖淫活动的;

④ 患有精神病、麻风病、艾滋病、性病、开放性肺结核等传染病的;

⑤ 不能保障其在中国期间所需费用的;

⑥ 被认为入境后可能进行危害我国安全和利益的其他活动的。

(二) 关于外国人在中国居留

《中华人民共和国外国人入境出境管理法》第十七条规定:"外国人在中国境内临时住宿,应当依照规定,办理住宿登记。"根据法律规定,外国人在中国酒店临时住宿(在中国居留不满一年),必须持有中国政府主管机关签发的(在有效期限内使用的)身份证件或居留证件,在居住地的酒店、宾馆所在地办理临时住宿手续。如果是外籍子女或兄弟要求回家与父母兄弟住在一起,需到当地派出所申报。

外国人依照中国法律在中国投资或同中国的企事业单位合作开办企业及因其他原因需要在中国长期居留的,经我国政府主管机关批准,可以取得在中国长期居留或永久居留的资格。我国政府规定外国人居留证有效期可签发一至五年。

持居留证的外国人,在中国变更居留地点,必须依照规定办理迁移手续。未取得居留证的外国人和来中国留学的外国人,未经中国政府主管机关允许不得在中国就业。

对不遵守中国法律的外国人,中国政府主管机关可以缩短其在中国停留的期限或者取消其在中国居留的资格。

(三) 出境

我国政府规定,外国人出境要向边防检查站交验本人有效护照或其他有效证件,经检查无误后,方可出境。

有下列情况之一的外国人,不准出境:

① 刑事案件的被告人和公安机关或者人民检察院、人民法院认定的犯罪嫌疑人;
② 人民法院通知有未了结民事案件不能离境的;
③ 有其他违反中国法律的行为尚未处理,经有关主管机关认定需要追究的。

有下列情况之一的外国人,边境检查机关有权阻止出境,并依法处理:

① 持用无效出境证件的;
② 持用他人出境证件的;
③ 持用伪造或者涂改的出境证件的。

四、外交特权与豁免

外交特权是一国为了保证和便利驻在本国的外国外交代表、外交代表机关或外交人员执行职务而给予的特别权利。为执行职务便利,一国派往国外的外交代表享有特殊的权利和豁免。《中华人民共和国刑法》第六条规定:"凡在中华人民共和国领域内犯罪的,除法律有特别规定的以外,都适用于本法。"《中华人民共和国治安管理处罚法》第四条规定:"在中华人民共和国领域内发生的违反治安管理行为,除法律有特别规定的外,适用于本法。""除法律有特别规定的外",其中包括了国际惯例和有关国际条约,享有外交特权与豁免的人员。

外交特权和豁免的主要内容有:

① 人身、寓所的不可侵犯。外交代表不受搜查、逮捕和拘留。
② 馆舍和档案以及公文不可侵犯。
③ 免受驻在国的司法裁判和行政管辖。外交代表不受驻在国刑事管辖。遇到享有外交特权的人犯罪,驻在国可要求他国将其召回或立即把该人遣送出境。外交代表一般也享有民事管辖的豁免。
④ 通信自由。使馆的来往公文、外交邮袋不可侵犯。
⑤ 免纳关税和其他一些捐税。
⑥ 使馆及其馆长有在馆舍、寓邸和交通工具上使用本国国旗、国徽的权利。

享有外交特权和豁免的人员包括:

① 外国的国家元首(如总统、国家主席、国王、皇帝等)、政府首脑(如首相、总理、部长会议主席等)以及外交部长;
② 驻我国使馆的外交代表(如大使、公使、代办)、使馆的其他外交人员(参赞、一秘、二秘、三秘和随员)以及陆、海、空军武官,包括他们的配偶和未成年子女;
③ 使馆的行政和技术人员以及在执行职务的外交使差等;
④ 各国派来我国参加会议的代表、各国政府派来我国的高级官员、依照国际公约应享受外交特权与豁免的人员等。

以上这些享有外交特权和豁免的外国人有尊重驻在国法律和不干涉驻在国内政的义务。他们的法律责任问题,通过外交途径解决。

第二节 涉外案件处理

一、涉外案件处理原则

涉外案件,是指在我国境内发生的涉及外国、外国人(自然人或法人)的刑事、民事、经济、行政、治安等案件及死亡事件。处理涉外案件必须维护我国主权和利益,维护我国国家、法人、公民及外国国家、法人、公民在我国的合法权益,严格依照我国法律、法规,做到事实清楚,证据确凿,适用法律正确,法律手续完备。处理涉外案件,应在对等互惠原则的基础上,严格履行我国所承担的国际条约义务。当国内法或者我国内部规定同我国所承担的国际条约义务发生冲突时,应当适用国际条约的有关规定(我国声明保留的条款除外)。有关部门不应当以国内法或者内部规定为由拒绝履行我国所承担的国际条约规定的义务。

凡与我国订有双边领事条约的,按条约的规定办理。未与我国签订双边领事条约,但参加《维也纳领事关系公约》的,按照《维也纳领事关系公约》的规定办理。未与我国签订领事条约,也未参加《维也纳领事关系公约》,但与我国有外交关系的,可按互惠和对等原则,根据有关规定和国际惯例办理。

二、涉外案件的报告

如有下列情况之一,公安机关、国家安全机关、人民检察院、人民法院以及其他主管机关应当将有关案情、处理情况,以及对外口径、采取的措施在48小时内报上一级主管机关,同时通报同级人民政府外事办公室:

① 对外国人实行行政拘留、刑事拘留、司法拘留、拘留审查、逮捕、监视居住、取保候审、扣留护照、限期出境、驱逐出境的案件;
② 外国人在华死亡事件或案件;
③ 涉及外国人在华民事和经济纠纷的案件;
④ 其他认为应当通报的案件。

同级人民政府外事办公室在接到通报后应当立即报外交部。案件了结后,也应当尽快向外交部通报结果。

三、关于通知外国驻我国使、领馆的问题

(一) 通知对象

在外国驻华领事馆领事区内发生的涉外案件,应通知有关国驻该地区的领事馆。在外国领事馆领区外发生的涉外案件应通知有关外国驻华大使馆。与我国有外交关系,但未设使、领馆的国家,可通知其代管国家驻华使、领馆。无代管国家或代管国家不明的,可不通知。当事人本人要求不通知的,可不通知,但应当由其本人提出书面要求。

(二) 通知内容

通知的内容包括外国人的外文姓名、性别、入境时间、护照或证件号码、案件发生的时间、地点及有关情况,当事人违章违法犯罪的主要事实,已采取的法律措施及法律依据,各

有关主管部门可根据需要制定固定的通知格式。

(三) 通知时限

如有双边领事条约明确规定期限的(四天或七天),应当在条约规定的期限内通知,如果无双边领事条约规定,也应当根据或者参照《维也纳领事关系公约》和国际惯例尽快通知,不应当超过七天。

(四) 通知机关

公安机关、国家安全机关对外国人依法作出行政拘留、刑事拘留、拘留审查、监视居住、取保候审的决定,或者对外国人执行逮捕的,由有关省、自治区、直辖市公安厅(局)、国家安全厅(局)通知有关外国驻华使、领馆。

人民法院对外国人依法作出司法拘留、监视居住、取保候审决定的,人民检察院依法对外国人作出监视居住、取保候审决定的,由有关省、自治区、直辖市高级人民法院、人民检察院通知有关外国驻华使、领馆。决定开庭的涉外案件,人民法院在一审开庭日期确定后,应立即报告高级人民法院,由高级人民法院在开庭七日以前,将开庭审理日期通知有关外国驻华使、领馆。

外国人在华正常死亡,由接待或者聘用单位通知有关外国驻华使、领馆。如死者在华无接待或者聘用单位,由有关省、自治区、直辖市公安厅(局)通知。

外国人在华非正常死亡,由有关省、自治区、直辖市公安厅(局)通知有关外国驻华使、领馆。对在案件审理中死亡的外国人,分别由受理案件的省、自治区、直辖市公安厅(局)、国家安全厅(局)、人民检察院或者高级人民法院通知。

外国人在灾难性事故(包括陆上交通事故,空、海难事故)中死亡的,由当事部门通知有关外国驻华使、领馆,省、自治区、直辖市外事办公室予以协助。

四、涉外案件的新闻报道

主管部门就重大涉外案件发布新闻或者新闻单位对于上述案件进行报道,要从严掌握,应当事先报请省级主管机关审核,征求外事部门的意见。对危害国家安全的涉外案件的新闻报道,由主管部门同外交部商定后定。对于应通知外国驻华使、领馆的案件,应当在通知有关外国驻华使、领馆后,再公开报道。酒店不得未经许可对外界发布消息。

五、扣留外国人护照的问题

根据《中华人民共和国外国人入境出境管理法》及其他有关规定,除国家公安机关、国家安全机关、司法机关以及法律明确授权的机关外,其他任何单位或者个人都无权扣留外国人护照,也不得以任何方式限制外国人的人身自由。公安机关、国家安全机关、司法机关以及法律明确授权的机关扣留外国人护照,必须按照规定的权限报批,履行必要的手续,发给本人扣留护照的证明,并把有关情况及时上报上级主管部门,通报同级人民政府外事办公室,有关外事办公室应当及时报告外交部。

六、对外国人违反治安管理案件的处理

对外国人违反我国治安管理处罚法的,2006年3月1日起实施的《中华人民共和国治安管理处罚法》第四条规定:"在中华人民共和国领域内发生的违反治安管理行为,除法律

有特别规定的以外,适用本法。"

酒店对于外国人违反治安管理案件的处理要严格按照我国的有关法律、法规和规定办事,应注意以下几点:

(1) 对享有外交特权和豁免的外国人违反治安管理的,要通过外交途径处理。对不享有外交特权和豁免的外国人违反治安管理的,由公安机关按照《中华人民共和国治安管理处罚法》进行处理。

(2) 对外国人违反治安管理的案件,应当依照法律规定和办案程序,认真做好查处工作。要注意以下三点:

① 要及时。主管部门接到报告后,要及时派人赶赴现场,查清当事人的国籍、姓名(中、外文)、来华事由和身份,开展调查询问,搞清事实,分清责任,依法处理;

② 要取证。查处外国人违反治安管理的案件尤其要注意取证。有条件的应当对案件现场拍照、录音录像,从获取物证到当事人和旁证人写的材料及谈话笔录,都要有根据,一丝不苟。要准备公布,要经得起检验;

③ 要依法。定性裁决处罚要准确,要有法律依据。

(3) 对外国人违反治安管理案件的查处由治安部门归口管理,外国人管理部门配合。对外国人违反治安管理的行为属于一般小事、情节轻微的,可由当地派出所或在现场的民警进行处理。决定给予处罚的,由县、市公安局、公安分局或者相当于县一级的公安机关裁决;给予拘留处罚的,由地、市公安处、局审批,并报省、自治区、直辖市公安厅、局向公安部备案。

七、对外国人违法的处理

根据属地管辖权的原则,凡是在我国领域内犯罪的任何人,都适用我国的刑法。2015年11月1日实施的《中华人民共和国刑法》修正案第六条第一款"属地管辖权"规定:"凡在中华人民共和国领域内犯罪的,除法律有特别规定的以外,都适用本法。""犯罪的行为或者结果有一项发生在中华人民共和国领域内的,就认为是在中华人民共和国领域内犯罪。"

根据领土原则,凡是在中国领域内犯罪的,都适用我国刑法。

以下的三种情况都认为是在我国领域内犯罪:

(1) 犯罪的行为和结果都发生在我国领域内的。例如,2004年5月18日我公安部门在上海破获了 起由哥伦比亚、墨西哥、智利、秘鲁等国25名犯罪分子组成的团伙。该团伙连续在我国酒店和其他场所作案,其中在上海世贸商城内盗窃了价值69万美元的钻石。2004年6月25日,上海市人民检察院和上海市公安局联合宣布,将25名南美籍犯罪嫌疑人批准逮捕。

(2) 犯罪行为发生在我国领域以外,而结果发生在我国领域以内的。

(3) 犯罪行为发生在我国领域内,而结果发生在领域之外的。例如,犯罪分子从我国邮往国外装有爆炸物的邮件,在国外发生了爆炸事件的结果。

【案例8-1】

1985年4月18日,美国公民理查德·斯·安德里克住进了哈尔滨天鹅酒店1116房间。当晚,理查德·斯·安德里克由于饮酒过量,不慎把燃着的烟头掉在床上引起大火。火灾共造成直接经济损失25万余元人民币,10名中外客人死亡,7人受伤。

1985年6月26日,经哈尔滨市人民检察院批准,哈尔滨市公安局依法逮捕了理查德·斯·安德里克。7月1日,哈尔滨市人民检察院就此案向哈尔滨市中级人民法院提起公诉,同时提起附带民事诉讼。哈尔滨市中级人民法院组成合议庭,于1985年7月11日至8月13日对此案进行了五次公开审理。理查德·斯·安德里克的行为经司法部门勘验,证据确凿,触犯了《中华人民共和国刑法》第一百零六条第二款的规定,犯有失火罪。1985年8月13日,新华社发出消息:哈尔滨市中级人民法院依法判处在天鹅酒店4月19日失火案中犯有失火罪的理查德·斯·安德里克有期徒刑一年零六个月,并由其赔偿部分经济损失人民币15万元。

哈尔滨市中级人民法院判决后,理查德·斯·安德里克不服,向黑龙江省高级人民法院提出上诉。黑龙江省高级人民法院受理该案后,由该院刑事审判第一庭组成合议庭,对该案进行审理。经开庭审理,黑龙江省高级人民法院认为,原审法院认定的犯罪事实清楚,确定的刑罚正确,赔偿的数额适当,上诉人的上诉理由不予采纳。依照《刑法》第一百三十六条的规定,于1985年9月10日,裁定驳回上诉,维持原判。

(注:此案发生在1985年,适用1979年7月1日通过的《刑法》)

第三节 对重大安全事故的处理

重大安全事故是指,造成海外旅游者人身重伤、残废的事故,重大火灾及其他恶性事故,其他经济损失严重的事故。

重大安全事故的处理,原则上由本地区政府协调有关部门、事故责任方及其主管部门负责,必要时成立事故处理领导小组。

重大安全事故发生后,酒店总经理应立即赶赴现场,全力组织抢救工作,保护事故现场,同时报告当地公安部门。酒店如不属于事故责任方,应按照事故处理领导小组的部署做好有关工作。在公安部门人员进入事故现场前,如因现场抢救工作需要移动物证时,应做出标记,尽量保护事故现场的客观完整。酒店要立即组织医务人员对受伤人员进行抢救并及时送附近医院,保护好遇难者的遗体,组织核查伤亡人员的团队名称、国籍、姓名、性别、年龄、护照号码以及在国内、外的保险情况。伤亡人员中若有海外客人,责任方和酒店在对伤亡人员核查清楚后,及时报告当地外办,同时以电话、传真或其他有效方式直接向中国旅游紧急求援协调机构报告。对事故现场的行李和物品,要认真清理和保护,并逐项登记造册。

(1) 事故发生后的首次报告内容:
① 事故发生的时间、地点;
② 事故发生的初步情况;
③ 事主接待单位及与事故有关的其他原因;
④ 报告人的姓名、单位和联系电话。
(2) 事故处理过程中的报告内容:

① 伤亡情况及伤亡人员姓名、性别、年龄、国籍、团名、护照号码；
② 事故处理的进展情况；
③ 对事故原因的分析；
④ 有关方面的反映和要求；
⑤ 其他需要请示或报告的事项。

（3）事故处理结束后，酒店需认真总结事故发生和处理的全面情况，并作出书面报告，内容包括：
① 事故经过及处理；
② 事故原因及责任；
③ 事故教训及今后防范措施；
④ 善后处理过程及事主家属的反映；
⑤ 事故遗留问题及其他。

伤亡人员有海外客人并且是随旅行团来酒店住宿的，在伤亡人员确定无误后，由有关的组团旅行社负责通知有关海外旅行社，并向伤亡者家属发慰问函电。在伤亡事故的处理过程中，责任方及其主管部门要认真做好伤亡家属的接待、遇难者的遗体和遗物的处理以及其他善后工作，并负责联系有关部门为伤残者或伤亡者家属提供以下证明文件：为伤残人员提供由医疗部门出具的"伤残证明书"，为骨灰遣返者提供由法医出具的"死亡鉴定书"和丧葬部门出具的"火化证明书"，为遗体遣返者提供由法医出具的"死亡鉴定书"、医院出具的"尸体防腐证明书"、防疫部门检疫后出具的"棺柩出境许可证"。责任方及其主管部门要妥善处理好对伤亡人员的赔偿问题，酒店要协助责任方按照国家有关规定办理对伤亡人员及其家属的人身和财产损失的赔偿，协助保险公司办理入境旅游保险者的保险赔偿。

事故处理结束后，酒店要和责任方及其他有关方面一起，认真总结经验教训，进一步改进和加强安全管理措施，防止类似事故的再次发生。酒店要将事故全过程和处理经过整理成文字材料送有关部门并留存。

第四节　对外国人死亡的处理

外国人死亡，是指具有外国国籍或无国籍的客人在酒店内因病死亡、意外事件死亡、自杀、他杀或其他原因不明的死亡。

处理外国人在酒店内死亡的事件要按照国家的《外国人在华死亡后的处理程序》和《维也纳领事关系公约》及有关双边领事条约和国际惯例等国际、国内的规定办理。酒店内发生外国客人在酒店内死亡的事件，在初步查明客人死亡的地点、时间、原因、身份、国籍、房号等情况后，立即保护好现场。若人员尚未死亡，应立即送医院抢救。酒店派负责人与大堂经理和医务人员同往，同时要求客人的亲属/同行/领队一同前往。对已死亡的外国客人（客人是否死亡要由医务人员诊断），酒店要派人员保护好现场，封锁现场区域，查清并详细记录其姓名、性别、年龄、国籍、常住地址、身份，死亡日期、时间、地点、原因，医生初步诊断情况，目击者，先期处理情况等。迅速同外国领队、接待旅行社或接待单位取得联系。

如属非正常死亡，要对现场的一切物品加以保护，严禁任何人员接近现场，不得挪动任何物品。立即向公安部门报告,并协助开展前期调查工作,及时报告中国旅游紧急求援协调机构。

根据《维也纳领事关系公约》或有关双边领事条约的规定以及国际惯例,外国人在我国死亡后应尽快通过我国政府有关部门(省、市外办),通知死亡者所属国驻华使、领馆。如果外国死者国籍所属国同我国签订有领事条约,而条约中含有关于缔约国国民死亡规定的,应按条约中的有关规定办理。

外国人在医院经抢救无效死亡,要由参加抢救的医生向死者亲属、领队及死者的生前好友或代表详细报告抢救全过程。死者旅行团无领队,或者死者家属也未随同来华的,则由国内组团旅行社负责通知有关海外旅行社,并向死者家属发慰问函电。由参加抢救的医生写出"抢救经过报告"并出具"死亡诊断书",由主任医师签字盖章,并将副件交给死者亲属、旅行团领队、地方接待单位以及酒店。

客人如属正常死亡,需由县级以上医院出具"死亡证明书"。如死者生前曾住院治疗或经过抢救,应其家属要求,医院可提供诊断书或者病历摘要。一般情况下(正常死亡)不做尸体解剖,如果对方坚持要求解剖尸体,应由领队或者死者亲属提出书面申请,由接待单位到公证机关办理公证书后,方可进行。非正常死亡的,由公安机关的法医出具"死亡鉴定书"。

对外公布死因要慎重,如死因不明确,或有其他原因,待查清或内部意见统一后再向外公布和提供证明。

非正常死亡的外国人,在得到公安机关的认可后,死亡者的遗物由其亲属或领队、公安部门、接待部门和酒店代表共同清点,列出清单,由上述人员在清单上签字,一式两份,由中外双方保存。遗物由亲属或领队带回国。

如死者单身在华,遗物可直接交给来华的亲属,也可交驻华使馆铅封托运回国。如死者有重要遗嘱,应将遗嘱复制或拍照后交驻华使馆转交,以防止转交过程中发生篡改。

外国人若在华死亡,一般应以在当地火化为宜。遗体火化前,应由领队或者死者亲属或代表写出"火化申请书",交我方保存。在火化前,可由全团或领队、亲属、代表向遗体告别。告别现场应拍照留存。对方如提出举行追悼仪式,可以由接待单位致简单悼词,送花圈。死者骨灰由领队、死者亲属或其代表带回国,并有书面材料留存。

在办理好上述手续后,凭"死亡诊断书"去市公安局外事处办理注销签证手续。死者家属如果要求将遗体运送回国,除办上述手续外,还要做尸体防腐处理,并发给"装殓证明书"。由地方检疫机关发给死亡地点至出境口岸的检疫证明,即"外国人运带灵柩(骨灰)许可证",然后由出境口岸检疫机关发给中华人民共和国×××检疫站"尸体/灵柩出境许可证";由死者所持护照国驻华使馆办理遗体灵柩经由国家通行护照。

死者亲属需来华处理后事的,酒店要弄清具体人数、航班,并派人去迎接,同时提前准备房间。死者的医疗、抢救、火化、尸体运送等费用,一般由死者家属自理,有肇事方的,由肇事方承担。

客人如属于交通事故死亡,须有交通监管部门的责任裁决书和事故死亡证明。

思考题

1. 什么是外国人?

2. 外国人在我国法律地位的总则是什么？
3. 哪些外国人不得进入我国？
4. 哪些外国人不准出境？
5. 哪些人员享有外交特权和豁免？
6. 外交特权和豁免的主要内容有哪些？
7. 涉外事件处理的原则是什么？
8. 对外国人违反我国治安管理案件的处理应注意些什么？
9. 什么情况下犯罪是认为在我国领域内犯罪？
10. 如何处理外国人在酒店内死亡的事件？

第九章 酒店的法律责任

案例导入

该大酒店为何受到停业整顿的处罚?

2003年9月,广东珠海市某大酒店发生了一起引起国内外媒体广泛关注、国内民众强烈反响的重大案件。

2003年9月16日由日本莘辉株式会社组织的285人(均为男性)入境后,按照事先的安排,在珠海另一酒店粤海酒店举行表彰会。由该大酒店歌舞厅的"妈咪"等安排将召集来的300多名"三陪小姐"带到粤海酒店三楼宴会厅外等候。当晚9时左右,日本人的表彰仪式结束后,自助晚宴开始。该会社主持人宣布"三陪小姐"进场,300多名"三陪小姐"分两路在音乐伴奏下,进入宴会现场。进场的"三陪小姐"分别坐到该社各成员的餐位上,边吃边供日本人挑选。主持人宣布,嫖娼一次800元人民币,嫖宿一夜1 200元人民币,带小姐进客房时双方要分开走。宴会结束后,该社成员和卖淫小姐先后离开宴会的粤海酒店,乘车回到该大酒店。当晚有185名卖淫小姐向该会社成员卖淫,一夜嫖资达30万元。

该事件发生后在国内外引起很大的反响。公安机关依法对该大酒店作出停业整顿的处罚。2003年12月16日,珠海市中级人民法院依据我国刑法有关规定,对珠海"9·16"组织卖淫案进行公开宣判,以组织卖淫罪判处叶某(该大酒店总经理助理)等无期徒刑,并处没收财产,剥夺政治权利终身;判处刘某某(该大酒店市场营销部副经理)有期徒刑15年,处罚金3.5万元,其余的12人受到刑期不等的判决。按照责任追究的要求,包括市公安局、旅游局在内的15名当地官员也受到了处分。

思考:该大酒店为何受到停业整顿的处罚?

第一节 酒店法律责任的概念

酒店在经营活动中,如果不履行或不适当履行义务而给他方造成损害,就应该承担相应的法律责任。法律责任,是指人们对违法行为所应承担的带有强制性的责任。

酒店法律责任是指酒店因违法行为而必须承担的具有强制性的法律后果。酒店经营活动中作为法律关系的主体,如果不履行或不适当履行义务,或者违反国家的有关规定,就应当承担相应的法律责任。

法律上所谓责任和义务是两个不同的概念,它们各有不同的本质。义务是法律规定当事人所应作为的行为,它与权利相对应。义务的履行即为权利的实现,义务的违反即发生责任。所以,法律责任是以义务的存在为前提,无义务即无责任。要有义务存在,才可能谈得上责任。只有义务人违反义务时才发生责任。

法律责任与其他社会责任相比,有其自身的特点:在法律上有明确、具体的要求和规定,由国家强制力保证其执行,由国家授权的机关依法制裁。

第二节 酒店的民事责任

一、民事责任的概念

民事责任是民事法律责任的简称,是民事主体因违反民事义务或者侵犯他人的民事权利所应当承担的法律后果。根据《民法通则》的规定,民事责任可分为违反合同的民事责任、侵权的民事责任、不履行其他义务的民事责任三种。

二、因违反合同产生的责任

《民法典》第五百七十七条规定:"当事人一方不履行合同义务或者履行合同义务不符合约定的,应当承担继续履行、采取补救措施或者赔偿损失等违约责任。"该法第五百七十八条规定:"当事人一方明确表示或者以自己的行为表明不履行合同义务的,对方可以在履行期限届满前请求其承担违约责任。"

酒店违约行为可能是对客人的违约,即违反旅游服务合同,也可能是对其他企业的违约。违反合同的行为是对预先约定义务的违反,是对相对权利的侵犯。凡是酒店的违约行为给对方造成损失的,酒店都要承担相应的法律责任。

三、因侵权产生的责任

《民法典》第一千一百六十五条规定:"行为人因过错侵害他人民事权益造成损害的,应当承担侵权责任。依照法律规定推定行为人有过错,其不能证明自己没有过错的,应当承担侵权责任。"《民法典》第一千一百六十六条规定:"行为人造成他人民事权益损害,不论行为人有无过错,法律规定应当承担侵权责任的,依照其规定。"

过错包括故意和过失。行为人有意造成他人损害,或者明知其行为会造成他人损害仍实施加害行为的,为故意。行为人由于疏忽或者懈怠,对损害的发生未尽合理义务的,为过失。

无论是故意还是过失,只要给对方造成侵权,就应当承担责任。

第三节 酒店的刑事责任

一、刑事责任概念

刑事责任,是指犯罪主体由于其行为触犯刑法,构成犯罪而导致受刑罚处罚的责任。酒店在经营管理活动中,其行为违反国家的刑法,情节严重,造成重大影响或产生严重后果,构成犯罪的,依法承担刑事责任。

2021年3月实施的《中华人民共和国刑法》(刑法修正案十一)(以下简称《刑法》)规定:明知自己的行为会发生危害社会的结果,并且希望或者放任这种结果发生,因而构成犯罪的,是故意犯罪。故意犯罪,应当负刑事责任。应当预见自己的行为可能发生危害社会的结果,因为疏忽大意而没有预见,或者已经预见而轻信能够避免,以致发生这种结果的,是过失犯罪。过失犯罪,法律有规定的才负刑事责任。

行为在客观上虽然造成了损害结果,但不是出于故意或者过失,而是由于不能抗拒或者不能预见的原因所引起的,不是犯罪。

《刑法》第三百六十一条规定:"旅馆业、饮食服务业、文化娱乐业、出租汽车业等单位的人员,利用本单位的条件,组织、强迫、引诱、容留、介绍他人卖淫的,依照本法第三百五十八条、第三百五十九条的规定定罪处罚。前款所列单位的主要负责人,犯前款罪的,从重处罚。"该法第三百六十二条同时规定:"旅馆业、饮食服务业、文化娱乐业、出租汽车业等单位的人员,在公安机关查处卖淫、嫖娼活动时,为违法犯罪分子通风报信,情节严重的,依照本法第三百一十条的规定定罪处罚。"

酒店有违反《中华人民共和国消防法》的行为,构成犯罪的,依法追究刑事责任。

【案例9-1】

四川渠县人魏家德和王斌于某年上半年承包了浙江省萧山市的某宾馆的美容院。为牟取暴利,他们串通该宾馆的主要负责人许某和宾馆保安部的经理丁某,做起了组织卖淫的勾当。在不到半年的时间内,魏某等人采用招募、诱骗、暴力殴打等手段控制12名卖淫女在该宾馆内大肆进行卖淫活动。仅魏某在短短的半年时间中就牟取暴利近20万元。

魏某用金钱开道,在宾馆内外组织起了一张"保护网"。公安机关的几次突击检查,他都因事先从保安部经理处得知消息而未"出事"。后因其中的一名卖淫女与魏某闹翻到公安机关报案,公安机关内外联手才得以捣毁这个卖淫窝。

最终,杭州市中级人民法院对发生在萧山某宾馆的特大组织卖淫案作出一审判决,两名主犯被判处死刑,其他相关人员也受到了不同程度的制裁。这是我国新刑法颁布以来浙江省首个因犯组织卖淫罪而被判处死刑的案例,也是新刑法实施以后,发生在酒店内的,因组织卖淫罪,主要案犯被判死刑的首个案例。

【案例9-2】

江苏省某三星级宾馆从2021年12月至2022年4月期间,以招聘"按摩女"为名,先后招聘15名女青年在宾馆的休闲中心从事卖淫活动。"按摩女"一经录用,就要交出身份证,由副总经理浦某统一保管。宾馆统一安排住房,还制定了"按摩女"管理制度。宾馆还定期对"按摩女"进行B超和妇科检查,并统一发放避孕工具和药品。案发后,总经理杨某、副总经理浦某和休闲中心经理王某分别被判处了不同的有期徒刑。

本章"案例导入"中的广东珠海市某大酒店之所以受到停业整顿的处罚,是因为违反了我国的有关法律规定。此外,根据《中华人民共和国刑法》的规定,凡是在中国境内实施犯罪行为的、触犯中国法律的,根据属地原则,将依照中国法律对犯罪嫌疑人实施制裁。在此案中涉及的三名日本犯罪嫌疑人,因涉嫌组织卖淫罪,检察机关作出批准逮捕的决定。国际刑警组织中国国家中心局于2003年11月26日通过国际刑警组织对三人发出红色通缉令。

二、刑罚的主刑和附加刑

我国刑罚分为主刑和附加刑两大类。

1. 主刑

主刑,是指对犯罪分子适用的主要刑罚方法。主刑只能独立适用,不能附加适用。我国的主刑分为五种:

(1) 管制。管制是对犯罪分子不实行关押,但是限制其一定的自由,交由公安机关管束和群众监督改造的刑罚。

(2) 拘役。拘役是剥夺犯罪分子的短期自由,实行劳动改造的刑法。

(3) 有期徒刑。有期徒刑是剥夺犯罪分子一定期限的自由,实行强迫劳动改造的刑罚。

(4) 无期徒刑。无期徒刑是剥夺犯罪分子终身自由,实行强迫劳动改造的刑罚。

(5) 死刑。死刑是剥夺犯罪分子生命的刑罚。

2. 附加刑

附加刑,是指既能附加于主刑适用也能独立适用的刑罚方法。在附加适用时,可以同时判处和执行不止一种的附加刑。我国的附加刑有三种,即罚金、剥夺政治权利、没收财产。

三、刑事犯罪与违反治安管理行为

刑事犯罪与违反治安管理行为都是违法行为。从形式上看两者有相同或相似之处,但实质上,其性质、情节轻重、对社会危害程度和处罚方法都是不同的。两者的主要区别是:

(1) 行为的概念不同。违反治安管理行为,一般是指违反《治安管理处罚法》所列条款的行为,属于情节轻微、尚不够刑事处罚的一般违法。刑事犯罪则是触犯刑法或有关法律,并应受到刑事处罚的犯罪行为。前者处罚的法律依据是《治安管理处罚法》,后者则是《中华人民共和国刑法》。

(2) 违法的情节和对社会的危害程度不同。违反治安管理的行为虽然也扰乱公共秩序、妨害公共安全、侵犯人身权利和民主权利、侵犯公私财物,但情节上轻微,对社会危害的程度还不够刑罚处罚。而刑事犯罪则是情节比较严重,对社会危害性较大,并已触犯刑律。

(3) 行为的目的不同。比如"一般赌博财物"是违反治安管理行为;而"以营利为目的的聚众赌博或者以赌博为业"的,则是犯罪行为。

(4) 行使处罚的机关、依据、称谓不同。违反治安管理的行为一般由公安机关依据治安法规作出处罚,这种处罚称为"处罚",是属于国家行政机关的一种行政性处罚。而犯罪则依据刑法所列条款,由人民法院给予处罚,称为"裁决"。

(5) 处罚的种类不同。违反治安管理的处罚分为警告、罚款、拘留;而对犯罪的刑罚分为主刑、附加刑。主刑的种类有:管制、拘役、有期徒刑、无期徒刑、死刑。附加刑的种类有:罚金、剥夺政治权利、没收财产。

由此可见,违反治安管理行为与刑事犯罪行为虽然有区别,但两者并没有不可逾越的界限。

四、刑事追诉时效

刑法上的时效,是指刑事法律规定的国家对犯罪人行使刑事追诉权和刑罚执行权。时效完成是刑罚消灭的重要制度之一。

追诉时效,是指我国刑法规定的对犯罪分子追究刑事责任有效期限的制度。我国刑罚根据罪刑相适应原则,以犯罪的法定最高刑为标准,规定了四个档次的追诉时效。根据《中华人民共和国刑法》第八十七条的规定,犯罪经过下列期限不再追诉:

(1) 法定最高刑不满5年有期徒刑的,经过5年;
(2) 法定最高刑为5年以上不满10年有期徒刑的,经过10年;
(3) 法定最高刑为10年以上有期徒刑的,经过15年;
(4) 法定最高刑为无期徒刑、死刑的,经过20年。如果20年以后认为必须追诉的,须报请最高人民检察院核准。

第四节 酒店的行政责任

行政责任,是指因行政违法行为而承担的法律责任。行政责任可以分为违法行政责任和行政违法责任。违法行政责任,是指行政机关及其公职人员在行政管理中滥用职权和违法失职行为而导致的行政责任。行政违法责任,是指因行政管理行为违反行政管理法规而承担的法律责任。酒店在经营管理中违反国家的行政法规,将依法受到相应的行政处罚,包括罚款、没收非法所得、责令改正、警告、吊销营业执照等。

对有以下行为的酒店,有关部门将视情节轻重给予警告、通报批评、罚款、没收非法收入、停业整顿、吊销营业执照等。

(1) 开办酒店未经主管部门批准,向工商行政部门申请登记,领取营业执照的;
(2) 超越获准的营业范围的;
(3) 进行违法经营的;
(4) 违反国家价格管理规定的;
(5) 违反用工制度的;
(6) 违反外汇管理规定的;
(7) 服务质量低劣,造成不良影响的;
(8) 无理拒绝有关行政管理部门检查的;
(9) 违反其他行政管理法律、法规规定的情况的。

第五节 违反旅游饭店星级规定的责任

按照《旅游饭店星级的划分与评定》规定,对严重降低或复核认定达不到本标准相应星级的酒店,按以下办法处理:

(1) 旅游饭店星级评定机构根据情节轻重给予签发警告通知书、通报批评、降低或取消

星级的处理,并且在相应范围内公布处理结果;

(2)凡在一年内接到警告通知书三次以上或通报批评二次以上的酒店,旅游饭店星级评定机构应降低或取消其星级,并向社会公布;

(3)被降低或取消星级的酒店,自降低或取消星级之日起一年内不予恢复或者重新评定星级,一年后方可重新申请星级;

(4)已取得星级的旅游酒店如发生重大安全责任事故,所属星级将被立即取消,相应星级标示不能继续使用。

酒店接到警告通知书、通报批评、降低星级的通知后,应认真整改并在规定的期限内将整改的情况报告处理机构。

旅游饭店星级评定机构对星级饭店进行处理的责任分工依照星级评定的责任分工办理。全国旅游饭店星级评定机构保留对各星级饭店的直接处理权。

凡经旅游饭店星级评定机构决定提升或降低、取消星级的酒店,应立即将星级标志和证书交还授予机构,由旅游饭店星级评定机构作出更换或没收的处理。

第六节 违反治安、安全、反恐等有关规定的责任

一、违反《治安管理处罚法》有关规定的责任

(一)违反《治安管理处罚法》有关规定责任的概念

2006年3月1日,《中华人民共和国治安管理处罚法》正式实施,替代了原有的《治安管理处罚条例》。之前的治安管理处罚条例从制定、施行,已经有18年了。该条例在维护社会治安秩序、保障公共安全、保护公民合法权益等方面发挥了重要作用。随着我国经济和社会生活的不断发展,治安形势也发生了很大的变化,新情况、新问题不断出现,原有的《治安管理处罚条例》已不适应社会治安管理的需要。十多年来中国社会日新月异的发展,也使《治安管理处罚条例》越来越与现实脱节。虽然1994年全国人大常委会第七次会议曾对《中华人民共和国治安管理处罚条例》的部分内容作了修改,但十多年来,社会又发生了很大的变化。18年前开始实施的《治安管理处罚条例》,此番被提升到了法律层面。新的《治安管理处罚法》总结了治安管理处罚条例实施十多年的经验,对加强新形势下的社会治安管理,构建和谐社会将产生积极作用,其中很多内容与旅游企业的安全管理息息相关。2012年10月26日十一届全国人大常委会第29次会议通过了修正的《中华人民共和国治安管理处罚法》并于2013年1月1日起实施。

(二)对违反《治安管理处罚法》有关规定的处罚

《治安管理处罚法》第三十九条规定:旅馆、饭店、影剧院、娱乐场、运动场、展览馆或者其他供社会公众活动的场所的经营管理人员,违反安全规定,致使该场所发生安全事故危险,经公安机关责令改正,拒不改正的,处五日以下拘留。

《治安管理处罚法》第五十六条规定:旅馆业的工作人员对住宿的旅客不按规定登记姓名、身份证件种类和号码的,或者明知住宿的旅客将危险物质带入旅馆,不予制止的,处二百元以上五百元以下罚款。旅馆业的工作人员明知住宿的旅客是犯罪嫌疑人员或者被公安机关通缉的人员,不向公安机关报告的,处二百元以上五百元以下罚款;情节严重的,处五日以下拘留,可以并处五百元以下罚款。

《治安管理处罚法》第三十七条规定:有下列行为之一的,处五日以下拘留或者五百元以下罚款;情节严重的,处五日以上十日以下拘留,可以并处五百元以下罚款:

(1) 未经批准,安装、使用电网的,或者安装、使用电网不符合安全规定的;

(2) 在车辆、行人通行的地方施工,对沟井坎穴不设覆盖物、防围和警示标志的,或者故意损毁、移动覆盖物、防围和警示标志的。

《治安管理处罚法》第四十条规定:有下列行为之一的,处十日以上十五日以下拘留,并处五百元以上一千元以下罚款;情节较轻的,处五日以上十日以下拘留,并处二百元以上五百元以下罚款:

(1) 组织、胁迫、诱骗不满十六周岁的人或者残疾人进行恐怖、残忍表演的;

(2) 以暴力、威胁或者其他手段强迫他人劳动的;

(3) 非法限制他人人身自由、非法侵入他人住宅或者非法搜查他人身体的。

(三) 对卖淫、嫖娼和赌博行为的处罚

1. 对卖淫、嫖娼行为的处罚

《治安管理处罚法》规定:卖淫、嫖娼的,处十日以上十五日以下拘留,可以并处五千元以下罚款;情节较轻的,处五日以下拘留或者五百元以下罚款。在公共场所拉客招嫖的,处五日以下拘留或者五百元以下罚款。对于引诱、容留、介绍他人卖淫的,处十日以上十五日以下拘留,可以并处五千元以下罚款;情节较轻的,处五日以下拘留或者五百元以下罚款。

2. 对赌博行为的认定与处罚

《治安管理处罚法》规定:以营利为目的,为赌博提供条件的,或者参与赌博赌资较大的,处五日以下拘留或者五百元以下罚款;情节严重的,处十日以上十五日以下拘留,并处五百元以上三千元以下罚款。

《治安管理处罚法》规定:旅馆业、饮食服务业、文化娱乐业、出租汽车业等单位的人员,在公安机关查处吸毒、赌博、卖淫、嫖娼活动时,为违法犯罪行为人通风报信的,处十日以上十五日以下拘留。

3. 《治安管理处罚法》对侵犯客人合法权益的处罚

《治安管理处罚法》第四十六条规定:强买强卖商品,强迫他人提供服务或者强迫他人接受服务的,处五日以上十日以下拘留,并处二百元以上五百元以下罚款;情节较轻的,处五日以下拘留或者五百元以下罚款。

酒店有违反关于社会生活噪声污染防治的法律规定,制造噪声干扰他人正常生活的,给予警告;警告后不改正的,处二百元以上五百元以下罚款。

对于受到的处罚,如果酒店工作人员或者客人不服行政拘留处罚决定,申请行政复议、提起行政诉讼的,可以向公安机关提出暂缓执行行政拘留的申请。公安机关认为暂缓执行行政拘留不致发生社会危险的,由被处罚人或者其近亲属提出符合《治安管理处罚法》第一百零八条规定条件的担保人,或者按每日行政拘留二百元的标准交纳保证金,行政拘留的处罚决定暂缓执行。

二、违反《旅馆业治安管理办法》有关规定的责任

2022年5月1日起施行的《旅馆业治安管理办法》(第三次修订)第五条规定:"经营旅馆,必须遵守国家的法律,建立各项安全管理制度,设置治安保卫组织或者指定安全保卫人员。"第

六条规定:"旅馆接待旅客住宿必须登记。登记时,应当查验旅客的身份证件,按规定的项目如实登记。接待境外旅客住宿,还应当在二十四小时内向当地公安机关报送住宿登记表。"

《旅馆业治安管理办法》第七条规定:"旅馆应当设置旅客财物保管箱、柜或者保管室、保险柜,指定专人负责保管工作。对旅客寄存的财物,要建立登记、领取和交接制度。"第八条规定:"旅馆对旅客遗留的物品,应当妥为保管,设法归还原主或揭示招领;经招领三个月后无人认领的,要登记造册,送当地公安机关按拾遗物品处理。对违禁物品和可疑物品,应当及时报告公安机关处理。"

《旅馆业治安管理办法》第九条规定:"旅馆工作人员发现违法犯罪分子、形迹可疑的人员和被公安机关通缉的罪犯,应当立即向当地公安机关报告,不得知情不报或隐瞒包庇。"

在酒店内开办舞厅、音乐茶座等娱乐服务场所的,除执行《旅馆业治安管理办法》有关规定外,还应当执行国家和当地政府的其他有关管理规定。

《旅馆业治安管理办法》第十一条规定:"严禁旅客将易燃、易爆、剧毒、腐蚀性和放射性等危险物品带入旅馆。"第十二条规定:"旅馆内,严禁卖淫、嫖宿、吸毒、传播淫秽物品等违法犯罪活动。"

公安机关对酒店治安管理的职责是:指导、监督酒店建立各项安全管理制度和落实安全防范措施,协助酒店对工作人员进行安全业务知识的培训,依法惩办侵犯酒店和旅客合法权益的违法犯罪分子。

公安人员到酒店执行公务时,应当出示证件,严格依法办事,要文明礼貌待人,维护酒店的正常经营和旅客的合法权益。对公安机关依法办案酒店应当予以协助。

违反《旅馆业治安管理办法》第四条规定开办酒店的,公安机关可以酌情给予警告或者处以罚款;未经登记,私自开业的,公安机关应当协助工商行政管理部门依法处理。

酒店工作人员违反《旅馆业治安管理办法》第九条规定的,公安机关可以酌情给予警告或者处以罚款,情节严重构成犯罪的,依法追究刑事责任。

酒店负责人参与违法犯罪活动,其所经营的酒店已成为犯罪活动场所的,公安机关除依法追究其责任外,还应当会同工商行政管理部门依法对该酒店处理。

对于违反《旅馆业治安管理办法》第六、十一、十二条规定的,依照《中华人民共和国治安管理处罚法》有关条款的规定,处罚有关人员;发生重大事故、造成严重后果构成犯罪的,依法追究刑事责任。

酒店或当事人对公安机关的行政处罚决定不服的,按照《中华人民共和国治安管理处罚法》的有关程序办理。

此外,酒店没有安装必要的防盗安全设施的;开办旅馆未经当地公安机关签署意见;酒店转业、合并、改名等三天内未向当地公安部门备案的;经营酒店,未建立各项安全管理制度的;未设置治安保卫组织或指定安全人员等情况,也要受到处罚。

【案例 9-3】

2020年8月20日上午,广州市东山区公安分局接到在该辖区某酒店内有严重的违法活动的举报,当即对该酒店进行治安检查,查出11间客房里有人吸毒,另一些房间内有人在进行赌博,并收缴一批毒品和赌具。据违法分子交代,他们已在该酒店进行了一段时间的违法活动。

该酒店严重违反了《旅馆业治安管理办法》中"旅馆内,严禁卖淫、嫖宿、赌博、吸毒、传播淫秽物品等违法犯罪活动"的规定,使酒店成为不法分子吸毒、赌博等违法犯罪活动的场所,性质严重。

2020年9月9日广州市东山公安分局和广州市工商局联合作出决定:由于该酒店治安秩序混乱,藏污纳垢情况严重,责令其停业整顿。

三、违反《反恐怖主义法》有关规定的责任

(一)违反《反恐怖主义法》有关规定的责任的概念

恐怖主义,是指通过暴力、破坏、恐吓等手段,制造社会恐慌、危害公共安全、侵犯人身财产,或者胁迫国家机关、国际组织,以实现其政治、意识形态等目的的主张和行为。组织、策划、准备实施、实施造成或者意图造成人员伤亡、重大财产损失、公共设施损坏、社会秩序混乱等严重社会危害的活动的行为均为恐怖主义。

恐怖主义已成为影响世界和平与发展的重要因素,是全人类的共同敌人。制定反恐怖主义法是完善国家法治建设、推进全面依法治国方略的要求,也是依法防范和打击恐怖主义的现实需要。针对中国的暴力恐怖事件呈多发频发态势,对中国的国家安全和人民生命财产安全构成严重威胁,2011年10月19日,十一届全国人大常委会第二十三次会议表决通过了《关于加强反恐怖工作有关问题的决定》。这是我国第一个专门针对反恐工作的法律文件,对恐怖活动、恐怖活动组织、恐怖活动人员做出界定,为反恐立法迈出第一步。

2014年各地发生多起恐怖事件,3月召开的全国"两会"上,多名代表、委员建议尽快制定反恐怖法。反恐立法是一个全面的法律体系问题,在防范、打击等整个过程中都要发挥反恐怖法的作用,而不单是打击严惩恐怖分子的问题。2014年4月,由国家反恐怖工作领导机构牵头,公安部会同全国人大常委会法工委、国安部、国务院法制办等部门成立起草小组,组成专班,着手起草反恐怖主义法。在起草过程中,多次深入一些地方调查研究,召开各种形式的研究论证会,听取各方面意见,并反复征求中央国家安全委员会办公室、各有关单位、地方和专家学者的意见,同时还研究借鉴国外的有关立法经验,形成了《中华人民共和国反恐怖主义法(草案)》。

(二)违反《反恐怖主义法》有关规定的处罚

《反恐怖主义法》中的一些规定涉及了酒店业。2016年1月1日起施行的《中华人民共和国反恐怖主义法》(简称《反恐怖主义法》)第二十一条规定:住宿等业务经营者、服务提供者,应当对客户身份进行查验。对身份不明或者拒绝身份查验的,不得提供服务。

《反恐怖主义法》第八十二条规定:"明知他人有恐怖活动犯罪、极端主义犯罪行为,窝藏、包庇,情节轻微,尚不构成犯罪的,或者在司法机关向其调查有关情况、收集有关证据时,拒绝提供的,由公安机关处十日以上十五日以下拘留,可以并处一万元以下罚款。"

根据《反恐怖主义法》第八十六条规定:住宿等业务经营者、服务提供者未按规定对客户身份进行查验,或者对身份不明、拒绝身份查验的客户提供服务的,主管部门应当责令改正,由主管部门处十万元以上五十万元以下罚款,并对其直接负责的主管人员和其他直接责任人员处十万元以下罚款。

对于违反《反恐怖主义法》规定的单位,情节严重的,由主管部门责令停止从事相关业务、提供相关服务或者责令停产停业;造成严重后果的,吊销有关证照或者撤销登记。

【案例9-4】

2016年4月的一天上午6时许,一男一女两名客人抵达广州市鸿×酒店,要求入住,其中女性客人提供了相应的证件,而男性客人在前台工作人员索要证件时称身份证遗留在上一家住宿的酒店,且以妻子身体不适为借口的情况下要求先开房休息,并保证后期将补回身份证件给前台,前台便为其办理了相应手续。但但截止退房时,该男性客人仍未补办登记手续。当地派出所在查办案件中发现该旅客与一条涉恐线索有关。2016年4月26日广州警方依据《中华人民共和国反恐怖主义法》对该酒店作出10万元罚款处罚,并对酒店当天值班主管人员作1万元罚款处罚,当班服务员罚款500元,酒店内部停业1个月。的处罚并做出通报。这是广州市首例根据《中华人民共和国反恐怖主义法》规定对违法企业作出的处罚决定。

【案例9-5】

2014年11月,国家主席习近平在澳大利亚G20峰会上宣布,中国将是2016年G20峰会主办国。2015年2月,杭州成功获得2016年G20峰会举办权。2016年9月4日至5日在浙江杭州成功地举办了二十国集团领导人第十一次峰会。

为护航G20峰会,浙江相关城市的警方于2016年开展一系列的有关安全检查行动,绍兴柯桥警方在全区范围开展了"越剑2号"专项行动,加强对酒店等行业治安管理,并对酒店等场所的实名登记情况进行摸底检查。

5月24日,当民警在柯桥名典商务酒店进行突击检查时发现其存在未按规定等级住宿旅客信息的状况,即依据《中华人民共和国治安管理处罚法》相关规定,对该酒店处以200元罚款并责令其改正的处罚。然而,5月29日,当民警再一次例行检查时,发现依然存在同样的问题,并在随机抽查时发现有一住客孙某冒用了孟某的身份证件。经调查发现,由于当日值班经理王某未仔细核查相应信息,导致孙某成功办理入住。根据柯桥名典商务宾馆多次不按规定登记旅客信息,且不予整改的情况,2016年5月30日,警方根据《中华人民共和国反恐怖法》第八十六条第二款的相关规定,对柯桥名典商务酒店处以20万元的行政处罚,对当班的值班经理王某处以1万元的处罚。这是柯桥警方依据反恐法对全区旅馆行业开出的首张巨额罚单。警方约谈了该酒店相关负责人,该负责人承认了错误,表示将加强内部整顿、加强员工培训,严格落实主体责任。

获悉,仅2016年上半年,因不按照规定登记住宿信息该区处罚了385家单位,吊销4家单位的特种行业许可证资质,查处3家非法经营旅馆。

【案例9-6】

2016年,浙江湖州市德清警方围绕G20峰会安保,开展了"春雷""清雷""护城河"等系列专项行动,着重对酒店等公共服务行业安全隐患进行排查整改。5月25日上午,乾元派出所民警在对辖区内的德清乾元酒店进行旅客登记情况检查时,发现该酒店存在未按规定登记住宿旅客信息的情况。该宾馆在15年12月曾因同样违法事实被公安机关行政处罚过。随后,民警依据《中华人民共和国治安管理处罚法》规定,依法对这家宾馆处以200元罚款,并责令其改正。

2016年6月6日上午,民警再次来到该酒店检查,发现问题依然存在。民警在检查该酒店住宿登记情况时发现,4楼一房间内住着4名旅客,但前台服务人员只登记了其中2名旅客的身份信息。经询问,该4名旅客在办理入住手续时酒店前台的工作人员并没有按照规定要求4名客人同时出示有关证件。6月16日,湖州德清公安局依据《中华人民共和国反恐怖主义法》对德清乾元酒店开出一张10万元的罚单。这是德清公安局依据《反恐怖主义法》对旅馆业开出的首张巨额罚单。此外,还按规定对直接责任人、酒店前台服务员给予相应的治安处罚。

这些案例提醒酒店,对入酒店的旅客要落实"四实登记"(实名、实时、实数、实情)是经营者必须履行的法定责任。酒店前台工作人员在上岗前及日常管理中需相关业务的培训,杜绝为了拉客营利,放松警惕。

第七节 违反《食品安全法》有关规定的责任

一、违反《食品安全法》有关规定的责任的概念

酒店应当向客人提供符合食品安全与卫生标准的饮食,否则,由此造成的客人身体损害,酒店应承担责任。如果酒店提供不安全的食品,造成了后果,虽然该食物并非酒店本身生产,而是从店外购买来售给客人的,酒店也应当承担责任。当然,酒店享有向食品生产部门追偿损失的权利。

食品,是指各种供人食用的成品和原料以及按照传统既是食品又是保健药品的物品,但是不包括以治疗为目的的物品。酒店向客人提供的食品,应当是无毒、无害,符合应有的营养要求并保证质量。食品的无害、无毒是指客人服食了酒店所提供的食品或饮料后不致造成急、慢性疾病。酒店向客人提供的饮食如果不符合卫生标准而使客人服用后造成身体损害,按照法律规定,酒店应承担损害赔偿责任。《民法典》第一千二百零五条规定:因产品缺陷危及他人人身、财产安全的,被侵权人有权请求生产者、销售者承担停止侵害、排除妨碍、消除危险等侵权责任。因运输者、仓储者等第三人的过错使产品存在缺陷,造成他人损害的,产品的生产者、销售者赔偿后,有权向第三人追偿。酒店必须在购买、烹制和向客人提供食品时谨慎从事。否则,如果由于提供了不卫生的食品致使客人的健康遭受损害,酒店就应承担法律责任。

1982年11月19日开始试行的《中华人民共和国食品卫生法(试行)》,经过12年的试行后,于1995年10月30日经国家主席批准,《中华人民共和国食品卫生法》开始实施,又经过14年的施行,《中华人民共和国食品卫生法》于2009年6月1日正式废止,取而代之的是《中华人民共和国食品安全法》(简称《食品安全法》)。《食品安全法》经历了6年的实施后再次修改,于2015年4月24日由中华人民共和国第十二届全国人民代表大会常务委员会第十四次会议通过修订后的《食品安全法》,于2015年10月1日起施行。该法于2022年再一次进行了修订,新《食品安全法》的第九章是法律责任,共二十八条,同《食品卫生法》相比,《食品安全法》加大了处罚的力度。

新的《食品安全法》第一百二十八条规定:"违反本法规定,事故单位在发生食品安全事故后未进行处置、报告的,由有关主管部门按照各自职责分工责令改正,给予警告;隐匿、伪造、毁灭有关证据的,责令停产停业,没收违法所得,并处十万元以上五十万元以下罚款;造成严重后果的,吊销许可证。"对于违反《食品安全法》规定,造成人身、财产或者其他损

的,依法承担赔偿责任。生产经营者财产不足以同时承担民事赔偿责任和缴纳罚款、罚金时,先承担民事赔偿责任。该法第一百四十八条规定:"消费者因不符合食品安全标准的食品受到损害的,可以向经营者要求赔偿损失,也可以向生产者要求赔偿损失。接到消费者赔偿要求的生产经营者,应当实行首负责任制,先行赔付,不得推诿;属于生产者责任的,经营者赔偿后有权向生产者追偿;属于经营者责任的,生产者赔偿后有权向经营者追偿。生产不符合食品安全标准的食品或者经营明知是不符合食品安全标准的食品,消费者除要求赔偿损失外,还可以向生产者或者经营者要求支付价款十倍或者损失三倍的赔偿金;增加赔偿的金额不足一千元的,为一千元。但是,食品的标签、说明书存在不影响食品安全且不会对消费者造成误导的瑕疵的除外。"客人一旦在酒店内由于食品安全方面遭受损害,有权按照《食品安全法》的规定要求酒店进行损害赔偿。如果客人因酒店提供的食品造成人身伤残、死亡,其损害赔偿还应当包括医疗费、误工费、生活补助费、丧葬费、遗属抚恤金等项费用。

二、酒店经营不安全食品的责任

(一)酒店生产不安全食品的责任

酒店生产不安全食品,造成客人人身伤害,应当承担责任,这种伤害包括故意或过失。故意是指酒店明知出售的食品有可能会造成客人食物中毒或引起食源性疾病,而仍然出售,以致造成危害结果的发生。过失,是指酒店在出售有污染的食品时,应当预见到会造成客人的食物中毒或引起食源性疾病,因为疏忽而没有预见到,或者已经预见到而轻信能避免,以致客人发生食物中毒或引起食源性疾病。无论是故意还是过失,只要是由于酒店的原因而造成客人的食物中毒或引起食源性疾病,酒店将承担相应的责任。由于酒店生产不安全食品,造成客人食物中毒或食源性疾病的,酒店不但要承担客人的医疗费等项费用,情节严重的还要受到相应的处罚。

(二)酒店销售不安全食品的责任

由于酒店销售不安全食品,造成客人食物中毒或食源性疾病,也应当承担责任。有的酒店出售的食物不是由本酒店制作的,而是从酒店外的食品生产单位购进,然后再售给客人。由于此种原因而造成的客人人身损害,酒店应当先向客人赔偿损害,然后酒店再向原食品生产单位追偿损失。如果造成食品中毒或食源性疾病的原因不是由原食品生产单位引起,而是由于运输部门在运输过程中受到污染而引起,应由运输部门承担责任。如果是酒店保管不善而引起客人的食物中毒或食源性疾病,应由酒店承担法律责任。

根据《食品安全法》的规定:企业如果生产不符合食品安全标准的食品或者销售明知是不符合食品安全标准的食品,消费者除要求赔偿损失外,还可以向生产者或者销售者要求支付价款十倍的赔偿金。

(三)对酒店生产经营不安全食品的处罚

违反《食品安全法》规定,有下列情形之一,尚不构成犯罪的,由县级以上人民政府食品药品监督管理部门没收违法所得和违法生产经营的食品,并可以没收用于违法生产经营的工具、设备、原料等物品;违法生产经营的食品货值金额不足一万元的,并处十万元以上十五万元以下罚款;货值金额一万元以上的,并处货值金额十五倍以上三十倍以下罚款;情节严重的,吊销许可证,并可以由公安机关对其直接负责的主管人员和其他直接责任人员处五日以上十五日以下拘留:

(1) 用非食品原料生产食品,在食品中添加食品添加剂以外的化学物质和其他可能危害人体健康的物质,或者用回收食品作为原料生产食品,或者经营上述食品;

(2) 生产经营营养成分不符合食品安全标准的专供特定人群的主辅食品;

(3) 经营病死、毒死或者死因不明的禽、畜、兽、水产动物肉类,或者生产经营其制品;

(4) 经营未按规定进行检疫或者检疫不合格的肉类,或者生产经营未经检验或者检验不合格的肉类制品;

(5) 生产经营国家为防病等特殊需要明令禁止生产经营的食品;

(6) 生产经营添加药品的食品。

明知从事前款规定的违法行为,仍为其提供生产经营场所或者其他条件的,由县级以上人民政府食品药品监督管理部门责令停止违法行为,没收违法所得,并处十万元以上二十万元以下罚款;使消费者的合法权益受到损害的,应当与食品生产经营者承担连带责任。

违反《食品安全法》规定,有下列情形之一,尚不构成犯罪的,由县级以上人民政府食品药品监督管理部门没收违法所得和违法生产经营的食品、食品添加剂,并可以没收用于违法生产经营的工具、设备、原料等物品;违法生产经营的食品、食品添加剂货值金额不足一万元的,并处五万元以上十万元以下罚款;货值金额一万元以上的,并处货值金额十倍以上二十倍以下罚款;情节严重的,吊销许可证:

(1) 生产经营致病性微生物、农药残留等污染物质以及其他危害人体健康的物质含量超过食品安全标准限量的食品、食品添加剂;

(2) 用超过保质期的食品原料、食品添加剂生产食品、食品添加剂,或者经营上述食品、食品添加剂;

(3) 生产经营超范围、超限量使用食品添加剂的食品;

(4) 生产经营腐败变质、油脂酸败、霉变生虫、污秽不洁、混有异物、掺假掺杂或者感官性状异常的食品、食品添加剂;

(5) 生产经营标注虚假生产日期、保质期或者超过保质期的食品、食品添加剂;

(6) 利用新的食品原料生产食品,或者生产食品添加剂新品种,未通过安全性评估;

(7) 食品生产经营者在食品药品监督管理部门责令其召回或者停止经营后,仍拒不召回或者停止经营。

违反《食品安全法》规定,有下列情形之一的,由县级以上人民政府食品药品监督管理部门没收违法所得和违法生产经营的食品、食品添加剂,并可以没收用于违法生产经营的工具、设备、原料等物品;违法生产经营的食品、食品添加剂货值金额不足一万元的,并处五千元以上五万元以下罚款;货值金额一万元以上的,并处货值金额五倍以上十倍以下罚款;情节严重的,责令停产停业,直至吊销许可证:

(1) 生产经营被包装材料、容器、运输工具等污染的食品、食品添加剂;

(2) 生产经营无标签的预包装食品、食品添加剂或者标签、说明书不符合本法规定的食品、食品添加剂;

(3) 生产经营转基因食品未按规定进行标示;

(4) 食品生产经营者采购或者使用不符合食品安全标准的食品原料、食品添加剂、食品相关产品。

生产经营的食品、食品添加剂的标签、说明书存在瑕疵但不影响食品安全且不会对消费者造成误导的,由县级以上人民政府食品药品监督管理部门责令改正;拒不改正的,处二千元以下罚款。

(四) 对酒店食品安全管理不当的处罚

违反《食品安全法》规定,有下列情形之一的,由县级以上人民政府食品药品监督管理部门责令改正,给予警告;拒不改正的,处五千元以上五万元以下罚款;情节严重的,责令停产停业,直至吊销许可证:

(1) 食品、食品添加剂生产者未按规定对采购的食品原料和生产的食品、食品添加剂进行检验;

(2) 食品生产经营企业未按规定建立食品安全管理制度,或者未按规定配备或者培训、考核食品安全管理人员;

(3) 食品、食品添加剂生产经营者进货时未查验许可证和相关证明文件,或者未按规定建立并遵守进货查验记录、出厂检验记录和销售记录制度;

(4) 食品生产经营企业未制定食品安全事故处置方案;

(5) 餐具、饮具和盛放直接入口食品的容器,使用前未经洗净、消毒或者清洗消毒不合格,或者餐饮服务设施、设备未按规定定期维护、清洗、校验;

(6) 食品生产经营者安排未取得健康证明或者患有国务院卫生行政部门规定的有碍食品安全疾病的人员从事接触直接入口食品的工作;

(7) 食品经营者未按规定要求销售食品;

(8) 保健食品生产企业未按规定向食品药品监督管理部门备案,或者未按备案的产品配方、生产工艺等技术要求组织生产;

(9) 特殊食品生产企业未按规定建立生产质量管理体系并有效运行,或者未定期提交自查报告;

(10) 食品生产经营者未定期对食品安全状况进行检查评价,或者生产经营条件发生变化,未按规定处理;

(11) 食品生产企业、餐饮服务提供者未按规定制定、实施生产经营过程控制要求。

餐具、饮具集中消毒服务单位违反《食品安全法》规定用水,使用洗涤剂、消毒剂,或者出厂的餐具、饮具未按规定检验合格并随附消毒合格证明,或者未按规定在独立包装上标注相关内容的,由县级以上人民政府卫生行政部门依照前款规定给予处罚。食品相关产品生产者未按规定对生产的食品相关产品进行检验的,由县级以上人民政府质量监督部门依照第一款规定给予处罚。

三、对损害赔偿的请求

客人因为食用了酒店提供的饮食而受到损害,受害人可以向县以上食品安全监督管理部门提出损害赔偿要求,请求给予处理。由县以上食品安全监督管理部门根据具体情况和有关法律规定,确定赔偿范围和数额,作出决定。当事人如果服从决定,就依照执行;如果不服,可以向人民法院起诉,通过民事诉讼程序解决。受害人或其代理人也可以直接向人民法院请求损害赔偿的诉讼。

受害人向县以上食品安全监督管理部门或者人民法院提出损害赔偿要求的法定期限为一年。如果受害人或者其代理人从知道或者应当知道被损害的情况之日起,过了一年以后才提出赔偿损害的请求,那么县以上食品安全监督管理部门或人民法院原则上就不再受理此案件。如果受害人或其代理人在当时当地的条件下无法或者难以判断损害是否发生,或者当时无法判断其中毒或食源性疾病是因为吃了几点供应的某种食物的缘故,食品安全监督管理部门或人民法院经过调查证实情况属实,不受此期限的限制。

四、其他责任问题

(一)客人自身的原因

酒店所提供的食品应当适宜一般的人服食,由于个别客人自身的原因,食用后引起过敏或中毒,酒店不承担法律责任。由于客人不注意饮食卫生而引起的疾病,酒店也不承担责任。

(二)食品瑕疵的问题

客人在酒店用餐时,如果餐厅给客人上的菜肴与客人所点的不相符,或者发现菜肴中有沙子、苍蝇、小虫等异物,客人有权要求酒店调换或退还,酒店也有责任调换和退还。《民法典》第五百七十七条规定:"当事人一方不履行合同义务或者履行合同义务不符合约定的,应当承担继续履行、采取补救措施或者赔偿损失等违约责任。"

五、对食物中毒事故的处理

《食品安全法》第一百五十条规定:食品安全,指食品无毒、无害,符合应当有的营养要求,对人体健康不造成任何急性、亚急性或者慢性危害。食源性疾病,指食品中致病因素进入人体引起的感染性、中毒性等疾病,包括食物中毒。食品安全事故,指食源性疾病、食品污染等源于食品,对人体健康有危害或者可能有危害的事故。

食物中毒以恶心、呕吐、腹痛、腹泻等急性肠胃炎症状为主。如发现客人同时出现上述症状,应立即报告本部门经理。部门经理在接到客人可能食物中毒的报告后,应立即通知医生前往诊断。

酒店应立即对中毒客人紧急救护,并将中毒客人送医院抢救治疗。酒店要对客人所用的所有食品取样备检,以确定中毒原因,并通知当地卫生防疫部门。

对于有证据证明可能导致食物中毒事故的,可以对酒店采取下列临时措施:

(1)封存造成食物中毒或者可能导致食物中毒的食品及其原料;

(2)封存被污染的食品用工具及用具,并责令进行清洗消毒。

酒店要对可疑食品及有关餐具进行控制,以备查证和防止其他人中毒。酒店要对中毒事件进行初步调查,查明中毒原因、人数、身份等。当地卫生防疫部门到达后,要协助进行详细调查。

思考题

1. 酒店法律责任的概念是什么?
2. 酒店的民事责任有哪几种?
3. 刑事犯罪与违反治安管理行为有什么区别?
4. 违反旅馆业治安管理的行为有哪些?
5. 对违反旅游饭店星级规定的有哪些处理规定?
6. 为什么说《中华人民共和国食品安全法》同以前相关法律规定相比加大了处罚的力度?

第十章 酒店侵权责任及赔偿制度

案例导入

酒店弄丢客人行李应如何赔偿?

2010年8月11日,杭州某公司的余小姐到上海出差,准备入住上海某酒店。在酒店的前厅办理入住手续时,余小姐被告知由于酒店当天入住客人较多,客房已经满了,刚刚有客人退房,现在房间正在清扫,无法立即进入,需要等几十分钟。考虑到要外出办事,余小姐提出先办理入住手续,将行李存放在酒店,等外出办完事后再回饭店进客房。总台服务员同意了她的要求,办理了登记手续,制作了客房的钥匙卡,并指引余小姐去大堂的行李寄存处存行李。在行李寄存处,余小姐将行李箱交给了酒店的员工,并按照要求在行李寄存卡上填写了相关的信息。酒店员工李某将行李卡的上半段系在了行李箱上,下半段(取行李的凭证)交给了余小姐。

当余小姐办完事回到酒店已是晚上10点多了。她来到行李寄存处,出示行李卡要求取回行李时却发现行李箱找不到了。

事后查明,由于酒店工作人员疏忽,当时将余小姐的行李箱收下后,放在总台边上。这时一批团队入店,工作人员去招呼其他客人,造成余小姐的行李箱被盗。

余小姐当即向酒店提出行李箱里有一台IBM笔记本电脑,还有一些衣物、化妆品、充电器和几本书等物品,估算物品总价值约1.4万余元。

酒店同意承担余小姐损失的费用,但是她提出由于电脑内存有她的一些个人和公司资料,电脑的丢失给她精神造成了损害,要求酒店赔偿精神损害10万元。

由于余小姐与酒店方未能就赔偿金额达成一致,余小姐向法院提起诉讼,要求该酒店赔偿除直接损失外,再加10万元的精神损害赔偿金。

思考: 余小姐的诉讼请求能够获得法律的认可吗?

第一节 侵权责任概述

一、侵权责任概念

(一)《侵权责任法》的出台

2009年12月26日,备受关注的《中华人民共和国侵权责任法》(简称《侵权责任法》)经十一届全国人大常委会第十二次会议审议通过,于2010年7月1日起实施。万众瞩目的

《侵权责任法》从2002年进入立法程序,历时7年之久正式实施。《侵权责任法》是继《合同法》《物权法》之后我国民法典的又一部重要支撑性法律,该法的实施影响到民事关系的方方面面,为《民法典》侵权责任编的完善奠定了坚实的基础。

这部核心在于保障私权、在我国法律体系中起支架作用的法律对包括生命权、健康权、隐私权等一系列公民的人身、财产权利提供全方位保护,其中许多内容是法律上第一次作出明确规定。

《侵权责任法》共12章、92条,对公民民事权益进行了全方面、多层次、立体化保护,堪称保护公民人身、财产权益的集大成者,其内容涉及百姓生活的方方面面,与公众利益息息相关。

(二)《侵权责任法》出台的意义

《侵权责任法》的立法宗旨是为保护民事主体的合法权益,明确侵权责任,预防并制裁侵权行为,促进社会和谐稳定。该立法宗旨综合反映了本法所应具备的社会功能,以及其最终所要实现的社会效果。

《侵权责任法》的基本功能,就是要强调如何保障民事主体的私权利,以及私权利受到侵害时如何进行救济。重视对个体民事权利的立法确认和司法保护,不仅是尊重"人"这一最高社会价值的时代需要,也是回应现实中公民法治期待的必然选择。

《侵权责任法》的最终通过,标志着我国民商事法律体系得到最终完善,向最终完整民法典的目标进一步迈进,标志着中国法制化进程的加快,建设法治国家的目标得到进一步贯彻实施,标志着民事侵权专门法的最终诞生,有利于更好维护公民合法权益,是中国法制化进程中的一件大事。

(三)《侵权责任法》与《民法典》

1. 世界第一部民法典

世界第一部民法典诞生于法国,是《法国民法典》,这是一部早期的资产阶级民法典,于1804年3月21日通过。它与当时的自由竞争经济条件相适应,体现了"个人最大限度的自由、法律最小限度的干预"这样的立法精神。其中的基本原则:全体公民民事权利平等的原则、绝对所有权制度、契约自由及过失责任原则等,这些都是代表着资产阶级的自然法领域中的"天赋人权"理论在此民法典中的体现。而私权神圣的核心就是所有权绝对。《法国民法典》法典除总则外,分为3编,共2281条。第一编是人法,实际上是关于民事权利主体的规定。第二编是物法,包含关于各种财产和所有权及其他物权的规定。第三编称为"取得所有权的各种方法"编。《法国民法典》的立法原则可以被概括为:自由和平等原则、所有权原则、契约自治原则。

2. 我国《民法典》出台的过程及意义

1954年,全国人大常委会组织力量起草民法典。此后,由于反右斗争扩大化,立法活动被终止。

1962年,民法典起草工作再次被提上议程,并于1964年完成了草案。后因"文化大革命"而停止。

1979年11月,全国人大常委会第三次组织民法典起草工作,至1982年形成民法草案第四稿。虽然草案并未正式通过成为法律,但现行的民法通则都是以该草案为基础。

2002年12月,第九届全国人大常委会第三十一次会议审议民法草案。之后,由于物权法尚未制定,加之对民法草案认识分歧较大等原因,民法草案最终被搁置下来。

2014年11月,党的十八届四中全会明确提出编纂民法典。

2015年3月,全国人大常委会法制工作委员会启动民法典编纂工作,着手第一步的民法总则制定工作,以1986年制定的民法通则为基础,系统梳理总结有关民事法律的实践经验,提炼民事法律制度中具有普遍适用性和引领性的规则,形成民法总则草案。

2016年6月,十二届全国人大常委会第二十一次会议初次审议了民法总则草案,标志着民法典编纂工作进入立法程序。

2017年3月15日,《中华人民共和国民法总则》由中华人民共和国第十二届全国人民代表大会第五次会议通过,自2017年10月1日起施行。

2018年12月23日,民法典侵权责任编草案提请十三届全国人大常委会第七次会议审议。

2020年5月28日,十三届全国人大三次会议表决通过了《中华人民共和国民法典》,自2021年1月1日起施行。

《中华人民共和国民法典》是新中国成立以来第一部以"法典"命名的法律,是目前最长的、拥有法律条文最多的法律,开创了我国法典编纂立法的先河,对推动国家治理体系和治理能力现代化,推进新时代改革开放和社会主义现代化建设,具有重大深远意义。

我国《民法典》包括7编,即总则编、物权编、合同编、人格权编、婚姻家庭编、继承编、侵权责任编,以及附则,共84章、1260条,总字数10万余字。《侵权责任法》的内容基本合并到了《民法典》的第七编的侵权责任内了。

(四)酒店侵权责任的概念

侵权行为一般是指行为人由于过错侵害他人的财产、人身,依法应承担民事责任的行为;行为人虽无过错,但法律特别规定应对受害人承担民事责任的其他侵害行为,也属于侵权行为。酒店如果违反法定义务或者由于过错侵害旅游者人身、财产,造成损害的,应当承担侵权责任,承担损害赔偿责任。损害赔偿,顾名思义是指对受到的损害进行赔偿,是损害的法律后果,实际上是一种侵权的民事责任。

侵权的民事责任,是指行为人因自己的过错,实施非法侵犯他人的财产或人身权利时所应承担的民事法律后果,简称"侵权责任"。行为人在造成他人权益损害时,应对受害人负赔偿的民事责任。

酒店的侵权行为是对法定义务的违反,是对绝对权利的侵犯。因为法律规定,酒店有保障旅游者人身、财产安全的义务。发生在酒店的侵权责任,有多种形式,有可能是主动作为构成,也可能是被动的不作为构成。

主动的作为,是指酒店的直接行为导致客人受到侵害。如酒店提供的饮食不符合国家的卫生标准,造成客人的食物中毒。

被动的不作为,是指酒店应当采取安全措施,而由于疏忽大意未能意识到,或者虽能够意识到,但怀有侥幸的心理没有采取措施,致使客人受到侵害。如酒店在拖地,地面湿滑的情况下,既没有采取防滑措施又没有提醒告示致使客人滑倒受伤。

侵权行为一旦发生,依照法律的规定,侵害人和受害人之间就产生债权债务关系。由侵权行为产生的债叫侵权行为之债。受害人有权要求加害人赔偿损失,加害人必须依法承担民事责任。

(五) 侵权行为与侵权责任

侵权行为是指侵权人违反法定义务侵害他人民事权益的行为。侵权行为有如下特征：

(1) 侵权行为是侵害他人合法的人身、财产权利或者利益的行为。

(2) 侵权行为是由于过错实施的行为以及法律明确规定构成侵权行为的没有过错的行为。

(3) 侵权行为是违反法定义务的行为，侵害的是他人的绝对权。当然，符合法律规定的条件，侵害相对权也构成侵权行为。

(4) 侵权行为是造成他人损害的行为，这种损害包括财产损害、人身损害和精神损害。

(5) 侵权行为承担的是民事责任，而不是行政责任或者刑事责任。

侵权责任是指行为人侵害民事权利，依法应当承担的民事责任的行为，以及不存在过错而侵害他人的人身或者财产，依法应承担民事责任的行为。这里所说的民事权益包括：生命权、健康权、姓名权、名誉权、荣誉权、肖像权、隐私权、监护权、所有权、用益物权、担保物权、著作权、专利权、商标专用权、发现权、股权等人身财产权益。同一行为既应当承担刑事责任或者行政责任，又应当承担侵权责任的，不影响侵权责任的承担。同一行为既应当承担侵权责任又应当承担刑事责任或者行政责任，侵权人的财产不足以支付的，应先承担侵权责任。

依据责任的构成要件和适用的情况不同，侵权责任分为两类：一是一般的民事侵权责任；二是特殊侵权的民事责任，又称"缺陷产品侵权责任"。

二、一般侵权责任

(一) 一般侵权责任的概念

一般侵权行为是指行为人的过错直接致人损害的行为。这是最常见的侵权行为，例如行为人故意损坏他人财产，故意损伤他人身体等。一般侵权责任的构成必须同时具备四个方面的要件。

(二) 一般侵权责任的要件

客人遭受人身伤害或财产损失要求酒店赔偿，如果是一般侵权，则要具备损害事实、行为违法、因果关系和酒店主观上有过错这四个要件。

1. **损害事实**

客人遭受人身损害，要求酒店进行赔偿，必须有损害的事实。损害事实包括财产损害、人身伤害和精神伤害（如侵害客人的人身自由或人格尊严等）。

2. **侵害人行为具有违法性**

如果酒店对客人造成了损害，客人要求赔偿，必须是酒店的违法行为所造成的。如果因合法行为造成客人的损害，则行为人不承担责任。

3. **不法侵害行为与损害事实之间有因果关系**

因果关系，是指客人所受到的损害与酒店提供的商品或者服务之间存在着原因和结果的关系，即酒店提供商品或者服务是客人受到人身或者财产损害的原因。如果客人在使用酒店的产品或者接受服务时确实受到了人身或财产损害，但是，这种损害与酒店提供的产品或者服务的行为之间没有因果关系，酒店一般不承担责任。

4. 酒店主观上有过错

客人的人身、财产受到损害是因为酒店主观上有过错。过错,包括故意和过失两种形式。故意,是指行为人明知自己的行为会带来不良后果,而希望或者放任其发生的心理。过失,是指行为人应当预见而没有预见,或者已经预见到而轻信不会发生的心理。

以上四个条件是有机联系的整体,缺少任何一个要件都不能构成一般侵权责任。

如果行为人在主观上既无故意也无过失,即使造成一定损害结果,也无须承担民事责任。这就是民法理论上适用最广泛的"过错责任原则"。如果酒店对损害的结果有过错,但客人一方也有过错,则双方按过错程度的大小合理分担责任。

【案例 10-1】

2016 年 7 月 3 日,江苏南京某大学的教授丁某到河南某大学进行学术交流活动。当天下午丁教授下榻于大学附近的某酒店。第二天早晨起床后丁教授发现客房的房门已经打开,经检查他的笔记本电脑被窃。丁教授立即提出要求该酒店进行赔偿。而酒店指出,在丁某入住酒店时,前台的工作人员曾提出要求客人将贵重物品存放在酒店的贵重物品保险箱内,并且酒店的欢迎卡上有明显的告示,足以引起客人的注意。客人没有按照饭店的要求去做,而且在睡觉时忘记将门锁上,因此贵重物品被窃,是客人过错,所以不应当承担责任。经公安机关勘查,该物品确实属于被盗。由于被盗的物品无法追回,客人上告法院。

客人提出赔偿的理由是:物品确实是在自己的房间被盗,并出示了有力的证据(经法庭确认,事实清楚)。

酒店不同意承担责任的理由是:在客房和住客登记表上均注明"贵重物品需存入安全寄存箱内",而客人并没有按照酒店的要求去做,而且在睡觉时没有锁好门,致使物品被窃。

分析:在该案中双方均有一定的理由,但都有过错。酒店的过错在于,安全工作方面欠佳,如果酒店的巡逻提醒客人锁好房门或发挥好监控系统的作用,是可以阻止盗贼进入客房内作案的。客人的责任在于未遵守有关规定,而将贵重物品放在房间内,并且没有将房间门锁好,导致物品被盗,因而双方都有过错,根据双方责任大小合理分担损失。

过失责任,是指行为人对自己行为导致的损害后果,应当预见或者已经预见,但却因疏忽大意或自信不会出现而不予防止的主观认识。无论是故意还是过失,只要给他人造成了损害,行为人就应依法承担侵权责任。

酒店的业务活动是通过法人的机构、法人的工作人员的职务活动来实现的。因此,法人的工作人员执行职务的行为,也就是法人的行为,他们行为中的过失也就是法人的过失。

2022 年 5 月 1 日起实施的《关于最高人民法院关于审理人身损害赔偿案件适用法律若干问题的解释》第一条规定:因生命、身体、健康遭受侵害,赔偿权利人起诉请求赔偿义务人赔偿物质损害和精神损害的,人民法院应予受理。"赔偿权利人",是指因侵权行为或者其他致害原因直接遭受人身损害的受害人以及死亡受害人的近亲属。"赔偿义务人",是指因自己或者他人的侵权行为以及其他致害原因依法应当承担民事责任的自然人、法人或者非法人组织。

酒店的过失包括酒店及其工作人员(无论是正式职工还是临时工或实习生)在执行工作中的过失。酒店因过失而造成客人财物的毁损或灭失,或者造成客人人身伤害(无论工作人员是故意或过失),则酒店对受损害的客人负有法律上的赔偿责任。在法律上,酒店工作人员被视为酒店的代理人,他/她在工作中的一切行为,均被认为是酒店代理人的行为。如果酒店工作人员在工作中造成他人的人身伤害或者财物损失,那么酒店须承担其工作人员所造成的损失责任。当然,酒店有权在内部向有过错的工作人员追偿。

对于客人之间相互斗殴致使一方受损,而酒店或其工作人员已经采取了一定的措施,由于力量有限,未能有效地防止客人受到损害,酒店一般不承担责任。如果酒店并没有采取任何措施,听之任之,酒店则应承担一定的责任。酒店以外的人员加害于客人并造成客人的伤害,也要看酒店或其工作人员是否已经采取了防范措施。

【案例 10-2】

某厂职工刘某来到某饭店的舞厅跳舞。正当他随着悠扬的乐曲起舞时,舞厅临街窗户的一块玻璃忽然被人砸碎,其中一小块碎片击中了刘某的右眼。当保卫人员追出门时,肇事者已逃得不见踪影。刘某在医院治疗中共花费医疗费 6 000 余元。刘某家人多次与舞厅交涉,要求舞厅赔偿其医药费及误工损失费。然而,得到的答复是,该事件非本舞厅所致,因此不能承担赔偿责任。

刘某向饭店所属区法院提出起诉,要求这家饭店承担赔偿责任。

在法庭辩论中饭店方的委托代理人认为:舞厅的玻璃被外人砸碎,责任完全在肇事者;舞厅的门票中并不包含人身保险费用,饭店不应承担赔偿责任。舞厅本身不存在过错,就不能适用《民法典》中的过错责任原则。

法院经过调查后裁定:在无法找到肇事者的情况下,刘某要求舞厅赔偿其经济损失是合理的。当然,舞厅在承担赔偿责任之后,依然享有向该案的肇事者追偿的权利。

分析:法庭的判决是合理的。刘某到舞厅跳舞,购买了门票,这实际上应视为订立合同的行为;舞厅卖门票给他,双方即此形成了契约关系,门票则成为双方当事人合同的书面形式。舞厅作为合同的一方当事人,本身有义务为合同的另一方当事人提供安全的跳舞环境,也有责任保护跳舞者在舞厅内不受到伤害。虽然这家舞厅不是造成刘某受伤的直接侵害人,但在客观上舞厅已存在违约的行为,因为舞厅没有有效地保护跳舞者在舞厅内免遭外来的侵害;由于肇事者的侵害行为以及舞厅的违约行为共同导致了刘某的人身健康受到侵害,而舞厅的行为不符合法定的免责条件,因此肇事者与舞厅均负有责任赔偿受害人刘某的经济损失。

三、特殊侵权责任

(一) 特殊侵权责任概念

特殊侵权责任是损害后果发生后,不按照一般侵权责任的四个要件,而是依照法律的直接规定所确定的侵权责任。特殊侵权也是指有缺陷的产品所造成的侵权责任。有缺陷的产品,是指存在危及人身和该产品以外的其他财产安全的不合理的危险的产品,它是《中华人民共和国产品质量法》和《民法典》等法律中特有的概念。

(二) 特殊侵权的法律特征

特殊侵权行为的法律特征主要表现为以下几个方面:

(1) 特殊侵权行为主要适用特殊的归责原则。即无过错责任或者公平责任。

(2) 特殊侵权行为由法律直接规定。这里所称的"法律"包括《民法典》《产品质量法》等的规定。

(3) 特殊侵权行为在举证上适用举证责任倒置原则。即指由加害人就自己没有过错或者存在法定的抗辩事由承担举证责任,受害人对此无需举证。

(4) 法律对特殊侵权行为的免责事由作出严格限制。一般免责事由通常包括不可抗力和受害人故意。此外,受害人的过错、第三人的过错、加害人没有过错或者履行了法定义务也可能基于特别规定成为免责事由。

(三) 产品质量原因致人损害的特殊侵权要件

《民法典》第一千二百零二条规定:"因产品存在缺陷造成他人损害的,生产者应当承担侵权责任。"该法第一千二百零三条规定:"因产品存在缺陷造成他人损害的,被侵权人可以向产品的生产者请求赔偿,也可以向产品的销售者请求赔偿。产品缺陷由生产者造成的,销售者赔偿后,有权向生产者追偿。因销售者的过错使产品存在缺陷的,生产者赔偿后,有权向销售者追偿。"第一千二百零四条:"因运输者、仓储者等第三人的过错使产品存在缺陷,造成他人损害的,产品的生产者、销售者赔偿后,有权向第三人追偿。"第一千二百零五条规定:"因产品缺陷危及他人人身、财产安全的,被侵权人有权请求生产者、销售者承担停止侵害、排除妨碍、消除危险等侵权责任。"产品缺陷造成损害的侵权行为,不要求行为人主观上具备过错,从责任上来讲,实行无过错责任原则。也就是说只要产品有缺陷,对客人具有不当危险,使其人身或财产受到损害,该产品的产销各个环节的人,包括制造者、销售者、运输者、保管者等,就应承担损害赔偿的民事责任。构成产品缺陷致人损害的侵权行为的要件包括以下几项:

1. 产品质量不合格

产品质量不合格即该产品存在缺陷。所谓产品,是指经过加工、制作,用于销售的产品。缺陷则是指产品存在不合理的危险,这种危险危及客人人身和财产安全。判断危险的标准有一般标准和法定标准。一般标准是一般的消费者有权期待的安全性,法定标准是国家标准以及行业对某些产品规定的保障人体健康和人身、财产安全的专门标准。

2. 不合格产品造成了客人人身伤害和财产损失事实

不合格产品造成了他人财产、人身损害。产品缺陷致人损害的事实包括人身伤害、财产损失和精神损害等。人身伤害包括致人死亡和致人伤残。财产损失不是缺陷产品自身的损失,而是指缺陷产品以外的其他财产损失,既包括直接损失也包括间接损失。这里所指的他人财产是指缺陷产品以外的财产,至于缺陷产品自身的损害,购买者可以根据合同法的规定要求销售者承担违约责任,而不是产品责任。精神损害,是指缺陷产品致人损害,给受害人所造成的精神痛苦和感情创伤。

3. 产品缺陷与受害人的损害事实间存在因果关系

损害事实应当是由该缺陷产品所致,否则生产者或销售者不承担责任。产品缺陷致人损害,产品制造者与销售者承担的是连带责任,即受害人可以向产品的生产者要求赔偿,也可以向产品的销售者要求赔偿。属于产品的销售者的责任的,产品的生产者赔偿后,产品的生产者有权向产品的销售者追偿。属于产品的生产者的责任的,产品的销售者赔偿后,产品的销售者有权向产品的生产者追偿。如果销售者不能指明缺陷产品的生产者也不能指明缺陷产品的供货者的,销售者应当承担赔偿责任。如果产品的运输者、仓储者对产品质量不合格负有责任的,产品生产者、销售者在向受害者赔偿后有权向运输者、仓储者要求赔偿。

(四) 酒店建筑上的物件致人损害的特殊侵权要件

《民法典》第一千二百五十三条规定:"建筑物、构筑物或者其他设施及其搁置物、悬挂物发生脱落、坠落造成他人损害,所有人、管理人或者使用人不能证明自己没有过错的,应当承担侵权责任。所有人、管理人或者使用人赔偿后,有其他责任人的,有权向其他责任人追偿。"酒店建筑物件包括建筑物或者其他设施以及建筑物上的搁置物、悬挂物等。《民法典》第一千二百五十四条规定:"禁止从建筑物中抛掷物品。从建筑物中抛掷物品或者从建筑物上坠落的物品造成他人损害的,由侵权人依法承担侵权责任;经调查难以确定具体侵权人的,除能够证明自己不是侵权人的外,由可能加害的建筑物使用人给予补偿。可能加害的建筑物使用人补偿后,有权向侵权人追偿。"酒店作为建筑物的管理人应当采取必要的安全保障措施防止高空抛物等情形的发生;未采取必要的安全保障措施的,应当依法承担未履行安全保障义务的侵权责任。以上行为的构成要件包括以下几点:

1. 须有建筑物或建筑物上的搁置物、悬挂物致人损害的行为

建筑物包括与土地相连的各类人造设施,如酒店的建筑、设施、广告牌、电线杆等。搁置物、悬挂物是与建筑物相连的位于高处的附属物,如阳台上的花盆、悬挂于窗外的空调等。因这些物件的倒塌,脱落或坠落,造成他人损害的,适用建筑物致人损害的侵权行为。

2. 存在损害事实

建筑物及其附属物给他人造成了人身或财产损失。

3. 建筑物致害行为与损害事实之间有因果关系

即损害后果是由建筑物的倒塌、脱落或坠落造成的。

4. 建筑物的所有人或管理人有过错

建筑物致人损害的侵权行为同样适用过错推定责任,即一旦发生建筑物致人损害的后果,便推定其所有人或管理人有过错,除非所有人或管理人自己举证证明自己无过错的,否则应承担民事责任。

【案例 10-3】

2016 年 3 月江苏青年潘春刚住宿杭州 TH 饭店,30 日晚 7 时许,潘某欲乘电梯回房间休息,就在他左脚跨入电梯里的一刹那,电梯门突然关闭,电梯急速上升,致其当场死亡。4 月 3 日,死者父母向法院提起诉讼。通过法庭调解,直至 4 月 6 日凌晨 2 时,双方达成赔偿协议,杭州 TH 饭店和 XZ 电梯厂一次性赔偿人民币 120 万元。

【案例 10-4】

2018 年 10 月 21 日,AH 电视台工作人员一行五人应邀参加"2018 年上海国际电视节"活动。根据电视节组委会的安排,该电视台的狄、吴二人住进某宾馆 6002 号房间。10 月 26 日,电视台人员经过一天的采访活动后回到宾馆,晚上 7 时许,由于消防栓喷淋头突然失控,房间顶部出现大量漏水情况,二人全身淋湿。与此同时,AH 电视台进口的一台录像机和一架进口高级照相机等物品不同程度被漏水浸湿受潮。为此,AH 电视台狄、吴二人与该宾馆交涉,要求赔偿其财产和精神遭受的损害,但宾馆仅同意赔偿部分损失。由于双方就赔偿数额不能达成一致意见,AH 电视台和狄、吴二人向法院起诉。

法院经审查认为,原告住宿被告处,被告理应提供相应的安全服务,由于被告房内的消防喷淋发生故障,致使原告的经济利益遭受损失,被告应当为此承担赔偿责任。赔偿的数额应以原告实际遭受的损失为限,原告的其他请求不能支持。

第二节 客人财物毁损或灭失的赔偿责任

根据我国《民法典》等有关法律的规定,对客人财物造成损害的,首先应当恢复原状,不能恢复原状的,应当折价赔偿。赔偿时,能以同种类和同质量的实物赔偿的,可以实物赔偿,不能以实物赔偿的,应折价以金钱赔偿。折价时,一般以损害发生时、发生地的通常价格为准,依照财产实际价值的损失来确定赔偿额。如果当事人双方对财产的实际价值有争议,应请有关人员进行鉴定,以鉴定所确定的损失额为准。

由于客人自己的疏忽大意而使财物毁损或灭失的,酒店不应当承担责任或减轻赔偿责任。如客人没有锁上门窗,或者没有按照酒店的告示将贵重物品交给酒店保管,造成财产的灭失,酒店可以减轻或免除责任。因地震、洪水等自然灾害而造成客人财物的损失,酒店的责任也可以减轻或免除。《民法典》第一百八十条规定:"因不可抗力不能履行民事义务的,不承担民事责任。法律另有规定的,依照其规定。"该法第五百九十条规定:"当事人一方因不可抗力不能履行合同的,根据不可抗力的影响,部分或者全部免除责任,但是法律另有规定的除外。因不可抗力不能履行合同的,应当及时通知对方,以减轻可能给对方造成的损失,并应当在合理期限内提供证明。"

客人的财物毁损或灭失要求进行赔偿时,应当具备以下几个条件:
(1) 是酒店的客人(即狭义上的客人),酒店有保护他的财物安全的法定义务;
(2) 财物的毁损或灭失是在酒店实际控制的范围内;
(3) 财物的毁损或灭失是酒店的故意或者过失行为;
(4) 客人能够提供毁损或灭失财物的名称、数量及其价值等。

财产损害赔偿当事人需要准备以下的举证:
(1) 证明损害事实发生的原因、经过、时间、地点的书证(证人、证言)、物证。
(2) 被损害财产所有权的证明。
(3) 被损害财产的品名、规格、数量、质地、新旧程度、价值(贵重物品需有关部门的鉴定书)。
(4) 被损害财产的毁损程度或灭失等证据。
(5) 需委托他人代理诉讼的,提交授权委托书。

第三节 客人人身损害的赔偿责任

2021年实施《民法典》第一千一百九十八条规定:"宾馆、商场、银行、车站、机场、体育场馆、娱乐场所等经营场所、公共场所的经营者、管理者或者群众性活动的组织者,未尽到安全保障义务,造成他人损害的,应当承担侵权责任。因第三人的行为造成他人损害的,由第三人承担侵权责任;经营者、管理者或者组织者未尽到安全保障义务的,承担相应的补充责任。经营者、管理者或者组织者承担补充责任后,可以向第三人追偿。"这是继2004年5月1日实施的最高人民法院《关于审理人身损害赔偿案件适用法律若干问题的解释》后,直接针对酒店有关人身损害规定的最直接的法律规定。根据我国法律的规定,由于酒店的原因侵害了客人的人身安全,造成客人人身损害的,应当承担相应的赔偿责任。

《民法典》第一千一百七十九条规定:侵害他人造成人身损害的,应当赔偿医疗费、护理费、交通费、营养费、住院伙食补助费等为治疗和康复支出的合理费用,以及因误工减少的收入。造成残疾的,还应当赔偿辅助器具费和残疾赔偿金;造成死亡的,还应当赔偿丧葬费和死亡赔偿金。

人身损害可以分为一般伤害、造成残疾、造成死亡三种情况。

（1）对于酒店在提供产品或者服务过程中,造成客人或者其他受害人人身一般损害的,酒店应当赔偿医疗费、治疗期间的护理费、因误工所减少的收入等项费用。

（2）对于酒店在提供产品或者服务过程中,造成客人或者其他受害人残疾的,酒店赔偿的范围包括医疗费、治疗期间的护理费、因误工所减少的收入、残疾者生活补助费、残疾赔偿金、受害人抚养的人所必需的生活费、假肢费等项费用。

（3）对于酒店在提供产品或者服务过程中,造成客人或者其他受害人死亡的,赔偿的范围包括丧葬费、死亡赔偿金以及死者生前抚养的人所必需的生活费等项费用。如果受害人死亡之前有抢救费、医疗费、护理费等费用的,酒店也应当一并赔偿。

因为第三人造成客人人身损害的,酒店在承担责任后,可以向第三人追偿。其依据为《消费者权益保护法》第四十九条规定:"经营者提供商品或者服务,造成消费者或者其他受害人人身伤害的,应当赔偿医疗费、护理费、交通费等为治疗和康复支出的合理费用,以及因误工减少的收入。造成残疾的,还应当赔偿残疾生活辅助具费和残疾赔偿金。造成死亡的,还应当赔偿丧葬费和死亡赔偿金。"

人身损害赔偿当事人需要准备以下的举证:

（1）证明损害事实发生的经过、原因、时间、地点的书证(证人、证言)、物证。

（2）到有关部门指定的医疗部门就诊的证明。

（3）医疗部门的所有诊断证明、处方、病历及各项医疗费用单据,包括:挂号费、检查治疗费、医药费、住院费等。

（4）医疗部门出具的陪护证明、转院证明、病休证明。

（5）单位出具的垫付医疗费用证明、误工损失(受害人工资、奖金、误工天数、固定补贴)证明。

（6）就医交通费用单据。

（7）如要求伤残赔偿,需提供高级法院法医室或公安部门的伤残鉴定及赔偿数额依据。

（8）需委托他人代理诉讼的,提交授权委托书。

第四节 侵权责任与违约责任

一、侵权责任与违约责任的相同性

在现实生活中,一种违法行为常具有两种性质,同时符合违约责任和侵权责任的构成要件,具体表现为以下几种情况:

（1）合同当事人违约的同时侵犯法律规定的强行性义务,如保护、照顾、通知、忠诚等附随义务或其他不作为义务。而在某些情况下,一方当事人违反法定义务的同时又违反了合同担保义务,如出售有瑕疵的产品致人伤害。

(2) 在某些情况下,侵权行为直接构成违约的原因,即所谓侵权性违约行为。如酒店以保管合同占有客人财产后造成财产的灭失或毁损。违约行为也可能造成侵权后果,即所谓的违约性侵权行为。如酒店汽车在运送客人的途中,若非不可抗力或客人自身的过错,而是因为酒店汽车的过错,如紧急刹车致使客人受伤或致残的,酒店汽车既违反了安全运送客人的合同义务又侵犯了客人的人身权。

(3) 不法行为人实施故意或重大过失侵犯他人权利并造成他人损害的侵权行为时,如果加害人和受害人之间事先存在合同关系的,那么,加害人对受害人的损害行为,不仅可以作为侵权行为还可以作为违反了事先约定的合同义务的违约行为对待。如上海 YH 宾馆发生的客人王翰在宾馆内被抢劫杀害案(见本节后的案例),它既是一种侵权行为又是一种违反事先存在的服务合同的行为。

(4) 一种违法行为虽然只符合一种责任要件,但是,法律从保护受害人的利益出发要求合同当事人根据侵权行为制度提出请求和提起诉讼,或将侵权行为责任纳入合同责任的适用范围。

二、侵权责任与违约责任的区别

(一) 归责原则不同

各国法律普遍规定违约责任适用严格责任或过错推定原则,也就是说不管合同当事人是否具有故意或过失,只要存在债务人不履行合同或履行不符合合同约定的事实,且不具有有效的抗辩事由,就必须承担违约责任。而侵权责任则一般规定为过错责任原则为基础,严格责任为补充。在我国的侵权之诉中,只有受害人具有重大过失时,侵权人的赔偿责任才可以减轻;而在合同之诉中,只要受害人有轻微的过失,违约方就可以减轻赔偿责任。

(二) 举证责任不同

在违约责任中,受害人无须证明加害人的故意或过失,只需证明合同有效存在和合同的不履行或履行的不符合约定即可;而违约方应当证明自己没有过错,否则就要承担违约责任。在侵权责任中,受害人一般要证明行为人的故意或过失(特殊侵权责任除外)。因此,受害人在侵权责任中比在违约责任中承担着相对多的举证义务。

(三) 诉讼时效不同

我国有关法律规定,因侵权行为产生的赔偿请求权的期限一般为两年,但因身体受到伤害而产生的赔偿请求权的期限为一年;因违约而产生的赔偿请求权的诉讼时效为两年,但在出售质量不合格商品未声明、延期或拒付租金以及寄存财物毁损灭失的情况下,适用一年的诉讼时效。

(四) 责任构成和免责条件不同

在违约责任中,只要行为人实施了违约行为且不具有有效的抗辩事由就要承担违约责任。而在侵权责任中,无损害事实则无侵权责任,损害事实是侵权责任产生的前提条件之一。关于免责条件,在违约责任中,除了法定的免责条款外,当事人还可以在合同中约定不承担责任的情况,而且,即使不可抗力也可以约定其范围;在侵权责任中,只有法定免责条款,不可随意约定。

(五) 责任形式不同

违约责任主要采用违约金的形式,且可约定也可法定。也就是说,在违约行为发生后,违约金的支付并不以对方发生损害为条件。此外,当事人可以在合同中约定损害赔偿的计算方法。而侵权责任主要采用损害赔偿的形式,损害赔偿以实际发生的损害事实为前提,且不能约定计算方法。

(六) 责任范围不同

合同的损害赔偿主要是对财产损失的赔偿,不包括对人身伤害和精神损害的赔偿责任,而且,对于合同的赔偿来说,法律常常采用可预见性标准来限制赔偿的范围。但对于侵权责任来说,损害赔偿范围不仅包括财产损失还包括人身和精神损失的赔偿,不仅包括直接损失还包括间接损失。

(七) 诉讼管辖不同

根据我国的民事诉讼法规定,因合同引起的诉讼既可以由被告住所地法院管辖也可由合同履行地法院管辖,合同当事人也可以在合同中约定管辖法院(但不得与法律规定冲突),而在侵权之诉中则不可以协议选择管辖法院。

三、侵权责任与违约责任的竞合

责任竞合,是指某一具体的民事不法行为,违反了侵权规范和合同规范,同时具备了违约责任的构成要件和侵权责任构成要件,导致了法律上同时产生违约责任和侵权责任的一种法律现象。

侵权责任和违约责任竞合产生的根本原因是两种责任的对立与同一。责任竞合现象是伴随合同法与侵权法的独立而产生的,它的存在既体现了违法行为的复杂性和多重性,又反映了合同法和侵权法相互独立又相互渗透的状况。

《民法典》第一百八十六条规定:"因当事人一方的违约行为,损害对方人身权益、财产权益的,受损害方有权选择请求其承担违约责任或者侵权责任。"上述规定是指当事人一方的同一行为既是违约行为又是侵权行为时,受损害方不能既要求违约赔偿,又要求侵权赔偿,因为受损害方不能提出双重请求,只能二者择一。这样规定,对加害方也是公平的,不能对其同一行为承担双重责任,否则是不公平的。以下是一起典型的侵权责任与违约责任责任竞合的案例。

【案例 10-5】

1998 年 8 月 23 日,刚刚被聘任为深圳市翰适医药有限公司总经理的王翰,赴沪参加中国医药(集团)上海公司药品交流大会,会议地点在金沙江大酒店,但当天酒店客满,王翰被安排入住 YH 宾馆。

当天下午 2 时 45 分,王翰刚刚在宾馆安顿下来,就给深圳的父母打了电话,告诉父母自己已经平安到达,请父母放心。

晚上 9 时,王翰的男友给王翰房间打电话,但是连打数次,只听见电话那边铃声长响,却总是没有人接听。10 时、11 时,随着一次次给王翰拨打电话都无响应,王翰的男友和家人开始焦急不安。他们多次向总台讲明情况,请求宾馆服务员到王翰的房间看一下,但都被服务员以"我们没有这项服务"为由拒绝。

8月24日上午9时30分,在王翰母亲的要求下,宾馆服务员终于答应到王翰入住的1911房间看一下,她打开房门,赫然发现房间内凌乱不堪,女住客王翰已经死在房间内。

事后,经公安机关勘查,王翰系被他人采用扼压颈部及用锐器刺戳颈部等手段加害,其左侧颈动脉被刺破,造成大失血,并因机械性窒息而死亡。王翰随身携带的3万元人民币及价值7 140元欧米茄防水表等物被劫。

公安机关立刻查看宾馆的安全监视系统8月23日的全部录像资料,很快,案情就有了眉目。录像资料显示:当天下午2时07分,一名身穿军用衬衫,手拿报纸,外来民工模样的男青年在宾馆大堂漫无目标地四处走动。下午2时35分,王翰从宾馆1楼进入,经问讯后乘自动扶梯上宾馆2楼。此时男青年发现王翰,立即尾随她上了2楼。下午2时45分,王翰在2楼前台办理完登记手续后与行李员一起进入电梯,男青年也随即一同进入电梯,王翰按19楼,男青年则没有按任何楼层,到达19楼后,男青年与王翰及行李员一同走出电梯。下午2时47分,男青年从19楼乘电梯返回大堂。之后,男青年又六次乘电梯频繁往返于大堂和19楼之间,在大堂游荡,并有东张西望的可疑形迹,下午4时29分,男青年最后一次乘电梯上19楼。4时55分,男青年身穿王翰的女式意大利名牌白色外衣,手提王翰的礼品袋,从19楼乘电梯至1楼,顺利走出宾馆,搭乘出租车离去。公安机关由此推定,这个七上七下电梯的男青年便是犯罪嫌疑人,王翰的死亡时间则是8月23日下午4时29分至4时55分之间。而这个时间距王翰尸体被发现,整整隔了17个小时!也就是说,王翰入住YH宾馆2小时即被害。

事发当天,公安机关便将此案定性为"案犯尾随被害人入室抢劫的特大案件",并发出协查通知,同时在公共场所张贴印有疑凶照片的启事,悬赏人民币5万元捉拿杀人嫌疑犯。

YH宾馆系四星级旅游饭店,有规范的管理制度和安全监控设施。在宾馆自行制定的《宾馆质量承诺细则》中,有"24小时的保安巡视,确保您的人身安全""若有不符合上述承诺内容,我们将立即改进并向您赔礼道歉,或奉送水果、费用打折、部分免费、直至赔偿"等内容。为此,王翰的父母王利毅、张丽霞以宾馆管理工作上存在过失,给犯罪分子的作案提供了有利的客观条件,致使王翰被杀害、财物被抢为由,于同年9月28日诉至上海市长宁区人民法院,请求判令上海YH宾馆赔偿王翰的被劫财物折价费、死后安葬费、生前抚育教育费等经济损失为人民币798 860元(其中被抢劫财物28 300元,丧葬费用231 793元,差旅、住宿费95 967元,教育、抚养442 800元)和家属精神损失50万元,并要求宾馆承认错误,赔礼道歉。

长宁区法院一审后认为,王翰死亡和财物被劫系罪犯仝瑞宝的加害行为所致,YH宾馆并非共同加害人。被告在宾馆管理工作中的过失同王翰死亡和财物被劫并无法律上的因果关系,故YH宾馆不应承担赔偿责任。王翰生前入住被告宾馆,其与被告之间建立的是合同法律关系,应适用合同法律规定进行调整,而不应适用消费者权益保护法律规定进行调整。被告对其服务质量承诺未予兑现,应承担违约责任。遂判决上海YH宾馆给付王利毅、张丽霞赔偿费人民币1万元,其余诉讼请求不予支持。

判决后,原告王利毅、张丽霞及被告YH宾馆均提出上诉。王利毅、张丽霞诉称:①上海YH宾馆在管理过程中的过错与王翰之死有法律上的因果关系。YH宾馆的过错表现在其未对犯罪嫌疑人仝瑞宝进行访客登记,对仝瑞宝七次上下电梯这一反常行为未进行盘查,亦未予以充分注意,故其虽有完善的监控设备,却不能切实起到对房客的保护作用。②王翰的死亡是由仝瑞宝的犯罪行为及YH宾馆的不作为行为共同造成的。③YH宾馆在本案中的责任是多重的,其应承担侵权责任、违约责任及消费者权益保护法上的责任。本案涉及的侵权责任与合同责任是一种并列责任,不能因为两个角度都有责任而演变为没有责任。王翰作为客人住宿是一种消费行为,应当受到消费者权益保护法的保护,本案应当根据保护受害方的原则来处理。

上海YH宾馆上诉称,张丽霞和王利毅同时要求违约责任和侵权责任并举不妥当,根据《中华人民共和国合同法》的规定,责任竞合时,当事人只有单一的请求权。首先,本案不应适用于消费者权益保护法,原因是王翰住店不是生活消费,而是因公出差,即便是生活消费,也不符合消费者权益保护法中消费者义务单一性和经营者责任单向性两个特征。其次,YH宾馆在王翰住店过程中不存在违约行为:①《上海市特种行业和公共场所治安管理条例》将原来的访客登记改为访客管理,故YH宾馆虽未对仝瑞宝进行访客登记,不能构成对王翰的违约行为;②YH宾馆没有注意到仝瑞宝的可疑迹象,但此乃客观条件所限,不存在不履行注意义务的违约事实;③只有在YH宾馆注意到仝瑞宝的异常举动后不采取行动,才是不作为,但此情节事实显然不存在。再次,YH宾馆即便有违约过失,但此过失也不足以造成王翰死亡。刑事犯罪具有不可预测性,宾馆不具有将一切企图犯罪的人拒于宾馆之外的辨别力。因此,宾馆提醒客人从门上探视镜中看清来访客人再开门,并同时配有自动闭门器、安全链条等设备。王翰未看清来者即开门也为仝瑞宝犯罪提供了可能的条件。在庭审过程中,YH宾馆对王翰之死表示同情,愿意从人道主义角度出发,给予王翰家属补偿金人民币1万元。

上海市第一中级人民法院在2001年1月17日二审后认为,宾馆作为特殊服务性行业,应向住客提供安全的住宿环境。王翰付费入住上海YH宾馆,其与YH宾馆形成了以住宿、服务为内容的合同关系。在此类合同中,宾馆应提供与收费标准相一致的房间设施及服务,并应保证宾馆内设施及环境安全,恪尽最谨慎的注意义务,采取切实的安全防范措施,以使住客在宾馆内免遭非法侵害。否则即为违反合同义务,宾馆并应因此向住客承担违约责任。宾馆的注意程度、措施的采取程度应根据宾馆的等级、收费以及承诺等因素加以确定。在本案中,YH宾馆已将安全保障义务以书面形式予以公开承诺,因此该义务可视为双方明确约定,故YH宾馆更应切实履行与其星级服务相称的对住客的安全保护义务,密切监控、严格防范,维护一切住客人身、财产安全。YH宾馆未能履行对王翰的安全保护义务,其行为已构成违约。

《中华人民共和国合同法》第一百零七条采用的是严格责任的归责原则,如违约方不能证明自己具备法律所规定的免责事由(即不可抗力和受害人故意),即应承担违约责任。YH宾馆不能证明其违约行为系因不可抗力所致,而其关于王翰自身怠于防范致犯罪有机可乘的辩称意见虽有一定的合理性,但亦不能构成"受害人故意"的免责事由。王翰未能充分利用宾馆提供的安全设施,对事件的发生亦具有轻度的过失,因此YH宾馆对本案的违约赔偿数额可因此酌情降低。又据《中华人民共和国合同法》的规定,违约损害赔偿的数额应以违反合同一方订立合同时预见到或者应当预见到的因违反合同可能造成的损失为限。根据本案的事实,YH宾馆的违约赔偿范围应包括王翰丧事支出的合理差旅费及王翰个人合理的财产损失。原审法院根据违约损害赔偿的原则不支持张丽霞、王利毅关于精神损失费赔偿的请求并无不当。

王翰的死亡系仝瑞宝的行为所致,YH宾馆的不作为仅为仝瑞宝实施犯罪提供了条件,这种条件与王翰的死不构成因果关系。YH宾馆与仝瑞宝既无主观上的共同故意，又无客观上的行为牵连，两者不构成共同侵权行为。YH宾馆不应当承担侵权责任。同理，王翰的死并非YH宾馆提供的服务直接造成，故本案不适用消费者权益保护法。

本案诉讼中，上诉人王利毅、张丽霞未能明确其诉讼请求的法律依据。二审依有利于权利人的原则确认本案损害赔偿的基础为违约责任。遂判决：驳回上诉，维持原判。

第五节 精神损害的赔偿责任

一、精神损害赔偿的法律规定

2010年7月1日实施的《侵权责任法》第一次在立法上明确了精神损害赔偿，规定侵害他人人身权益，造成他人严重精神损害的，被侵权人可以请求精神损害赔偿。这是《侵权责任法》的一个亮点，表明我国在现行法律中首次明确规定了精神损害赔偿。

《民法典》第九百九十六条规定："因当事人一方的违约行为，损害对方人格权并造成严重精神损害，受损害方选择请求其承担违约责任的，不影响受损害方请求精神损害赔偿。"

二、精神损害赔偿概念

精神损害，是指对民事主体精神活动的损害。精神损害对自然人来讲是造成生理和心理上精神活动的损害，以及自然人与法人或其他组织维护其精神利益的精神活动的破坏，其最终表现形式是精神痛苦和精神利益的丧失或减损。精神损害赔偿作为损害赔偿的一个组成部分，是精神损害所导致的法律后果。

人身损害案件中的"精神损害赔偿"，是指对公民的生命权、健康权、身体权、姓名权、肖像权、名誉权、荣誉权、人格尊严权、人身自由权、隐私权等受到不法侵害，并造成伤害后果，致使受害人或者近亲属人格权受到非财产性的侵害行为所造成的精神损害给予适当经济补偿的一种民事法律制度。随着法治的健全，客人在接受酒店服务的过程中受到人身损害，要求进行精神损害赔偿的情况越来越多，提出赔偿金要求的也越来越多。对精神损害进行赔偿是法治的一大进步。

三、精神损害的归属

对于民事赔偿中的人身损害的费用比较好计算，如医疗费、交通费、护理费、营养费、生活补助费等，法律均明确规定了相应的标准（参见2022年5月1日起施行的《最高人民法院关于审理人身损害赔偿案件适用法律若干问题的解释》）。

名誉侵权案的精神赔偿案，一般的法院都会受理判决，只是判决赔偿多少的问题，因为民法明确保护公民的人格权，而对于其中的精神损害赔偿问题，法律规定的较为原则。

按我国传统民法理论，精神损害仅限于姓名权、肖像权、名誉权、荣誉权等人身权范围。但随着法律的发展，精神损害已经扩大到生命健康权、隐私权等领域（参见最高人民法院于2020年12月23日通过的《最高人民法院关于确定民事侵权精神损害赔偿责任若干问题的解释》和2021年施行的《民法典》）。

四、精神损害的赔偿问题

《民法典》第九百九十六条规定:"因当事人一方的违约行为,损害对方人格权并造成严重精神损害,受损害方选择请求其承担违约责任的,不影响受损害方请求精神损害赔偿。"这就表明只有侵害他人人身权益,造成他人"严重"精神损害的,被侵权人才可以请求精神损害赔偿。

精神损害究竟该如何赔偿?赔多少?这的确很难有一个明确计算的方法。在将如此抽象的东西具体化、货币化的过程中,不可能有一个十分合情合理的标准。一般讲,精神损害数额多综合被害人精神损害的程度、侵害人的过错程度、侵害行为的社会后果及影响、当地的经济条件等多种因素予以确定。这些因素可以归为二类。

（一）法定因素

法定因素,即侵害人的过程、程度、侵权行为具体情节、侵权造成的后果和社会影响、受害人精神损害程度(即痛苦程度)及持续状况。

（二）酌定因素

酌定因素,即根据立法精神,从司法实践中总结出来的,由法院灵活掌握、酌情适用的因素,即当事人主体类型、双方经济状况、侵权人认错态度和受害人的谅解程度、侵权人实际赔偿能力、社会状况的变化等因素。如鉴于被告人的履行能力,依据我国有关法律和司法解释,结合当地普通市民的一般生活标准,法官和审判组可以在有关规定的幅度范围内既原则又灵活地选择一个合情合理合法合适的精神赔偿数额。

对于国家的赔偿,法律规定得较为详细,2010年4月29日,全国人民代表大会常务委员会第十四次会议通过,自2012年10月26日起施行修改后的《中华人民共和国赔偿法》对侵害公民生命健康权的,赔偿金按照下列规定计算:

（1）造成身体伤害的,应当支付医疗费、护理费,以及赔偿因误工减少的收入。减少的收入每日的赔偿金按照国家上年度职工日平均工资计算,最高额为国家上年度职工年平均工资的五倍。

（2）造成部分或者全部丧失劳动能力的,应当支付医疗费、护理费、残疾生活辅助具费、康复费等因残疾而增加的必要支出和继续治疗所必需的费用,以及残疾赔偿金。残疾赔偿金根据丧失劳动能力的程度,按照国家规定的伤残等级确定,最高不超过国家上年度职工年平均工资的二十倍。造成全部丧失劳动能力的,对其扶养的无劳动能力的人,还应当支付生活费。

（3）造成死亡的,应当支付死亡赔偿金、丧葬费,总额为国家上年度职工年平均工资的二十倍。对死者生前扶养的无劳动能力的人,还应当支付生活费。

关于精神损害赔偿,《赔偿法》规定:致人精神损害的,应当在侵权行为影响的范围内,为受害人消除影响,恢复名誉,赔礼道歉;造成严重后果的,应当支付相应的精神损害抚慰金。

但是,对于公民个人来说,由于受侵害的主体不同、地区不同、影响程度不同,存在着很大的差异。

【案例10-6】

1998年7月8日上午10时许,上海某外语学院学生钱某带11岁侄子逛街时来到上海

QCS日用品有限公司四川北路店,当钱某从正门出来准备离开时,出口处报警器突然鸣响。商店的保安赶来,阻止钱某离开,并让钱穿行了三次防盗门,但警报声仍然响起。然后保安以需要仔细检查、钱某应予配合为由,由女保安将其带到地下商场的办公室内,用手提电子探测器对钱某作全身检查。在确定钱某左髋部发出磁信号后,保安即责令钱脱裤检查,钱某先后两次含泪解开裤子拉链接受检查,结果证明钱某清白无辜。

随后,钱某向上海市虹口区人民法院起诉,要求商店赔礼道歉并赔偿精神等损失费50万元人民币。

1998年10月28日,上海市虹口区人民法院对这起侵害名誉权案作出一审判决:被告上海QCS日用品有限公司四川北路店在《新民晚报》上刊登向原告钱某赔礼道歉的公告(内容须经法院审核),另外赔偿原告精神等损失费人民币25万元人民币。被告上海QCS有限公司承担连带责任。

QCS日用品有限公司是港方企业,经港方律师和上海律师共同研究,认为一审对此案判定不公,故提出上诉。

上诉状认为,一审判决QCS日用品有限公司向钱某支付中国创纪录的25万元人民币的精神损失费的理由不能成立。一审判决主要有以下四条理由:

①侵权情节恶劣,②钱某受害程度较深,③引起社会不良反响,④QCS日用品有限公司有实际支付能力。QCS日用品有限公司认为,这四条理由不能成立,退一万步讲,即使一审判决认定的侵权事实成立,那么也就是一名女店员在履行自己保安人员的职责时,将一位再三引发防盗系统报警的女顾客带入办公室,在办公室没有任何人围观的情况下,用手提式探测器在不接触顾客身体的情况下作局部探查,查明了具体部位后,为了进一步检查而触摸了女顾客的身体。将顾客带到办公室而避免围观,不仅不是为了对顾客的名誉进行侵害,主观上完全是出于对顾客的名誉的最大保护(若该顾客的确有不轨行为的话)。钱某在当场与商店交涉未果的情况下,当天立即向区消费者协会及新闻媒体投诉,后又聘请律师提起诉讼,开学后正常上课,所谓"受侵害程度较深"有什么事实根据?究竟"深"在什么地方?

二审受理此案后认为,根据司法实践及本案的具体情况,25万元人民币的赔偿金额显属过高,本院应予以纠正,故改判为1万元赔偿金。

第六节 旅游投诉与诉讼时效

一、旅游投诉与诉讼时效概念

客人或者酒店如果通过投诉或诉讼的方式向对方索赔,要注意索赔的时效。索赔时效,是指权利人于一定期间内不行使请求旅游质检部门或者人民法院保护其民事权益的权利,也就丧失该权利,旅游质检部门或法院对权利人的民事权益不再予以保护的法律制度。

二、《旅游投诉处理办法》的出台

《旅游投诉处理办法》(国家旅游局32号令)于2010年5月5日发布,2010年7月1日起实施。

《旅游投诉处理办法》共五章三十二条,对旅游投诉工作涉及的主体、管辖、受理、处理等基本内容都作出了明确的规定。《旅游投诉处理办法》立足我国旅游投诉的特点,程序性规定比较完整,具有较强的可操作性。《旅游投诉处理办法》实施后,之前全国施行的处理旅游投诉所依据的《旅游投诉暂行规定》等相关规定随即废止。

三、实施《旅游投诉处理办法》的意义

《旅游投诉处理办法》的出台,对客人来说是一个好消息。它能够切实维护客人的利益。可以说,它既维护了客人的权益不受侵犯,也保护酒店健康发展,更有助于酒店改善、提高服务水平。它能有效提高客人的维权效率,使客人和酒店的权益得到更好的保障。

《旅游投诉处理办法》的颁布实施,进一步完善了旅游投诉受理、旅游纠纷解决的法律体系,对规范旅游投诉处理程序、和谐化解旅游纠纷具有重要的意义。

《旅游投诉处理办法》的施行是旅游质监工作的有力依据,可以提高依法行政、规范管理、和谐化解旅游纠纷。

四、旅游投诉时效

根据《旅游投诉处理办法》的规定,客人向旅游投诉处理机构请求保护合法权益的投诉时效期为90天,比《旅游投诉暂行规定》整整延长了30天,更有利于保护客人的权益。客人如果需要投诉,超过旅游合同结束之日90天的,旅游投诉处理机构不再受理投诉。当然,客人在过了旅游投诉时效后可以通过到法院诉讼的方式要求旅行社赔偿。

五、诉讼时效

我国法律规定的诉讼时效有以下三种情况:

(1)一般时效。我国民法规定的对一般索赔纠纷适用的时效为2年。除法律有特别的规定以外,均适用一般时效。

(2)特殊时效。是指由国家法律、法规特别规定适用于某些特殊索赔纠纷的时效。如寄存的财物被丢失、损毁或者拒付租金等情况,诉讼时效为1年。

(3)最长时效。权利人自其权利受到侵害之日起20年内的任何时间发现其权利被侵害,均可请求法院依诉讼程序保护其权利,称为"最长时效"。但是,从权利被侵害之日起超过20年的,法院不予受理。

【资料链接10-1】

中华人民共和国民法典(节选)

(2020年5月28日第十三届全国人民代表大会第三次会议通过)

目 录

第七编 侵权责任
第一章 一般规定

第二章　损害赔偿
第三章　责任主体的特殊规定
第四章　产品责任
第五章　机动车交通事故责任
第七章　环境污染和生态破坏责任
第八章　高度危险责任
第九章　饲养动物损害责任
第十章　建筑物和物件损害责任

第七编　侵权责任

第一章　一般规定

第一千一百六十四条　本编调整因侵害民事权益产生的民事关系。

第一千一百六十五条　行为人因过错侵害他人民事权益造成损害的,应当承担侵权责任。

依照法律规定推定行为人有过错,其不能证明自己没有过错的,应当承担侵权责任。

第一千一百六十六条　行为人造成他人民事权益损害,不论行为人有无过错,法律规定应当承担侵权责任的,依照其规定。

第一千一百六十七条　侵权行为危及他人人身、财产安全的,被侵权人有权请求侵权人承担停止侵害、排除妨碍、消除危险等侵权责任。

第一千一百六十八条　二人以上共同实施侵权行为,造成他人损害的,应当承担连带责任。

第一千一百六十九条　教唆、帮助他人实施侵权行为的,应当与行为人承担连带责任。

教唆、帮助无民事行为能力人、限制民事行为能力人实施侵权行为的,应当承担侵权责任;该无民事行为能力人、限制民事行为能力人的监护人未尽到监护职责的,应当承担相应的责任。

第一千一百七十条　二人以上实施危及他人人身、财产安全的行为,其中一人或者数人的行为造成他人损害,能够确定具体侵权人的,由侵权人承担责任;不能确定具体侵权人的,行为人承担连带责任。

第一千一百七十一条　二人以上分别实施侵权行为造成同一损害,每个人的侵权行为都足以造成全部损害的,行为人承担连带责任。

第一千一百七十二条　二人以上分别实施侵权行为造成同一损害,能够确定责任大小的,各自承担相应的责任;难以确定责任大小的,平均承担责任。

第一千一百七十三条　被侵权人对同一损害的发生或者扩大有过错的,可以减轻侵权人的责任。

第一千一百七十四条　损害是因受害人故意造成的,行为人不承担责任。

第一千一百七十五条　损害是因第三人造成的,第三人应当承担侵权责任。

第一千一百七十六条　自愿参加具有一定风险的文体活动,因其他参加者的行为受到损害,受害人不得请求其他参加者承担侵权责任;但是,其他参加者对损害的发生有故意或者重大过失的除外。

活动组织者的责任适用本法第一千一百九十八条至第一千二百零一条的规定。

第一千一百七十七条　合法权益受到侵害,情况紧迫且不能及时获得国家机关保护,不立即采取措施将使其合法权益受到难以弥补的损害的,受害人可以在保护自己合法权益的必要范围内采取扣留侵权人的财物等合理措施;但是,应当立即请求有关国家机关处理。

受害人采取的措施不当造成他人损害的,应当承担侵权责任。

第一千一百七十八条　本法和其他法律对不承担责任或者减轻责任的情形另有规定的,依照其规定。

第二章　损害赔偿

第一千一百七十九条　侵害他人造成人身损害的,应当赔偿医疗费、护理费、交通费、营养费、住院伙食补助费等为治疗和康复支出的合理费用,以及因误工减少的收入。造成残疾的,还应当赔偿辅助器具费和残疾赔偿金;造成死亡的,还应当赔偿丧葬费和死亡赔偿金。

第一千一百八十条　因同一侵权行为造成多人死亡的,可以以相同数额确定死亡赔偿金。

第一千一百八十一条　被侵权人死亡的,其近亲属有权请求侵权人承担侵权责任。被侵权人为组织,该组织分立、合并的,承继权利的组织有权请求侵权人承担侵权责任。

被侵权人死亡的,支付被侵权人医疗费、丧葬费等合理费用的人有权请求侵权人赔偿费用,但是侵权人已经支付该费用的除外。

第一千一百八十二条　侵害他人人身权益造成财产损失的,按照被侵权人因此受到的损失或者侵权人因此获得的利益赔偿;被侵权人因此受到的损失以及侵权人因此获得的利益难以确定,被侵权人和侵权人就赔偿数额协商不一致,向人民法院提起诉讼的,由人民法院根据实际情况确定赔偿数额。

第一千一百八十三条　侵害自然人人身权益造成严重精神损害的,被侵权人有权请求精神损害赔偿。

因故意或者重大过失侵害自然人具有人身意义的特定物造成严重精神损害的,被侵权人有权请求精神损害赔偿。

第一千一百八十四条　侵害他人财产的,财产损失按照损失发生时的市场价格或者其他合理方式计算。

第一千一百八十五条　故意侵害他人知识产权,情节严重的,被侵权人有权请求相应的惩罚性赔偿。

第一千一百八十六条　受害人和行为人对损害的发生都没有过错的,依照法律的规定由双方分担损失。

第一千一百八十七条　损害发生后,当事人可以协商赔偿费用的支付方式。协商不一致的,赔偿费用应当一次性支付;一次性支付确有困难的,可以分期支付,但是被侵权人有权请求提供相应的担保。

第三章　责任主体的特殊规定

第一千一百八十八条　无民事行为能力人、限制民事行为能力人造成他人损害的,由监护人承担侵权责任。监护人尽到监护职责的,可以减轻其侵权责任。

有财产的无民事行为能力人、限制民事行为能力人造成他人损害的,从本人财产中支付赔偿费用;不足部分,由监护人赔偿。

第一千一百八十九条　无民事行为能力人、限制民事行为能力人造成他人损害,监护人将监护职责委托给他人的,监护人应当承担侵权责任;受托人有过错的,承担相应的责任。

第一千一百九十条　完全民事行为能力人对自己的行为暂时没有意识或者失去控制造成他人损害有过错的,应当承担侵权责任;没有过错的,根据行为人的经济状况对受害人适当补偿。

完全民事行为能力人因醉酒、滥用麻醉药品或者精神药品对自己的行为暂时没有意识或者失去控制造成他人损害的,应当承担侵权责任。

第一千一百九十一条　用人单位的工作人员因执行工作任务造成他人损害的,由用人单位承担侵权责任。用人单位承担侵权责任后,可以向有故意或者重大过失的工作人员追偿。

劳务派遣期间,被派遣的工作人员因执行工作任务造成他人损害的,由接受劳务派遣的用工单位承担侵权责任;劳务派遣单位有过错的,承担相应的责任。

第一千一百九十二条　个人之间形成劳务关系,提供劳务一方因劳务造成他人损害的,由接受劳务一方承担侵权责任。接受劳务一方承担侵权责任后,可以向有故意或者重大过失的提供劳务一方追偿。提供劳务一方因劳务受到损害的,根据双方各自的过错承担相应的责任。

提供劳务期间,因第三人的行为造成提供劳务一方损害的,提供劳务一方有权请求第三人承担侵权责任,也有权请求接受劳务一方给予补偿。接受劳务一方补偿后,可以向第三人追偿。

第一千一百九十三条　承揽人在完成工作过程中造成第三人损害或者自己损害的,定作人不承担侵权责任。但是,定作人对定作、指示或者选任有过错的,应当承担相应的责任。

第一千一百九十四条　网络用户、网络服务提供者利用网络侵害他人民事权益的,应当承担侵权责任。法律另有规定的,依照其规定。

第一千一百九十五条　网络用户利用网络服务实施侵权行为的,权利人有权通知网络服务提供者采取删除、屏蔽、断开链接等必要措施。通知应当包括构成侵权的初步证据及权利人的真实身份信息。

网络服务提供者接到通知后,应当及时将该通知转送相关网络用户,并根据构成侵权的初步证据和服务类型采取必要措施;未及时采取必要措施的,对损害的扩大部分与该网络用户承担连带责任。

权利人因错误通知造成网络用户或者网络服务提供者损害的,应当承担侵权责任。法律另有规定的,依照其规定。

第一千一百九十六条　网络用户接到转送的通知后,可以向网络服务提供者提交不存在侵权行为的声明。声明应当包括不存在侵权行为的初步证据及网络用户的真实身份信息。

网络服务提供者接到声明后,应当将该声明转送发出通知的权利人,并告知其可以向有关部门投诉或者向人民法院提起诉讼。网络服务提供者在转送声明到达权利人后的合理期限内,未收到权利人已经投诉或者提起诉讼通知的,应当及时终止所采取的措施。

第一千一百九十七条　网络服务提供者知道或者应当知道网络用户利用其网络服务侵害他人民事权益,未采取必要措施的,与该网络用户承担连带责任。

第一千一百九十八条　宾馆、商场、银行、车站、机场、体育场馆、娱乐场所等经营场所、公共场所的经营者、管理者或者群众性活动的组织者,未尽到安全保障义务,造成他人损害的,应当承担侵权责任。

因第三人的行为造成他人损害的,由第三人承担侵权责任;经营者、管理者或者组织者未尽到安全保障义务的,承担相应的补充责任。经营者、管理者或者组织者承担补充责任后,可以向第三人追偿。

第一千一百九十九条　无民事行为能力人在幼儿园、学校或者其他教育机构学习、生活期间受到人身损害的,幼儿园、学校或者其他教育机构应当承担侵权责任;但是,能够证明尽到教育、管理职责的,不承担侵权责任。

第一千二百条　限制民事行为能力人在学校或者其他教育机构学习、生活期间受到人身损害,学校或者其他教育机构未尽到教育、管理职责的,应当承担侵权责任。

第一千二百零一条　无民事行为能力人或者限制民事行为能力人在幼儿园、学校或者其他教育机构学习、生活期间,受到幼儿园、学校或者其他教育机构以外的第三人人身损害的,由第三人承担侵权责任;幼儿园、学校或者其他教育机构未尽到管理职责的,承担相应的补充责任。幼儿园、学校或者其他教育机构承担补充责任后,可以向第三人追偿。

第四章　产品责任

第一千二百零二条　因产品存在缺陷造成他人损害的,生产者应当承担侵权责任。

第一千二百零三条　因产品存在缺陷造成他人损害的,被侵权人可以向产品的生产者请求赔偿,也可以向产品的销售者请求赔偿。

产品缺陷由生产者造成的,销售者赔偿后,有权向生产者追偿。因销售者的过错使产品存在缺陷的,生产者赔偿后,有权向销售者追偿。

第一千二百零四条　因运输者、仓储者等第三人的过错使产品存在缺陷,造成他人损害的,产品的生产者、销售者赔偿后,有权向第三人追偿。

第一千二百零五条　因产品缺陷危及他人人身、财产安全的,被侵权人有权请求生产者、销售者承担停止侵害、排除妨碍、消除危险等侵权责任。

第一千二百零六条　产品投入流通后发现存在缺陷的,生产者、销售者应当及时采取停止销售、警示、召回等补救措施;未及时采取补救措施或者补救措施不力造成损害扩大的,对扩大的损害也应当承担侵权责任。

依据前款规定采取召回措施的,生产者、销售者应当负担被侵权人因此支出的必要费用。

第一千二百零七条　明知产品存在缺陷仍然生产、销售,或者没有依据前条规定采取有效补救措施,造成他人死亡或者健康严重损害的,被侵权人有权请求相应的惩罚性赔偿。

第五章　机动车交通事故责任

第一千二百零八条　机动车发生交通事故造成损害的,依照道路交通安全法律和本法的有关规定承担赔偿责任。

第一千二百零九条　因租赁、借用等情形机动车所有人、管理人与使用人不是同一人时,发生交通事故造成损害,属于该机动车一方责任的,由机动车使用人承担赔偿责任;机动车所有人、管理人对损害的发生有过错的,承担相应的赔偿责任。

第一千二百一十条　当事人之间已经以买卖或者其他方式转让并交付机动车但是未办理登记,发生交通事故造成损害,属于该机动车一方责任的,由受让人承担赔偿责任。

第一千二百一十一条　以挂靠形式从事道路运输经营活动的机动车,发生交通事故造成损害,属于该机动车一方责任的,由挂靠人和被挂靠人承担连带责任。

第一千二百一十二条　未经允许驾驶他人机动车,发生交通事故造成损害,属于该机动车一方责任的,由机动车使用人承担赔偿责任;机动车所有人、管理人对损害的发生有过错的,承担相应的赔偿责任,但是本章另有规定的除外。

第一千二百一十三条　机动车发生交通事故造成损害,属于该机动车一方责任的,先由承保机动车强制保险的保险人在强制保险责任限额范围内予以赔偿;不足部分,由承保机动车商业保险的保险人按照保险合同的约定予以赔偿;仍然不足或者没有投保机动车商业保险的,由侵权人赔偿。

第一千二百一十四条　以买卖或者其他方式转让拼装或者已经达到报废标准的机动车,发生交通事故造成损害的,由转让人和受让人承担连带责任。

第一千二百一十五条　盗窃、抢劫或者抢夺的机动车发生交通事故造成损害的,由盗窃人、抢劫人或者抢夺人承担赔偿责任。盗窃人、抢劫人或者抢夺人与机动车使用人不是同一人,发生交通事故造成损害,属于该机动车一方责任的,由盗窃人、抢劫人或者抢夺人与机动车使用人承担连带责任。

保险人在机动车强制保险责任限额范围内垫付抢救费用的,有权向交通事故责任人追偿。

第一千二百一十六条　机动车驾驶人发生交通事故后逃逸,该机动车参加强制保险的,由保险人在机动车强制保险责任限额范围内予以赔偿;机动车不明、该机动车未参加强制保险或者抢救费用超过机动车强制保险责任限额,需要支付被侵权人人身伤亡的抢救、丧葬等费用的,由道路交通事故社会救助基金垫付。道路交通事故社会救助基金垫付后,其管理机构有权向交通事故责任人追偿。

第一千二百一十七条　非营运机动车发生交通事故造成无偿搭乘人损害,属于该机动车一方责任的,应当减轻其赔偿责任,但是机动车使用人有故意或者重大过失的除外。

第七章　环境污染和生态破坏责任

第一千二百二十九条　因污染环境、破坏生态造成他人损害的,侵权人应当承担侵权责任。

第一千二百三十条 因污染环境、破坏生态发生纠纷,行为人应当就法律规定的不承担责任或者减轻责任的情形及其行为与损害之间不存在因果关系承担举证责任。

第一千二百三十一条 两个以上侵权人污染环境、破坏生态的,承担责任的大小,根据污染物的种类、浓度、排放量,破坏生态的方式、范围、程度,以及行为对损害后果所起的作用等因素确定。

第一千二百三十二条 侵权人违反法律规定故意污染环境、破坏生态造成严重后果的,被侵权人有权请求相应的惩罚性赔偿。

第一千二百三十三条 因第三人的过错污染环境、破坏生态的,被侵权人可以向侵权人请求赔偿,也可以向第三人请求赔偿。侵权人赔偿后,有权向第三人追偿。

第一千二百三十四条 违反国家规定造成生态环境损害,生态环境能够修复的,国家规定的机关或者法律规定的组织有权请求侵权人在合理期限内承担修复责任。侵权人在期限内未修复的,国家规定的机关或者法律规定的组织可以自行或者委托他人进行修复,所需费用由侵权人负担。

第一千二百三十五条 违反国家规定造成生态环境损害的,国家规定的机关或者法律规定的组织有权请求侵权人赔偿下列损失和费用:

(一)生态环境受到损害至修复完成期间服务功能丧失导致的损失;
(二)生态环境功能永久性损害造成的损失;
(三)生态环境损害调查、鉴定评估等费用;
(四)清除污染、修复生态环境费用;
(五)防止损害的发生和扩大所支出的合理费用。

第八章 高度危险责任

第一千二百三十六条 从事高度危险作业造成他人损害的,应当承担侵权责任。

第一千二百三十七条 民用核设施或者运入运出核设施的核材料发生核事故造成他人损害的,民用核设施的营运单位应当承担侵权责任;但是,能够证明损害是因战争、武装冲突、暴乱等情形或者受害人故意造成的,不承担责任。

第一千二百三十八条 民用航空器造成他人损害的,民用航空器的经营者应当承担侵权责任;但是,能够证明损害是因受害人故意造成的,不承担责任。

第一千二百三十九条 占有或者使用易燃、易爆、剧毒、高放射性、强腐蚀性、高致病性等高度危险物造成他人损害的,占有人或者使用人应当承担侵权责任;但是,能够证明损害是因受害人故意或者不可抗力造成的,不承担责任。被侵权人对损害的发生有重大过失的,可以减轻占有人或者使用人的责任。

第一千二百四十条 从事高空、高压、地下挖掘活动或者使用高速轨道运输工具造成他人损害的,经营者应当承担侵权责任;但是,能够证明损害是因受害人故意或者不可抗力造成的,不承担责任。被侵权人对损害的发生有重大过失的,可以减轻经营者的责任。

第一千二百四十一条 遗失、抛弃高度危险物造成他人损害的,由所有人承担侵权责任。所有人将高度危险物交由他人管理的,由管理人承担侵权责任;所有人有过错的,与管理人承担连带责任。

第一千二百四十二条 非法占有高度危险物造成他人损害的,由非法占有人承担侵权责任。所有人、管理人不能证明对防止非法占有尽到高度注意义务的,与非法占有人承担连带责任。

第一千二百四十三条　未经许可进入高度危险活动区域或者高度危险物存放区域受到损害,管理人能够证明已经采取足够安全措施并尽到充分警示义务的,可以减轻或者不承担责任。

第一千二百四十四条　承担高度危险责任,法律规定赔偿限额的,依照其规定,但是行为人有故意或者重大过失的除外。

第九章　饲养动物损害责任

第一千二百四十五条　饲养的动物造成他人损害的,动物饲养人或者管理人应当承担侵权责任;但是,能够证明损害是因被侵权人故意或者重大过失造成的,可以不承担或者减轻责任。

第一千二百四十六条　违反管理规定,未对动物采取安全措施造成他人损害的,动物饲养人或者管理人应当承担侵权责任;但是,能够证明损害是因被侵权人故意造成的,可以减轻责任。

第一千二百四十七条　禁止饲养的烈性犬等危险动物造成他人损害的,动物饲养人或者管理人应当承担侵权责任。

第一千二百四十八条　动物园的动物造成他人损害的,动物园应当承担侵权责任;但是,能够证明尽到管理职责的,不承担侵权责任。

第一千二百四十九条　遗弃、逃逸的动物在遗弃、逃逸期间造成他人损害的,由动物原饲养人或者管理人承担侵权责任。

第一千二百五十条　因第三人的过错致使动物造成他人损害的,被侵权人可以向动物饲养人或者管理人请求赔偿,也可以向第三人请求赔偿。动物饲养人或者管理人赔偿后,有权向第三人追偿。

第一千二百五十一条　饲养动物应当遵守法律法规,尊重社会公德,不得妨碍他人生活。

第十章　建筑物和物件损害责任

第一千二百五十二条　建筑物、构筑物或者其他设施倒塌、塌陷造成他人损害的,由建设单位与施工单位承担连带责任,但是建设单位与施工单位能够证明不存在质量缺陷的除外。建设单位、施工单位赔偿后,有其他责任人的,有权向其他责任人追偿。

因所有人、管理人、使用人或者第三人的原因,建筑物、构筑物或者其他设施倒塌、塌陷造成他人损害的,由所有人、管理人、使用人或者第三人承担侵权责任。

第一千二百五十三条　建筑物、构筑物或者其他设施及其搁置物、悬挂物发生脱落、坠落造成他人损害,所有人、管理人或者使用人不能证明自己没有过错的,应当承担侵权责任。所有人、管理人或者使用人赔偿后,有其他责任人的,有权向其他责任人追偿。

第一千二百五十四条　禁止从建筑物中抛掷物品。从建筑物中抛掷物品或者从建筑物上坠落的物品造成他人损害的,由侵权人依法承担侵权责任;经调查难以确定具体侵权人的,除能够证明自己不是侵权人的外,由可能加害的建筑物使用人给予补偿。可能加害的建筑物使用人补偿后,有权向侵权人追偿。

物业服务企业等建筑物管理人应当采取必要的安全保障措施防止前款规定情形的发生;未采取必要的安全保障措施的,应当依法承担未履行安全保障义务的侵权责任。

发生本条第一款规定的情形的,公安等机关应当依法及时调查,查清责任人。

第一千二百五十五条 堆放物倒塌、滚落或者滑落造成他人损害,堆放人不能证明自己没有过错的,应当承担侵权责任。

第一千二百五十六条 在公共道路上堆放、倾倒、遗撒妨碍通行的物品造成他人损害的,由行为人承担侵权责任。公共道路管理人不能证明已经尽到清理、防护、警示等义务的,应当承担相应的责任。

第一千二百五十七条 因林木折断、倾倒或者果实坠落等造成他人损害,林木的所有人或者管理人不能证明自己没有过错的,应当承担侵权责任。

第一千二百五十八条 在公共场所或者道路上挖掘、修缮安装地下设施等造成他人损害,施工人不能证明已经设置明显标志和采取安全措施的,应当承担侵权责任。

窨井等地下设施造成他人损害,管理人不能证明尽到管理职责的,应当承担侵权责任。

本法自2021年1月1日起施行。

思考题

1. 《民法典》的出台有何意义?
2. 什么是一般侵权责任?它的构成要件有哪些?
3. 特殊侵权行为法律特征主要表现在哪几个方面?
4. 客人的财物毁损或灭失要求进行赔偿时,应当具备哪些条件?
5. 侵权责任与违约责任的区别有哪些?
6. 精神损害赔偿要考虑哪些因素?
7. 法律规定的诉讼时效有哪几种情况?

第十一章 酒店消防法律规范

案例导入

汕头华南宾馆特别重大火灾案

2005年6月10日,广东省汕头市华南宾馆突发大火,消防中队接到报警后,立即赶赴现场进行扑救。消防中队到达现场时,熊熊的大火夹杂着滚滚浓烟,已从宾馆的几十个窗户喷涌而出,华南宾馆整幢楼都笼罩在浓浓的黑烟之中。更为严重的是有些窗户还被宾馆用防盗网固定死了。汕头市119指挥中心随后又调集23辆消防车、100多名消防队员前往增援。

当时现场很混乱,每一层都有人在呼救,有的人已经从楼上跳下。有些人因为跳楼,腰椎、腿、手臂多处骨折,还有的是腹部、腹部脾脏破裂和肠穿孔。

华南宾馆过火总面积2 800 m^2,43间房间遭火焚毁,31人在火灾中丧生,28人受伤,其中4人重伤。这起火灾是2005年国内最大的一起火灾事故。

就在消防人员和周围群众积极灭火救人的时候,华南宾馆的几个主要负责人,不但没有积极辅助救火,配合调查,反而因害怕被追究刑事责任,纷纷畏罪潜逃。

6月12日下午,广东省消防总队在召开"6·10"特大火灾事故通报会指出:"报警太迟,宾馆附近消火栓无水或水压过低,消防装备'欠债'使救援能力不足,最终酿成了这起震惊全国的特大恶性火灾事故。"

华南宾馆"6·10"特别重大火灾发生后,国务院组成调查组赶赴事发现场,公安部消防局也抽调了火灾侦查、鉴定专家,协助调查组开展"6·10"特大火灾事故的调查工作。华南宾馆火灾主要存在以下4大因素:报警迟缓延误了战机,大量使用易燃材料装修,火灾发生后没有及时组织疏散,宾馆缺乏消防常识和逃生技能。经查:2001年10月15日,市公安局消防大队在监督检查中发现该宾馆消防存在问题,即下发改正通知书责令整顿;2002年1月15日,市公安消防部门突击检查时发现该宾馆并未整改,且还在营业,遂发出复查意见书;2002年1月25日,消防部门对该宾馆做出全面停业整改处罚;2003年8月,该宾馆进行内部装修,2004年6月,区公安消防部门在抽检中发现该宾馆一直在营业,又发出了限期整改通知书;2004年11月30日,消防部门在检查中发现该宾馆整改仍旧不彻底,遂在此下达限期停业整改的通知。

华南宾馆自1996年开业以来,营业10年间未经消防设计审核验收,违反消防法规,存在着通道狭窄且弯曲,安全出口不足,建筑消防设施欠缺,大量使用可燃材料装修等重大安全隐患。汕头消防部门先后5次下达停业、限期整改行政处罚通知书,但华南宾馆却屡查不改,仍继续营业,从而为此次特别重大火灾事故埋下了祸根。

"6·10"特别重大火灾事故发生后,专案组民警转战上海、深圳、广州、普宁等地将7名涉案人员已全部缉拿归案。在呈请人民检察院批准后,以涉嫌消防事故责任罪,对宾馆负责人施行逮捕。

思考:华南宾馆违反了哪些消防法律法规?

第一节　涉及酒店消防的全国性法律规范

随着我国法制的不断完善和健全,有关酒店消防方面的法律、法规也不断完善。到目前为止,由全国人大及国务院和公安部等制定和批准的全国性消防法律、法规累计超过30件,消防技术标准和规范近百件。在这一系列的法律、法规和规范中,有相当一部分涉及酒店的消防安全。

从消防法律、法规及规范的调整对象和实用范围以及法律义务和作用来划分,我国的消防法律、法规和规范大体上可分为消防基本法规、消防行政法规和消防技术规范三类。

一、消防基本法规

消防基本法规是规定国家消防行政管理机关的方针政策、组织机构、工作宗旨、职责权限以及管理程序等。消防基本法规,是调整国家各级消防行政机关同国家其他机关、企事业单位、社会团体和公民之间消防关系的总的法律规范。消防基本法规一般由国家最高立法机关批准,由国家最高行政机关颁发实行,如《中华人民共和国消防法》。

公安部于1994年初开始起草《中华人民共和国消防法》(简称《消防法》)草案,数易其稿后于1995年12月向国务院报送了消防法送审稿。之后,国务院法制局经过论证、修改,形成了消防法草案。1997年10月,国务院审议通过并报请全国人大审议,九届人大常委会第二次会议于1998年4月29日审议通过。2008年10月28日由十一届人大常委会第五次会议修订通过了新的《消防法》,修订后的《消防法》于2009年5月1日起施行。2021年4月29日第十三届全国人民代表大会常务委员会第二十八次会议又通过了对《中华人民共和国消防法》的第三次修正。

修订后的消防法,对消防设计质量的责任主体做了明确规定。

消防法规定,建设工程的消防设计、施工必须符合国家工程建设消防技术标准。建设、设计、施工、工程监理等单位依法对建设工程的消防设计、施工质量负责。对按照国家工程建设消防技术标准需要进行消防设计的建设工程,实行建设工程消防设计审查验收制度。国务院住房和城乡建设主管部门规定应当申请消防验收的建设工程竣工,建设单位应当向住房和城乡建设主管部门申请消防验收。其他建设工程,建设单位在验收后应当报住房和城乡建设主管部门备案,住房和城乡建设主管部门应当进行抽查。依法应当进行消防验收的建设工程,未经消防验收或者消防验收不合格的,禁止投入使用;其他建设工程经依法抽查不合格的,应当停止使用。建设工程消防设计审查、消防验收、备案和抽查的具体办法,由国务院住房和城乡建设主管部门规定。公众聚集场所投入使用、营业前消防安全检查实行告知承诺管理。公众聚集场所在投入使用、营业前,建设单位或者使用单位应当向场所所在地的县级以上地方人民政府消防救援机构申请消防安全检查,作出场所符合消防技术标准和管理规定的承诺,提交规定的材料,并对其承诺和材料的真实性负责。

《消防法》具有以下三个特点:

(1) 明确政府及全体社会成员的消防安全责任,充分体现了消防工作是全社会事业的基本特征;

(2) 突出"预防为主"的方针,对重要环节、重点方面的消防安全管理提出了更为明确、严密的要求;

(3) 对法律责任的规定更为明确、更为全面。

二、消防行政法规

消防行政法规主要是调整单位与单位之间、人与人之间的消防行为,它规定某一特定对象的消防活动组织原则、工作原则及管理办法。消防行政法规一般由国务院及公安部制定和发布,如《机关、团体、企业、事业单位消防安全管理规定》《公安部关于加强公共消防安全的通知》《仓库防火安全管理规则》《高层建筑消防管理规则》《公共娱乐场所消防安全管理规定》等。

三、消防技术规范

消防技术规范一般是由公安消防部门和上级主管部门单独或联合制定颁发的。这类技术规范是用以调整消防技术领域中人与自然、科学、技术的关系的标准和准则,如《火灾自动报警系统设计规范》《高层民用建筑设计防火规范》等。

在以上三类消防法律规范中有不少涉及酒店的消防工作。

第二节 涉及酒店消防的地方性法规

地方性消防法规,是指由省、自治区及直辖市公安消防部门或其他有关部门制定的地方性消防法规。地方性消防法规只适用于本地区范围。目前,我国还没有制定全国统一的有关酒店消防法规,有些省、自治区和直辖市的公安消防部门制定了一些本地区的酒店消防规定。

【资料链接 11-1】

北京市公安局制定的《宾馆酒店客人消防安全须知》

为确保宾馆、酒店及客人的安全,依据《中华人民共和国消防条例》特制定本须知:

一、请勿携带易燃易爆化学物品及充压受压容器进入宾馆、酒店。

二、请勿在客房内使用燃油或液化石油气等炉具和各种电加热设备。

三、请勿在电梯间、楼梯间及躺在床上吸烟。切勿随便乱扔烟头、火柴棒。

四、严禁在宾馆、酒店内燃放烟花鞭炮。

六、未经宾馆、酒店安全保卫部门批准,不得在房客内安装复印机、电传、传真等办公设备。

七、如发生火警及其他意外事件时,请勿惊慌,及时向服务台报警,按安全疏散路线迅速撤离。

八、因违反上述须知要求酿成火警、火灾事故的责任者,应负责赔偿经济损失;对造成严重后果者,由司法部门追究刑事责任。

九、本须知由北京市公安消防监督机关授权各宾馆、酒店安全保卫部门督促检查。

【资料链接 11-2】

江苏省旅游局和江苏省公安厅联合下发的《江苏省旅游涉外酒店安全管理规定》中有关消防安全管理部分

第六章 消防安全管理

第十六条 酒店的消防安全贯彻"预防为主,防消结合"的方针。酒店应明确一名领导为消防安全责任人,配备专职防火员,并建立健全群众性义务消防组织。

第十七条 酒店消防安全管理工作应做到:

1. 搞好消防专业教育和培训工作,定期进行消防演练。

2. 消防器材、设施应按消防部门有关规定配备,高层建筑应配备救护工具,新建、改建、扩建的酒店应按《建筑设计防火规范》规定,安装自动报警、自动灭火等设施,建立健全相应的使用、维修、保养检查制度。安全保卫部门及其他部门应职责明确,定期检查和更换过期消防器材,确保消防器材完好和正常使用。

3. 建立健全消防档案,了解并熟悉酒店消防设施整体布局。应根据各消防重点部位的不同情况,分别制定消防管理规定和消防操作程序,并严格执行。

4. 酒店新建、更新改造项目的图纸,需报经区、县以上公安消防部门审批,竣工后应通过检查验收,符合消防安全要求,方可投入经营运转。

5. 严格管理和控制火种、火源及易燃、易爆物品,仓库、柜台等场所禁止吸烟,客房、商场、仓库等重点部位的施工动火,须履行安全保卫部的审批手续,并在现场设置灭火器材,施工现场易燃物应及时清理。未经工程部门批准,任何人不得乱拉乱接电源。酒店各部门使用易燃易爆物品,应指定人员负责并采取安全措施。

第三节 国外酒店消防法律规范

一、美国

美国联邦以及各州政府对酒店消防安全工作十分重视,联邦和各州的酒店消防法规不断颁布和完善。到目前为止,美国联邦和各州的酒店消防法规已相当完善。这一整套的法规中包括酒店的建筑防火,酒店用具的防火标准,防火安全告示,酒店消防的组织工作,消防队的组织、训练和监督,火灾中的撤离计划等等。比如,联邦法律中明文提出:①要建立消防队,用书面说明消防队训练的类型、方式和每年的次数,确定消防队员的人数并阐明其职责;②适合于履行消防队员责任的雇员必须持有医师认可的证书;③雇主必须向全体消防队员提供各种消防训练和教育,这种训练必须在队员履行任何紧急救火责任之前提供。

美国许多州和地方的酒店消防法规比联邦的法律更加严格。比如,内华达州自姆吉姆大酒店火灾后,制定了新法规。其中规定:必须在酒店的每一出口走廊里安装自动喷洒系统;每间客房必须至少由一个喷洒头加以保护;客房、公共场所、出口、电梯间必须安装呼叫通知系统等等。另外,对于紧急照明、自动闭门装置、火灾报警设备等,该州的法律都有明确的规定。

纽约市1981年第62号地方法律中规定:凡是未在酒店客房内安装感烟式火灾探测器的酒店,就被认为有危害性的违法,责任人可以判处长达1年的徒刑并同时罚款10~1 000美元。

很多地方性的消防法规规定,新建酒店(包括一些已开业的酒店)必须安装火灾报警系统、自动喷洒系统、紧急电源、疏散通道发光标示等,还需要制定消防书面计划和紧急消防计划。所有的消防安全告示必须张贴在客房门的背后,字体要端正,要简单明了,要能让客人很容易地注意到。

二、英国

1971年,英国通过了防火法案,其中规定:凡雇员超过20人的场所,必须持有"消防合格证"。

1992年,英国制定了酒店消防的有关法规。酒店消防法规中规定:凡是在英国开办可住宿6人以上的酒店和客栈,为了消防安全,必须要通过当地有关部门的消防检查。新开业的酒店需要经过政府有关部门的消防安全检查,并且全部合格后方可领到营业执照。消防不合格的酒店不许开业。酒店新职工入店后,向他们作防火与救护事项的培训不得少于2小时。正式职工的消防教育每半年至少要半小时,并半年举行一次消防演习。

目前,在英国的2.8万家大小酒店中,有90%的酒店已经经过国家的消防安全鉴定,并且全部达标。对于违反消防法规,轻者说服教育、规劝整改,重者则停发营业许可证,告到上诉法庭或判处巨额罚款。

三、丹麦

自1975—1977年起,丹麦政府制定了一系列较为完整的统一酒店消防标准的法规,并且要求所有在丹麦境内经营的酒店和客栈都要照此执行。其中有这样一款条文:"所有登记注册的酒店和客栈都必须具备如下的设施标准:①凡有客房的楼层,要有两个以上避难时能起到作用的楼梯通道和其他有关设备;②各楼层每180平方米的面积至少要配备一台灭火器;③各紧急出口要有照明的标志,该标志的文字必须醒目,客房走道要有带箭头的通往紧急出口的路标。"

酒店和客栈在申请注册时,必须同时呈上一份详细记载避难及灭火设备情况的报告。

四、法国

1976年,法国政府颁布了一条适用于50间客房(可接待100人以下)的酒店和旅馆的消防法规。早在1954年,法国政府就颁发了可接待100人以上的酒店和旅馆的安全条例。

1982年,法国政府又颁布了适用于建设中和将要新建的酒店的单项安全法规。目前,在1976年以前开业,并还在营业中的酒店有90%已经解决了消防方面的问题,其余的酒店要求在短期内达到消防部门的要求。

五、意大利

1956—1977年意大利政府发布了一系列的消防法规,但是这里面没有专门适用于酒店消防方面的单项法规。1977年,意大利制定了酒店消防法规,并且决定所有的酒店到1980年必须达到消防法规的要求,否则将绳之以法。

六、奥地利

1979年,奥地利维也纳的奥加顿酒店发生特大火灾,烧死25人。奥地利政府对此非常重视。在80年代,一系列的有关酒店消防法规不断颁布,并且建立了严格的酒店消防安全检查制度。奥地利政府投入了大量的资金用于保证酒店的安全。自1979年以来,奥地利的酒店没有再发生重、特大火灾,成为世界酒店消防工作比较好的国家之一。1986年,酒店消防检查组检查了首都维也纳所有的酒店,对于不合消防法规的一些酒店进行了整顿。比如检查组要求一家拥有31间客房的酒店必须付出200万先令来防止可能发生的火灾。根据奥地利的消防法规,所有酒店客户的地毯应能阻燃。

七、新加坡

新加坡消防局对新加坡酒店的消防规定十分严格。新加坡目前的酒店大都是20世纪60年代以后所建的,根据酒店有关的消防法规,所有的这些酒店必须符合消防安全规定,比如酒店必须安装自动喷洒系统、感烟和感光自动报警器,配备适当的灭火器材,要有疏散楼梯等。

消防局每年对所有的酒店至少进行一次消防安全检查,如果酒店有违反消防法规的情况,消防局有权要求新加坡执照局拒绝发放年检合格的营业执照,没有营业执照酒店必须停业。

新加坡消防法规中有一条规定:旅馆的太平梯如果被查获上锁,当局可以将旅馆负责人上诉到法庭。

八、日本

日本法律对酒店、旅馆的消防规定得非常严格和具体,从酒店的设计到酒店开业后的消防管理都有规定。以下列举几条酒店消防设施和建筑物面积关系的具体规定供参考。

(1) 灭火器:用于总面积150平方米以上的建筑物、地下室和没有窗户的建筑物,或三楼以上使用面积在50平方米以上的楼层。

(2) 室内消火栓:用于总面积700平方米(有耐火结构的为1 400平方米)以上建筑物,以及地下室、没有窗户的楼层,或四层以上的使用面积在150平方米(有耐火结构的为3 000平方米)以上的楼层。

(3) 喷水灭火设备:地下室、没有窗户的楼层,或四层以上使用面积为150平方米以上的楼层。

(4) 自动火灾报警设备:用于总面积300平方米(有耐火结构的为600平方米)以上场所。

第四节 对违反消防法律规范的处罚

一、违反消防法规的处罚

2021年4月29日施行的修改后的《消防法》第十五条规定:"公众聚集场所在投入使用、营业前,建设单位或者使用单位应当向场所所在地的县级以上地方人民政府公安机关消防机构申请消防安全检查。"宾馆、饭店、会堂、公共娱乐场所等均属于公众聚集场所。

违反《消防法》等法规的规定,经消防监督机构通知采取改正措施而拒绝执行,情节严重的,对有关责任人员由公安机关依照治安管理处罚法给予处罚,或者由其主管机关给予行政处分。对造成火灾的,对有关责任人员依法追究刑事责任;情节较轻的,由公安机关依照治安管理处罚条例给予处罚,或者由其主管机关给予行政处分。

根据《消防法》第六十二条的规定,有下列行为之一的,依照《中华人民共和国治安管理处罚法》的规定处罚:

(1) 违反有关消防技术标准和管理规定生产、储存、运输、销售、使用、销毁易燃易爆危险品的;

(2) 非法携带易燃易爆危险品进入公共场所或者乘坐公共交通工具的;

(3) 谎报火警的;

(4) 阻碍消防车、消防艇执行任务的;

(5) 阻碍公安机关消防机构的工作人员依法执行职务的。

按照《消防法》第六十条的规定:单位违反本消防法规定,有下列行为之一的,责令改正,处五千元以上五万元以下罚款:

(1) 消防设施、器材或者消防安全标志的配置、设置不符合国家标准、行业标准,或者未保持完好有效的;

(2) 损坏、挪用或者擅自拆除、停用消防设施、器材的;

(3) 占用、堵塞、封闭疏散通道、安全出口或者有其他妨碍安全疏散行为的;

(4) 埋压、圈占、遮挡消火栓或者占用防火间距的;

(5) 占用、堵塞、封闭消防车通道,妨碍消防车通行的;

(6) 人员密集场所在门窗上设置影响逃生和灭火救援的障碍物的;

(7) 对火灾隐患经公安机关消防机构通知后不及时采取措施消除的。

高层酒店违反消防法规,有下列情形之一,情节较轻的,由酒店给予经济处罚、行政纪律处分;情节较严重的,由公安机关依照治安管理处罚条例的有关规定给予处罚;构成犯罪的,依法追究刑事责任。

(1) 擅自将消防设备、器材挪作他用或损坏的;

(2) 违反消防法规和制度的;

(3) 对存在火险隐患拒不整改的;

(4) 造成火灾事故的直接责任人;

(5) 贯彻消防法规不力,管理不严或因玩忽职守而引起火灾事故的酒店领导人。

根据我国的消防法规规定,酒店应当履行下列消防安全职责:
(1) 制定消防安全制度、消防安全操作规程;
(2) 实行防火安全责任制,确定本单位和所属各部门、岗位的消防安全责任人;
(3) 针对本单位的特点对职工进行消防宣传教育;
(4) 组织防火检查,及时消除火灾隐患;
(5) 按照国家有关规定配置消防设施和器材、设置消防安全标志,并定期组织检查、维修,确保消防设施和器材完好、有效;
(6) 保障疏散通道、安全出口畅通,并设置符合国家规定的消防安全疏散标志。
除此之外,酒店还应当履行下列消防安全职责:
(1) 建立防火档案,确定消防安全重点部位,设置防火标志,实行严格管理;
(2) 实行每日防火巡查,并建立巡查记录;
(3) 对职工进行消防安全培训;
(4) 制定灭火和应急疏散预案,定期组织消防演练。

二、违反消防法构成犯罪的行为

《消防法》第七十二条规定:"违反本法规定,构成犯罪的,依法追究刑事责任。"这里的"构成犯罪"即构成《中华人民共和国刑法》规定的犯罪,共有六大类。

1. 失火罪

失火罪,是指行为人过失引起火灾,造成致人重伤、死亡或使公私财产遭受重大损失的严重后果,危害公共安全的行为。

2. 企、事业单位重大责任事故罪

企、事业单位重大责任事故罪,是指企、事业单位的职工,由于不服管理、违反规章制度或者强令员工违章冒险工作,因而发生重大伤亡事故或者造成其他严重后果的行为。

3. 违反危险品管理肇事罪

违反危险品管理肇事罪,是指违反爆炸性、易燃性、放射性、毒害性、腐蚀性物品的管理规定,在生产、储存、运输、使用中发生重大事故,造成严重后果的行为。

4. 违反消防管理肇事罪

违反消防管理肇事罪,是指违反消防管理法规,经公安消防机构通知采取整改措施而拒绝执行,造成严重后果的行为。

5. 生产、销售劣质电器、压力容器、易燃易爆产品罪

生产、销售劣质电器、压力容器、易燃易爆产品罪,是指生产不符合保障人身、财产安全的国家标准、行业标准的电器、压力容器、易燃易爆产品或者其他不符合保障人身、财产安全的国家标准、行业标准的产品,或者销售明知是以上不符合保障人身、财产安全的国家标准、行业标准的产品,造成严重后果的行为。

【资料链接11-3】

关于加强宾馆、饭店等旅游设施消防安全工作的通知

(1993年10月22日 公安部 国家旅游局发布)

近几年,随着改革的不断深入和对外开放的迅速扩大,我国的旅游事业发展很快,宾

馆、饭店和餐饮、娱乐场所的大量兴建,为接待中外宾客创造了良好的环境。但是,由于一些宾馆、饭店和餐饮娱乐场所消防安全管理制度、防火措施不落实,尤其是一些单位负责人单纯追求经济效益,严重忽视消防安全,致使特大火灾连续发生。仅今年1至8月,全国就发生烧毁宾馆、饭店、歌舞厅的特大火灾14起,烧死41人,烧伤22人,直接经济损失3 291万元。这不仅给国家和人民生命财产造成了严重损失,而且影响了旅游业的声誉。为了吸取教训,堵塞漏洞,防止和减少重大火灾事故的发生,对宾馆、饭店等旅游设施的消防工作提出如下要求:

一、各宾馆、饭店和餐饮、娱乐场所要落实消防安全管理制度。凡是消防安全管理制度不健全,职责不明确,措施不落实的都必须抓紧整改落实。要建立健全经理消防安全负责制和岗位责任制。对全体员工经常开展切实有效的防火、灭火知识培训,组织防火、灭火演习,提高消防安全意识和自防自救能力,使消防安全的各项管理制度和措施落实到各个岗位,每个职工,使每个岗位的职工都能掌握本岗位预防火灾和扑救初期火灾的技能。

二、宾馆、饭店和餐饮、娱乐场所的改造、扩建和室内装修工程,包括宾馆、饭店和餐饮、娱乐场所出租或承包经营商场、写字间及卡拉OK歌厅、舞厅等场所的改造和装修工程,要认真执行国家有关消防技术规范和消防管理规章,采用非燃或难燃材料,并经公安消防监督部门审核、验收。要按照有关电气安全规程的规定,定期对电气设备、开关、线路、照明灯具、镇流器等进行检查,凡不符合安全防火要求的要及时维修和更换。

三、宾馆、饭店和餐饮、娱乐场所要加强自身经常的消防安全检查,及时发现和整改隐患。要加强消防控制室的值班力量,派责任心强、懂操作、经过消防培训的人员上岗,保证自动消防系统昼夜处于监控状态。对自动报警和灭火系统,防、排烟设备,防火门、防火卷帘门和室内外消火栓,消防水泵,消防水箱,消防给水管道等设施要经常检验检修,维护保养,保证完整好用。在宾馆、饭店的客房内要贴有非常情况下的疏散示意图。建筑内的走道、楼梯、出口、消防电梯等部门,要经常保持畅通,严禁堆放物品或上锁封堵,并应设置疏散标志和指示灯。凡有条件的,还应积极配备救生器材。

四、各地公安消防监督部门要与旅游管理部门密切配合,对本地区的宾馆、饭店和餐饮、娱乐场所加强消防监督管理,督促消防安全管理各项措施的落实。要加强对设在宾馆、饭店内的商店、写字间、歌舞厅及仓库、汽车库、使用可燃液体和可燃气体等重点部位的检查,发现火险隐患,要坚决督促整改。

各地公安消防部门对辖区内的宾馆、饭店和餐饮、娱乐场所要逐一制定灭火预案,必要时可组织灭火演习。对消防供水和消防通道要经常检查,对发现的问题要通知有关部门及时整改落实。

【资料链接11-4】

公共娱乐场所消防安全管理规定

(公安部第39号令《公共娱乐场所消防安全管理规定》已经1999年5月11日公安部部长办公会议通过,现予发布实行)

第一条 为了预防火灾,保障公共安全,依据《中华人民共和国消防法》制定本规定。

第二条 本规定所称公共娱乐场所,是指向公众开放的下列室内场所:

（一）影剧院、录像厅、礼堂等演出、放映场所；
（二）舞厅、卡拉 OK 厅等歌舞娱乐场所；
（三）具有娱乐功能的夜总会、音乐茶座和餐饮场所；
（四）游艺、游乐场所；
（五）保龄球馆、旱冰场、桑拿浴室等营业性健身、休闲场所。

第三条 公共娱乐场所应当在法定代表人或者主要负责人中确定一名本单位的消防安全责任人。在消防安全责任人确定或者变更时，应当向当地公安消防机构备案。

消防安全责任人应当依照《中华人民共和国消防法》第十四条和第十六条规定履行消防安全职责，负责检查和落实本单位防火措施、灭火预案的制定和演练以及建筑消防设施、消防通道、电源和火源管理等。

公共娱乐场所的房产所有者在与其他单位、个人发生租赁、承包等关系后，公共娱乐场所的消防安全由经营者负责。

第四条 新建、改建、扩建公共娱乐场所或者变更公共娱乐场所内部装修的，其消防设计应当符合国家有关建筑消防技术标准的规定。

第五条 新建、改建、扩建公共娱乐场所或者变更公共娱乐场所内部装修的，建设或者经营单位应当依法将消防设计图纸报送当地公安消防机构审核，经审核同意方可施工；工程竣工时，必须经公安消防机构进行消防验收；未经验收或者经验收不合格的，不得投入使用。

第六条 公众聚集的娱乐场所在使用或者开业前，必须具备消防安全条件，依法向当地公安消防机构申报检查，经消防安全检查合格后，发给《消防安全检查意见书》，方可使用或者开业。

第七条 公共娱乐场所宜设置在耐火等级不低于二级的建筑物内；已经核准设置在三级耐火等级建筑内的公共娱乐场所，应当符合特定的防火安全要求。

公共娱乐场所不得设置在文物古建筑和博物馆、图书馆建筑内，不得毗连重要仓库或者危险物品仓库；不得在居民住宅楼内改建公共娱乐场所。

第八条 公共娱乐场所的内部装修设计和施工，应当符合《建筑内部装修设计防火规范》和有关建筑内部装饰装修防火管理的规定。

第九条 公共娱乐场所的安全出口数目、疏散宽度和距离，应当符合国家有关建筑设计防火规范的规定。

安全出口处不得设置门槛、台阶，疏散门应当向外开启，不得采用卷帘门、转门、吊门和侧拉门，门口不得设置门帘、屏风等影响疏散的遮挡物。

公共娱乐场在营业时必须确保安全出口和疏散通道畅通无阻，严禁将安全出口上锁、阻塞。

第十条 安全出口、疏散通道和楼梯口应当设置符合标准的灯光疏散指示标志。指示标志应当设在门的顶部、疏散通道和转角处距地面一米以下的墙面上。设在走道上的指示标志的间距不得大于二十米。

第十一条 公共娱乐场所内应当设置火灾事故应急照明灯，照明供电不得少于二十分钟。

第十二条 公共娱乐场所必须加强电气防火安全管理，及时消除火灾隐患。不得超负荷用电，不得擅自拉接临时电线。

第十三条 在地下建筑内设置公共娱乐场所,除符合本规定其他条款的要求外,还应当符合下列规定:

(一)只允许设在地下一层;

(二)通往地面的安全出口不应少于二个,安全出口、楼梯和走道的宽度应当符合有关建筑设计防火规范;

(三)应当设置机械防烟排烟设施;

(四)应当设置火灾自动报警系统和自动喷水灭火系统;

(五)严禁使用液化石油气。

第十四条 公共娱乐场所内严禁带入和存放易燃易爆物品。

第十五条 严禁在公共娱乐场所营业时进行设备检修、电气焊、油漆粉刷等施工、维修作业。

第十六条 演出、放映场所的观众厅禁止吸烟和明火照明。

第十七条 公共娱乐场所在营业时,不得超过额定人数。

第十八条 卡拉OK厅及其包房内,应当设置声音或者视像警报,保证在火灾发生初期,将各卡拉OK厅房间的画面、音响消除,播放火灾警报,引导人们安全疏散。

第十九条 公共娱乐场所应当制定防火安全管理制度,制定紧急安全疏散方案。在营业时间和营业结束后,应当指定专人进行安全巡视检查。

第二十条 公共娱乐场所应当建立全员防火安全责任制度,全体员工都应当熟知必要的消防安全知识,会报火警,会使用灭火器材,会组织人员疏散。新职工上岗前必须进行消防安全培训。

第二十一条 公共娱乐场所应当按照《建筑灭火器配置设计规范》配置灭火器材,设置报警电话,保证消防设施、设备完好有效。

第二十二条 对违反本规定的行为,依照《中华人民共和国消防法》和地方性消防法规、规章予以处罚;构成犯罪的,依法追究刑事责任。

第二十三条 本规定自发布之日起施行。一九九五年一月二十六日公安部发布的《公共娱乐场所消防安全管理规定》同时废止。

【资料链接11-5】

机关、团体、企业、事业单位消防安全管理规定

(中华人民共和国公安部令 第61号 2001年11月14日发布
自2002年5月1日起实施)

第一章 总 则

第一条 为了加强和规范机关、团体、企业、事业单位消防安全管理,预防火灾和减少火灾危害,根据《中华人民共和国消防法》,制定本规定。

第二条 本规定适用于中华人民共和国境内的机关、团体、企业、事业单位(以下统称单位)自身的消防安全管理。

法律、法规另有规定的除外。

第三条 单位应当遵守消防法律、法规、规章(以下统称消防法规),贯彻预防为主、防

消结合的消防工作方针,履行消防安全职责,保障消防安全。

第四条　法人单位的法定代表人或者非法人单位的主要负责人是单位的消防安全责任人,对本单位的消防安全工作全面负责。

第五条　单位应当落实逐级消防安全责任制和岗位消防安全责任制,明确逐级和岗位消防安全职责,确定各级、各岗位的消防安全责任人。

第二章　消防安全责任

第六条　单位的消防安全责任人应当履行下列消防安全职责:

(一)贯彻执行消防法规,保障单位消防安全符合规定,掌握本单位的消防安全情况;

(二)将消防工作与本单位的生产、科研、经营、管理等活动统筹安排,批准实施年度消防工作计划;

(三)为本单位的消防安全提供必要的经费和组织保障;

(四)确定逐级消防安全责任,批准实施消防安全制度和保障消防安全的操作规程;

(五)组织防火检查,督促落实火灾隐患整改,及时处理涉及消防安全的重大问题;

(六)根据消防法规的规定建立专职消防队、义务消防队;

(七)组织制定符合本单位实际的灭火和应急疏散预案,并实施演练。

第七条　单位可以根据需要确定本单位的消防安全管理人。消防安全管理人对单位的消防安全责任人负责,实施和组织落实下列消防安全管理工作:

(一)拟订年度消防工作计划,组织实施日常消防安全管理工作;

(二)组织制定消防安全制度和保障消防安全的操作规程并检查督促其落实;

(三)拟订消防安全工作的资金投入和组织保障方案;

(四)组织实施防火检查和火灾隐患整改工作;

(五)组织实施对本单位消防设施、灭火器材和消防安全标志的维护保养,确保其完好有效,确保疏散通道和安全出口畅通;

(六)组织管理专职消防队和义务消防队;

(七)在员工中组织开展消防知识、技能的宣传教育和培训,组织灭火和应急疏散预案的实施和演练;

(八)单位消防安全责任人委托的其他消防安全管理工作。

消防安全管理人应当定期向消防安全责任人报告消防安全情况,及时报告涉及消防安全的重大问题。未确定消防安全管理人的单位,前款规定的消防安全管理工作由单位消防安全责任人负责实施。

第八条　实行承包、租赁或者委托经营、管理时,产权单位应当提供符合消防安全要求的建筑物,当事人在订立的合同中依照有关规定明确各方的消防安全责任;消防车通道、涉及公共消防安全的疏散设施和其他建筑消防设施应当由产权单位或者委托管理的单位统一管理。

承包、承租或者受委托经营、管理的单位应当遵守本规定,在其使用、管理范围内履行消防安全职责。

第九条　对于有两个以上产权单位和使用单位的建筑物,各产权单位、使用单位对消防车通道、涉及公共消防安全的疏散设施和其他建筑消防设施应当明确管理责任,可以委托统一管理。

第十条 居民住宅区的物业管理单位应当在管理范围内履行下列消防安全职责：

（一）制定消防安全制度，落实消防安全责任，开展消防安全宣传教育；

（二）开展防火检查，消除火灾隐患；

（三）保障疏散通道、安全出口、消防车通道畅通；

（四）保障公共消防设施、器材以及消防安全标志完好有效。

其他物业管理单位应当对受委托管理范围内的公共消防安全管理工作负责。

第十一条 举办集会、焰火晚会、灯会等具有火灾危险的大型活动的主办单位、承办单位以及提供场地的单位，应当在订立的合同中明确各方的消防安全责任。

第十二条 建筑工程施工现场的消防安全由施工单位负责。实行施工总承包的，由总承包单位负责。分包单位向总承包单位负责，服从总承包单位对施工现场的消防安全管理。

对建筑物进行局部改建、扩建和装修的工程，建设单位应当与施工单位在订立的合同中明确各方对施工现场的消防安全责任。

第二章 消防安全管理

第十三条 下列范围的单位是消防安全重点单位，应当按照本规定的要求，实行严格管理：

（一）商场（市场）、宾馆（饭店）、体育场（馆）、会堂、公共娱乐场所等公众聚集场所（以下统称公众聚集场所）；

（二）医院、养老院、寄宿制的学校、托儿所、幼儿园；

（三）国家机关；

（四）广播电台、电视台和邮政、通信枢纽；

（五）客运车站、码头、民用机场；

（六）公共图书馆、展览馆、博物馆、档案馆以及具有火灾危险性的文物保护单位；

（七）发电厂（站）和电网经营企业；

（八）易燃易爆化学物品的生产、充装、储存、供应、销售单位；

（九）服装、制鞋等劳动密集型生产、加工企业；

（十）重要的科研单位；

（十一）其他发生火灾可能性较大以及一旦发生火灾可能造成重大人身伤亡或者财产损失的单位。

高层办公楼（写字楼）、高层公寓楼等高层公共建筑，城市地下铁道、地下观光隧道等地下公共建筑和城市重要的交通隧道，粮、棉、木材、百货等物资集中的大型仓库和堆场，国家和省级等重点工程的施工现场，应当按照本规定对消防安全重点单位的要求，实行严格管理。

第十四条 消防安全重点单位及其消防安全责任人、消防安全管理人应当报当地公安消防机构备案。

第十五条 消防安全重点单位应当设置或者确定消防工作的归口管理职能部门，并确定专职或者兼职的消防管理人员；其他单位应当确定专职或者兼职消防管理人员，可以确定消防工作的归口管理职能部门。归口管理职能部门和专兼职消防管理人员在消防安全责任人或者消防安全管理人的领导下开展消防安全管理工作。

第十六条 公众聚集场所应当在具备消防安全条件后,向当地公安消防机构申报进行消防安全检查,经检查合格后方可开业使用:

(一)依法办理建筑工程消防设计审核手续,并经消防验收合格;

(二)建立健全消防安全组织,消防安全责任明确;

(三)建立消防安全管理制度和保障消防安全的操作规程;

(四)员工经过消防安全培训;

(五)建筑消防设施齐全、完好有效;

(六)制定灭火和应急疏散预案。

第十七条 举办集会、焰火晚会、灯会等具有火灾危险的大型活动,主办或者承办单位应当在具备消防安全条件后,向公安消防机构申报对活动现场进行消防安全检查,经检查合格后方可举办。

第十八条 单位应当按照国家有关规定,结合本单位的特点,建立健全各项消防安全制度和保障消防安全的操作规程,并公布执行。

单位消防安全制度主要包括以下内容:消防安全教育、培训;防火巡查、检查;安全疏散设施管理;消防(控制室)值班;消防设施、器材维护管理;火灾隐患整改;用火、用电安全管理;易燃易爆危险物品和场所防火防爆;专职和义务消防队的组织管理;灭火和应急疏散预案演练;燃气和电气设备的检查和管理(包括防雷、防静电);消防安全工作考评和奖惩;其他必要的消防安全内容。

第十九条 单位应当将容易发生火灾、一旦发生火灾可能严重危及人身和财产安全以及对消防安全有重大影响的部位确定为消防安全重点部位,设置明显的防火标志,实行严格管理。

第二十条 单位应当对动用明火实行严格的消防安全管理。禁止在具有火灾、爆炸危险的场所使用明火;因特殊情况需要进行电、气焊等明火作业的,动火部门和人员应当按照单位的用火管理制度办理审批手续,落实现场监护人,在确认无火灾、爆炸危险后方可动火施工。动火施工人员应当遵守消防安全规定,并落实相应的消防安全措施。

公众聚集场所或者两个以上单位共同使用的建筑物局部施工需要使用明火时,施工单位和使用单位应当共同采取措施,将施工区和使用区进行防火分隔,清除动火区域的易燃、可燃物,配置消防器材,专人监护,保证施工及使用范围的消防安全。

公共娱乐场所在营业期间禁止动火施工。

第二十一条 单位应当保障疏散通道、安全出口畅通,并设置符合国家规定的消防安全疏散指示标志和应急照明设施,保持防火门、防火卷帘、消防安全疏散指示标志、应急照明、机械排烟送风、火灾事故广播等设施处于正常状态。

严禁下列行为:

(一)占用疏散通道;

(二)在安全出口或者疏散通道上安装栅栏等影响疏散的障碍物;

(三)在营业、生产、教学、工作等期间将安全出口上锁、遮挡或者将消防安全疏散指示标志遮挡、覆盖;

（四）其他影响安全疏散的行为。

第二十二条　单位应当遵守国家有关规定,对易燃易爆危险物品的生产、使用、储存、销售、运输或者销毁实行严格的消防安全管理。

第二十三条　单位应当根据消防法规的有关规定,建立专职消防队、义务消防队,配备相应的消防装备、器材,并组织开展消防业务学习和灭火技能训练,提高预防和扑救火灾的能力。

第二十四条　单位发生火灾时,应当立即实施灭火和应急疏散预案,务必做到及时报警,迅速扑救火灾,及时疏散人员。邻近单位应当给予支援。任何单位、人员都应当无偿为报火警提供便利,不得阻拦报警。

单位应当为公安消防机构抢救人员、扑救火灾提供便利和条件。

火灾扑灭后,起火单位应当保护现场,接受事故调查,如实提供火灾事故的情况,协助公安消防机构调查火灾原因,核定火灾损失,查明火灾事故责任。未经公安消防机构同意,不得擅自清理火灾现场。

第四章　防火检查

第二十五条　消防安全重点单位应当进行每日巡查,并确定巡查的人员、内容、部位和频次。其他单位可以根据需要组织防火巡查。巡查的内容应当包括:

（一）用火、用电有无违章情况;

（二）安全出口、疏散通道是否畅通,安全疏散指示标志、应急照明是否完好;

（三）消防设施、器材和消防安全标志是否在位、完整;

（四）常闭式防火门是否处于关闭状态、防火卷帘下是否堆放物品影响使用;

（五）消防安全重点部位的人员在岗情况;

（六）其他消防安全情况。

公众聚集场所在营业期间的防火巡查应当至少每2小时一次;营业结束时应当对营业现场进行检查,消除遗留火种。医院、养老院、寄宿制的学校、托儿所、幼儿园应当加强夜间防火巡查,其他消防安全重点单位可以结合实际组织夜间防火巡查。

防火巡查人员应当及时纠正违章行为,妥善处置火灾危险,无法当场处置的,应当立即报告。发现初起火灾应当立即报警并及时扑救。

防火巡查应当填写巡查记录,巡查人员及其主管人员应当在巡查记录上签名。

第二十六条　机关、团体、事业单位应当至少每季度进行一次防火检查,其他单位应当至少每月进行一次防火检查。检查的内容应当包括:

（一）火灾隐患的整改情况以及防范措施的落实情况;

（二）安全疏散通道、疏散指示标志、应急照明和安全出口情况;

（三）消防车通道、消防水源情况;

（四）灭火器材配置及有效情况;

（五）用火、用电有无违章情况;

（六）重点工种人员以及其他员工消防知识的掌握情况;

（七）消防安全重点部位的管理情况;

（八）易燃易爆危险物品的场所防火防爆措施的落实情况以及其他重要物资的防火安

全情况;

（九）消防(控制室)值班情况和设施运行、记录情况；

（十）防火巡查情况；

（十一）消防安全标志的设置情况和完好、有效情况；

（十二）其他需要检查的内容。

防火检查应当填写检查记录。检查人员和被检查部门负责人应当在检查记录上签名。

第二十七条　单位应当按照建筑消防设施检查维修保养有关规定的要求，对建筑消防设施的完好有效情况进行检查和维修保养。

第二十八条　设有自动消防设施的单位，应当按照有关规定定期对其自动消防设施进行全面检查测试，并出具检测报告，存档备查。

第二十九条　单位应当按照有关规定定期对灭火器进行维护保养和维修检查。对灭火器应当建立档案资料，记明配置类型、数量、设置位置、检查维修单位(人员)、更换药剂的时间等有关情况。

第五章　火灾隐患整改

第三十条　单位对存在的火灾隐患，应当及时予以消除。

第三十一条　对下列违反消防安全规定的行为，单位应当责成有关人员当场改正并督促落实：

（一）违章进入生产、储存易燃易爆危险物品场所的；

（二）违章使用明火作业或者在具有火灾、爆炸危险的场所吸烟、使用明火等违反禁令的；

（三）将安全出口上锁、遮挡，或者占用、堆放物品影响疏散通道畅通的；

（四）消火栓、灭火器材被遮挡影响使用或者被挪作他用的；

（五）常闭式防火门处于开启状态，防火卷帘下堆放物品，影响使用的；

（六）消防设施管理、值班人员和防火巡查人员脱岗的；

（七）违章关闭消防设施、切断消防电源的；

（八）其他可以当场改正的行为。

违反前款规定的情况以及改正情况应当有记录并存档备查。

第三十二条　对不能当场改正的火灾隐患，消防工作归口管理职能部门或者专兼职消防管理人员应当根据本单位的管理分工，及时将存在的火灾隐患向单位的消防安全管理人或者消防安全责任人报告，提出整改方案。消防安全管理人或者消防安全责任人应当确定整改的措施、期限以及负责整改的部门、人员，并落实整改资金。

在火灾隐患未消除之前，单位应当落实防范措施，保障消防安全。不能确保消防安全，随时可能引发火灾或者一旦发生火灾将严重危及人身安全的，应当将危险单位停产停业整改。

第三十三条　火灾隐患整改完毕，负责整改的部门或者人员应当将整改情况记报送消防安全责任人或者消防安全管理人签字确认后存档备查。

第三十四条　对于涉及城市规划布局而不能自身解决的重大火灾隐患，以及机关、团体、事业单位确无能力解决的重大火灾隐患，单位应当提出解决方案并及时向上级主管部门或者当地人民政府报告。

第三十五条 对公安消防机构责令限期改正的火灾隐患,单位应当在规定的期限内改正并写出火灾隐患整改复函,报送公安消防机构。

第六章 消防安全宣传教育和培训

第三十六条 单位应当通过多种形式开展经常性的消防安全宣传教育。消防安全重点单位对每名员工应当至少每年进行一次消防安全培训。宣传教育和培训内容应当包括:
(一)有关消防法规、消防安全制度和保障消防安全的操作规程;
(二)本单位、本岗位火灾危险性和防火措施;
(三)有关消防设施的性能、灭火器材的使用方法;
(四)报火警、扑救初起火灾以及自救逃生的知识和技能。
公众聚集场所对员工的消防安全培训应当至少每半年进行一次,培训的内容还应当包括组织、引导在场群众疏散的知识和技能。
单位应当组织新上岗和进入新岗位的员工进行上岗前的消防安全培训。

第三十七条 公众聚集场所在营业、活动期间,应当通过张贴图画、广播、闭路电视等向公众宣传防火、灭火、疏散逃生等常识。
学校、幼儿园应当通过寓教于乐等多种形式对学生和幼儿园进行消防安全常识教育。

第三十八条 下列人员应当接受消防安全专门培训:
(一)单位的消防安全责任人、消防安全管理人;
(二)专、兼职消防管理人员;
(三)消防控制室的值班、操作人员;
(四)其他依照规定应当接受消防安全专门培训的人员。
前款规定中的第(三)项人员应当持证上岗。

第七章 灭火、应急疏散预案和演练

第三十九条 消防安全重点单位制定的灭火和应急疏散预案应当包括下列内容:
(一)组织机构,包括灭火行动组、通信联络组、疏散引导组、安全防护救护组;
(二)报警和接警处置程序;
(三)应急疏散的组织程序和措施;
(四)扑救初起火灾的程序和措施;
(五)通信联络、安全防护救护的程序和措施。

第四十条 消防安全重点单位应当按照灭火和应急疏散预案,至少每半年进行一次演练,并结合实际,不断完善预案。其他单位应当结合本单位实际,参照制定相应的应急方案,至少每年组织一次演练。
消防演练时,应当设置明显标志并事先告知演练范围内的人员。

第八章 消防档案

第四十一条 消防安全重点单位应当建立健全消防档案。消防档案应当包括消防安全基本情况和消防安全管理情况。消防档案应当翔实,全面反映单位消防工作的基本情况,并附有必要的图表,根据情况变化及时更新。

单位应当对消防档案统一保管备查。

第四十二条　消防安全基本情况应当包括以下内容：

（一）单位基本概况和消防安全重点部位情况；

（二）建筑物或者场所施工、使用或者开业前的消防设计审核、消防验收以及消防安全检查的文件、资料；

（三）消防管理组织机构和各级消防安全责任人；

（四）消防安全制度；

（五）消防设施、灭火器材情况；

（六）专职消防队、义务消防队人员及其消防装备配备情况；

（七）与消防安全有关的重点工种人员情况；

（八）新增消防产品、防火材料的合格证明材料；

（九）灭火和应急疏散预案。

第四十三条　消防安全管理情况应当包括以下内容：

（一）公安消防机构填发的各种法律文书；

（二）消防设施定期检查记录、自动消防设施全面检查测试的报告以及维修保养的记录；

（三）火灾隐患及其整改情况记录；

（四）防火检查、巡查记录；

（五）有关燃气、电气设备检测（包括防雷、防静电）等记录资料；

（六）消防安全培训记录；

（七）灭火和应急疏散预案的演练记录；

（八）火灾情况记录；

（九）消防奖惩情况记录。

前款规定中的第（二）（三）（四）（五）项记录，应当记明检查的人员、时间、部位、内容、发现的火灾隐患以及处理措施等；第（六）项记录，应当记明培训的时间、参加人员、内容等；第（七）项记录，应当记明演练的时间、地点、内容、参加部门以及人员等。

第四十四条　其他单位应当将本单位的基本概况、公安消防机构填发的各种法律文书、与消防工作有关的材料和记录等统一保管备查。

第九章　奖　　惩

第四十五条　单位应当将消防安全工作纳入内部检查、考核、评比内容。对在消防安全工作中成绩突出的部门（班组）和个人，单位应当给予表彰奖励。对未依法履行消防安全职责或者违反单位消防安全制度的行为，应当依照有关规定对责任人员给予行政纪律处分或者其他处理。

第四十六条　违反本规定，依法应当给予行政处罚的，依照有关法律、法规予以处罚；构成犯罪的，依法追究刑事责任。

第十章　附　　则

第四十七条　公安消防机构对本规定的执行情况依法实施监督，并对自身滥用职权、玩忽职守、徇私舞弊的行为承担法律责任。

第四十八条 本规定自2002年5月1日起施行。本规定施行以前公安部发布的规章中的有关规定与本规定不一致的,以本规定为准。

思考题

1. 《中华人民共和国消防法》有哪些特点?
2. 对高层酒店的消防管理国家有哪些规定?
3. 对违反《中华人民共和国消防法》的行为,如何进行处罚?

第十二章 国内法与国际法

案例导入

这些酒店的收费是否符合国际惯例?

案例一:杭州某酒店客人张先生于4月20日18时入店,21日下午15:40分退房,该酒店收取了1.5天的房费,客人十分不满,当即向酒店提出:"一天24小时,我只住了22小时,连一天都不到,为何收取一天半的房费?"

案例二:上海的王小姐去广州旅游,由于飞机晚点,到达饭店时已是晚上11时,第二天早晨9点钟退房。可是,饭店要收取她一天的房价。王小姐觉得自己住了还不到10小时,连半天都没有,为何要收取一天的房费呢?于是王小姐将酒店告到了广州市消费者委员会。

案例三:甘肃的李女士于8月11日住进了兰州某宾馆,她是当天0时30分入住,当天下午14时30分退房,该宾馆收取了她一天半的房费。李女士很不理解,自己只住了14个小时,为什么要付一天半的房费呢,遂将宾馆告上了法院。

思考:这几起案例引起全国媒体的广泛报道与讨论。酒店方认为:这样收费是依据国际惯例。而反对方认为,非也。请问什么是国际惯例?

第一节 法的一般分类

法的分类是指从一定的角度或根据一定标准将法律规范或法律制度划分为若干不同的种类。

一、一般法和特别法

一般法,是指在效力范围上具有普遍性的法律,即针对一般的人或事,在较长时期内,在全国范围普遍有效的法律,如《民法典》。特别法是指对特定主体、事项,或在特定地域、特定时间有效的法律,如《治安管理处罚法》。一般而言,特别法的效力优于普通法。

民法典(一般法)与劳动合同法(特别法)发生冲突的时候,适用劳动合同法(特别法),因为,民法典与劳动合同法均为全国人大审议通过,不涉及上位法优先于下位法的问题,两个法律是同位阶的。

二、实体法和程序法

实体法规定的权利和义务直接来自人们在生产和生活中形成的相互关系的要求,如所有权、债权、政治权利义务,如合同法、民法、刑法、行政法等。程序法的主要内容是规定主体在诉讼活动中的权利和义务,也即主体在寻求国家机关对自己权利予以支持的过程中的行为方式,其作用在于保证主体在实际生活中享有的法律权利得以实现。因此实体法和程序法也被称为主法和助法。

三、根本法和普通法

在采用成文宪法的国家,根本法是指宪法,在国家法律体系中享有最高的法律地位和法律效力。宪法内容的制定、修改的程序都不同于其他法律。普通法是指宪法以外的其他法律。普通法的内容一般只涉及社会生活的某一方面,如民法、行政法、刑法等,其法律效力低于宪法。

四、成文法和不成文法

成文法是指由特定国家机关制定颁布,以不同等级的规范性法律文件形式表现出来的法律规范,故又称"制定法"。不成文法是由国家机关以一定形式认可其法律效力,但不表现为成文的规范性法律文件形式的法律规范,一般是指习惯法。英美法系的判例法是由法院通过判决创制的法,它虽然表现为文字形式的判决,但不同于由立法机关制定的规范性法律文件,因此通常将判例法视为与制定法相对应的一种法律渊源,归入不成文法一类。

第二节 国 内 法

国内法,是指本国制定或认可并在本国主权管辖范围内生效的法律。国内法是按照法律制定的主体和适用范围所作的法的分类。

一、法律部门

法律部门,是指对一国现行法规按所调整的社会关系及与之相适应的调整方法的不同所作的基本分类。一个国家的法律规范所调整的社会关系是多种多样的,凡调整同一种类的社会关系并采用同一种调整方法的法律规范的总和,就构成一个独立的法律部门。

二、宪法

宪法是国家的根本大法,是一个国家的总章程,它所规定的是社会和国家生活中的根本性问题。我国宪法在我国法的体系中居于主导地位,它规定了我国社会制度和国家制度的基本原则,规定公民的基本权利和义务以及国家机构组织和活动的基本原则。

我国宪法在我国法的体系中居于主导地位,主要表现在以下几个方面:
(1) 宪法的内容不同于一般法律。宪法规定的是国家制度和社会制度的基本原则,包括国家性质、政治制度、经济制度、国家机构、公民的基本权利与义务、国家机关的体系及相互关系和组织活动原则等根本性的大问题。而一般法律只规定国家生活和社会生活中某个方面的具体问题。

（2）宪法的效力不同于一般法律的效力。宪法具有最高法律效力，一般法律的精神和条文都不得与宪法相抵触，否则无法律效力。

（3）宪法的制定和修改程序不同于一般法律。宪法的制定和修改有特定的程序，比一般法律的立法程序要严格。《中华人民共和国宪法》第六十四条规定："宪法的修改，由全国人民代表大会常务委员会或者1/5以上的全国人民代表大会代表提议，并由全国人民代表大会以全体代表的2/3以上的多数通过。"一般法律的制定只需要一般的程序。

《中华人民共和国宪法》是我国的根本大法，是我国的立法基础，具有最高的法律效力。除《中华人民共和国宪法》外，我国还有《中华人民共和国国务院组织法》《中华人民共和国人民法院组织法》《中华人民共和国人民检察院组织法》《中华人民共和国民族区域自治法》等从属于宪法部门的宪法性法律。

最新版的《中华人民共和国宪法》是2018年第十三届全国人民代表大会第一次会议通过的《中华人民共和国宪法修正案（五）》。

三、民法

民法有广义民法与狭义民法之分。广义的民法指调整平等主体之间所有的财产关系、人身关系和婚姻家庭关系的法律；狭义的民法仅指调整一定范围的财产关系和人身关系的法律。财产关系是人们在生产、分配、交换和消费中形成的经济关系。财产关系内容很广，民法所调整的不是所有财产关系，它主要是调整商品关系，包括财产所有权关系、继承关系、债权关系、知识产权关系，是平等主体的公民之间、法人之间、公民和法人之间发生的财产关系，即横向的财产、经济关系。这里的人身关系主要是指公民的名誉权、肖像权、生命健康权、法人的名称权、名誉权等。这些人身权不仅是刑法调整的对象，也是民法所调整的对象。

其他一些财产关系由其他有关的法的部门调整。例如，政府对经济的管理，国家和企业之间以及企业内部等纵向经济关系或者行政管理关系，不是平等主体之间的财产、经济关系，主要由有关经济法、行政法调整。

我国民法是我国法律体系中的一个重要部门。我国民法以平等主体之间的财产关系和人身关系为调整对象，以自愿、公平、等价有偿、诚实信用等原则和方法为调整手段，确保自然人（基于自然生命而活动的人）和法人（指具有民事权利能力和民事行为能力，依法独立享有民事权利和承担民事义务的组织）的民事权利，维护我国社会主义商品生产和商品交换的秩序。

近年来我国先后制定了一批民事或者与民事关系有关的法律，如《中华人民共和国民法典》《中华人民共和国专利法》《中华人民共和国商标法》等。

四、刑法

刑法是法律体系的一个部门，它规定什么样的行为应被认定为犯罪，并规定这类行为应负什么责任，处以什么种类的刑罚。犯罪，是指危害统治阶级利益和统治秩序，依照统治阶级制定的法律负有责任并可处以刑罚的行为。

我国刑法是规定犯罪和刑罚的法律规范的总和,包括《中华人民共和国刑法》和其他刑法法律规范性文件。刑法是国家法律体系中的一个重要组成部分,它的主要任务是用刑罚同一切犯罪行为作斗争,以保卫国家安全、保卫人民民主专政的政权和社会主义制度,保护国有财产和劳动群众集体所有的财产,保护公民私人所有的财产,保护公民的人身权利、民主权利和其他权利,维护社会秩序、经济秩序,保障社会主义建设事业的顺利进行。

我国新《刑法》规定:"一切危害国家主权、领土完整和安全,分裂国家、颠覆人民民主专政的政权和推翻社会主义制度,破坏社会秩序和经济秩序,侵犯国有财产或者劳动群众集体所有的财产,侵犯公民私人所有的财产,侵犯公民的人身权利、民主权利和其他权利,以及其他危害社会的行为,依照法律应当受刑罚处罚的,都是犯罪,但是情节显著轻微危害不大的,不认为是犯罪。"从我国刑法规定的犯罪概念和刑法的总体精神来看,犯罪的特征有三个:

(1)犯罪是严重危害社会的行为,具有严重的社会危害性。

犯罪是危害社会的行为,具有一定的社会危害性。行为如果对社会没有危害性,或者危害性很轻微就不构成犯罪。犯罪只能是一种危害社会的行为,而不是思想,思想无论是如何有害或者多么反动,如果没有外化为人的行为,都不是犯罪。犯罪的危害性,是指给国家、社会或者个人利益造成实际损害或者有造成实际损害的可能性。

(2)犯罪是触犯刑律的行为,具有刑事违法性。

犯罪是违反刑法规范的行为,具有刑事违法性。刑法规范,是指刑法所规定的禁止人们实施一定的行为和要求人们实施一定行为的行为规范,违反刑法规范的行为即具有刑事违法性。行为如果缺乏违法性,就不能成立犯罪,如正当防卫和紧急避险的情况下实施的行为,就不能认为犯罪。

(3)犯罪是应受刑罚惩罚的行为,具有应受刑罚处罚性。

犯罪是依法应受刑罚惩罚的行为,具有应受刑罚惩罚性。犯罪必须是依法应受刑法惩罚的行为,这是法治原则的必然要求,也是罪刑法定原则在犯罪概念中的具体体现。依法应受刑罚惩罚,表明行为违反刑事禁令或者刑事命令,应当受到刑罚惩罚。即按照行为人所负的责任达到了可以受刑罚的程度。

犯罪的以上三个特征紧密相连,缺一不可。行为没有社会危害性,立法者不会将其规定为犯罪,行为没有触犯刑法而不具有惩罚性,无论其危害性有多大,司法机关都不能将其作为犯罪对待。

五、经济法

我国经济法是一个新兴的法律部门,它是国家为组织领导和管理经济的需要而制定调整纵向的经济管理关系和与此有密切联系的横向经济关系的法律规范的总称。

经济法涉及的范围比较广泛,一般包括:所有制、土地和资源、计划和经营管理、工业、农业、商业、交通、外贸及工商行政管理、对外经济技术合作、财政税收、金融、保险、卫生、环境保护以及劳动、社会福利等。经济法是从民法、行政法等法律部门中分离出来的一个重要的法律部门,它的调整对象包括国民经济管理关系,国家与经济组织之间和各经济组织内部的纵向经济关系,以及一定条件下的某些横向经济关系。为了适应经济体制改革和对外开放的需要,保障和促进社会主义现代化建设的顺利进行,我国近年来制定了大量的经济方面的法律。

经济法和民法的主要区别是:

(1) 二者调整对象不同。经济法主要是调整国家对经济的管理、国家和企业之间以及企业内部等纵向的经济关系;而民法是调整平等主体的公民之间、法人之间、公民和法人之间的财产关系即横向经济关系和人身关系。

(2) 二者调整的原则不同。民法调整的主要原则是当事人在民事活动中的地位平等、自愿、公平、等价有偿、诚实信用;而经济法主体之间的法律地位是不平等的,反映了上下级的隶属关系。

六、劳动法

劳动法,是调整劳动关系以及与劳动关系密切联系的其他关系的法律规范的总和。它包括劳动合同的签订、变更、终止和解除的规定和程序,工作时间和劳动报酬的规定,安全保护和劳动卫生规程,劳动纪律和奖惩办法,劳动保险和生活福利制度,女工的保护规则,培训制度,职工代表大会制度,工会的组织原则及其权利和义务,处理劳动争议的程序,以及对于年老、患病和残疾者实行物质保险等方面的法律规范。

劳动法对于巩固和发展社会主义劳动组织,调动劳动者的积极性和创造性,不断提高劳动效率,改善劳动条件,保护劳动者的身心健康,以及在发展生产的基础上,逐步提高劳动者的物质财富和文化水平起着重要的作用(劳动争议的处理见下图)。

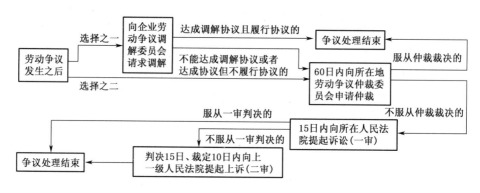

图 12-1 劳动争议处理流程图

七、行政法

行政法,是指调整行政领域的社会关系(即调整国家行政机关在行使执行、指挥、组织、监督等各种职能过程中发生的各种社会关系)的法律规范的总和。它是国家行政机关工作的法律依据,也是人们在有关活动中所必须遵循的原则。行政法是国家整个法律体系中的一个重要的、独立的法律部门。

行政法是国家通过国家机关发挥组织、指挥、监督和管理职能的法律形式。行政法调整一定的行政关系,在这一关系中,国家处于领导者和指挥者的地位,并以自己的意志规定另一主体的行为,所以行政关系是按指令和服从原则建立起来的隶属关系。行政法调整的对象是国家行政机关在行政活动过程中所发生的各种社会关系,如国家行政机关相互之间、国家行政机关和企业事业单位、社会团体之间、国家行政机关和个别公民之间所发生的法律关系,即行政法律关系。它涉及的范围比较广泛,包括民政、治安、工商、文教、卫生、人事等各方面的行政管理。

行政法所规定的内容较为广泛,散见于各种形式的法律、法规之中,主要包括国家行政管理体制,行政管理活动的基本任务、内容、原则、国家行政机关的权限、职责范围、活动的方式和方法、国家工作人员的选拔、使用、任免、奖惩等规范。

行政不同于行政权,二者既有联系又有区别。行政指的是国家的组织活动,行政权是指行政机关的权限。在我国,国务院和其他各级人民政府都是行使行政权的国家行政机关。

行政法对于实现国家领导起着重要作用,是我国法的体系中重要的基本法部门。近年来,我国制定了一批行政法律、法规。

八、诉讼法

诉讼是人类社会制止和解决社会冲突的主要手段。"诉讼"一词是由"诉"与"讼"两字组成。"诉"为叙说、告诉、告发、控告之意,"讼"为争辩是非、曲直之意。两个字连用即为向法庭告诉,在法庭上辩冤、争辩是非曲直。在法律上,诉讼是指国家专门机关在诉讼参与人的参加下,依据法定的权限和程序,解决具体案件的活动。

诉讼法,是关于诉讼程序的法律规范的总和。其内容主要是关于司法机关及其他诉讼参与人进行诉讼法律的原则、程序、方式和方法的规定;关于检查或监督诉讼活动,特别是侦查、审判活动是否合法,以及纠正错误的原则、程序、方式和方法的规定;关于执行程序的规定。其任务是从诉讼程序方面保证实体法的正确实施。

我国诉讼法按其性质,分为刑事诉讼法、民事诉讼法和行政诉讼法。

(一) 刑事诉讼法

刑事诉讼法,是关于刑事诉讼程序的法律规范的总和。它包括我国刑事诉讼法和全国人民代表大会及其常设机构的有关决议和决定。例如,关于死刑案件的核准问题的决定,关于迅速审判严重危害社会治安的犯罪分子的程序的决定等。它主要规定刑事诉讼的性质、任务、原则与制度,以及刑事立案、侦查、起诉、审判、监督、执行等程序。

新的《中华人民共和国刑事诉讼法》的特点是改纠问式为控辩式。这一特点确立了控诉方和被控诉方在法庭上的平等地位,体现出"罪从判定"——任何人未经人民法院的判决,均应视为无罪的原则,从而显示出一种司法制度对人最宝贵的权利——生命和自由的高度重视。

(二) 民事诉讼法

民事诉讼法,是关于民事诉讼程序的法律规范的总和。它的规范主要规定在我国民事诉讼法中,包括民事诉讼的性质、任务、原则与制度,以及起诉、调解、审判、监督、执行等程序。它的任务是保证人民法院查明事实,分清是非,正确适用法律,及时审理民事案件,确认民事权利义务关系,制裁民事违法行为,保护国家、集体和个人的权益,教育公民自觉遵守法律(图 12-2)。

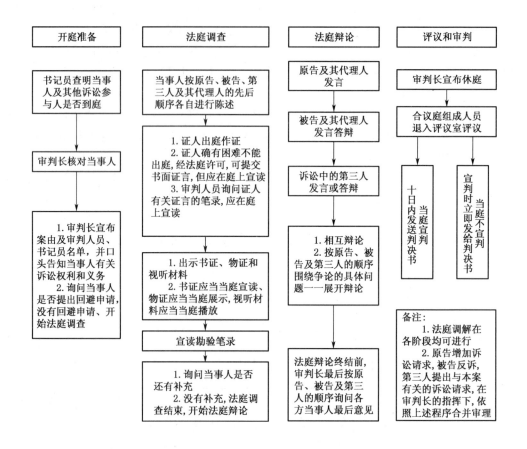

图 12-2　民事审判——审庭法定程序

(三) 行政诉讼法

行政诉讼法,是指由国家制定和认可的,人民法院和行政诉讼参与人在审理行政案件中所进行的各种诉讼活动,以这些诉讼活动所产生的诉讼关系的法律规范的总称。简单地说,行政诉讼法就是国家规定的关于行政诉讼的法律规范的总称。

行政诉讼,是指公民、法人或者其他组织不服行政机关所作的处理决定,依法起诉,审判机关依法审理的活动。行政诉讼包含以下几个基本内容:

(1) 原告是行政管理相对人,即公民、法人或组织。

(2) 被告是行使国家行政管理职权的行政机关,是作出行政处罚决定或者其他行政处理决定的行政机关,或者是作出行政复议决定的行政机关。

(3) 原告提起诉讼是因不服行政机关的行政行为而引起的,包括行政处罚决定、其他行政处理决定和行政复议决定。

(4) 提起的行政诉讼案件必须是法律、法规明文规定当事人可以向人民法院起诉的行政争议案件。

(5) 行政诉讼必须在人民法院的主持下,按照一定的诉讼程序和方式进行。

第三节 国 际 法

一、国际法的概念

国际法(Law of Nations)是以国家之间关系为主要调整对象,规定其权利与义务的有约束力的原则、规则和制度的总称。为了同国际私法相区别,国际法又称"国际公法"(旧称"万国法")。

国际法是一个特殊的法律部门,与国内法相比较,它有下列三个特征:

(1) 国际法的主体(权利与义务的承担者)主要是国家。个人不能成为国际法的主体,而国内法的主体主要是个人。一些类似国家的政治实体以及由国家组成的国际组织,在一定条件下和一定范围内也被认为是国际法主体。

(2) 国际法的制定者是参与国际关系的国家。各国通过协议而制定对国家有约束力的国际法原则、规则和制度,它没有超于国家之上的立法机关来制定任何对国家有约束力的所谓"国际立法"。

(3) 在强制实施方面,国际法不像国内法那样有强制的执行机构,它的强制只能主要依靠各国本身单独的或集体的行动。

二、国际法的渊源

国际法的渊源主要是国际条约和国际惯例,此外,也来源于国际组织的有些决议以及各国有关国际问题的国内法和司法判例经国家认可的部分。

国际条约是国际法的主要渊源,国际条约按其参加国的多少,可分为多边条约和双边条约,前者是指世界上多数国家参加的条约,由于多数国家参加的条约带有普遍性,因而这种条约就直接构成国际法的渊源。两个或少数国家缔结的条约称"双边条约",它只对缔约国有约束力,不直接构成国际法的渊源。如果有许多条约作出相同或类似的规定,它们就可能成为国际法的渊源。

国际惯例是国际法的重要渊源。国际条约是国际间的明示协议,而国际惯例是默示协议。国际惯例是各国通行的做法并被认为具有法律的约束力。近年来,在联合国的倡议下,已将外交、领事条约和海洋等方面的国际惯例,以公约的形式确定下来。

国际法的渊源除了国际条约和国际惯例外,还有国际组织的决议。只有普遍性的国际组织决议,而且这些决议反映着国际法原则、规则和制度,才能成为国际法的渊源。

为把国际法或国际法某一部分的原则、规则、制度,全面地、系统地用类似法典的形式制定出来,1947年11月21日联合国大会通过《国际法委员会章程》,设立国际法委员会,作为联合国负责编纂工作的主要机构。到1982年为止,经国际法委员会拟订的公约草案和条款草案有《国家权利义务宣言》《纽伦堡法庭宪章》及法庭判决所承认的国际法原则、《危害人类和平及安全治罪法》《消除未来无国籍状况公约》《最惠国条款》《外交关系公约》《领事关系公约》《特别使团公约》《领海和毗连区公约》《公海公约》《大陆架公约》以及关于国家在条约继承方面的公约等等。

三、国际法与国内法的关系

公认的国际法原则、规则和制度是各国所应遵守的,任何国家都不能用国内法予以改变或否定。国家是主权国家,国际法不能干预国家所制定的国内法,这是作为国际法基本原则之一的不干涉内政原则的体现。

国际法一经国内法接受(如条约经过批准)即被认为是国内法的一部分,国际法上称为"转化"。由于国际法是各国协议制定的,因此原则上它在国内与国内法处于同等的地位,具有同等的法律效力。同时,国内法在一些情况下还须依靠国际法或者需要以国际法为补充。

四、国际法的基本原则

国际法的基本原则有:各国主权平等,和平解决国际争端,禁止以武力威胁或使用武力,不干涉别国内政,民族自决,和平共处五项原则等。

和平共处五项原则是:互相尊重主权和领土完整、互不侵犯、互不干涉内政、平等互利与和平共处。其中以主权原则最基本、最重要,国家的独立权、自卫权、平等权和管辖权都与主权原则有密切关系。

第四节 国际私法

一、国际私法的概念

国际私法,是指调整含有涉外因素的民事关系的法律规范的总称。由于涉外因素又称"国际因素",而西方在传统上又将民法和商法称为私法,而此种关系是在进行对外关系以及本国人(自然人和法人)与外国人(自然人和法人)交往过程中产生的,国际私法因此而得名。

既然有些民事关系含有涉外因素,那么就需要首先解决在什么情况下适用国内法,在什么情况下适用外国法以及哪一部外国法。这正是国际私法的任务。

二、国际私法的渊源和调整范围

国际私法的渊源是国际条约、国内法和国际惯例。

国际私法所调整的范围包括外国人在本国的民事法律地位,涉外所有权关系,对外贸易关系,涉外民事案件的司法管辖和仲裁,外国法院的判决或外国仲裁机构裁决的承认和执行等。

第五节 国际惯例

国际惯例是国际习惯和国际通例的总称,是指在国际间具有普遍性、明确性和长期性的习惯做法。国际惯例是国际交往中逐渐形成的不成文的原则、准则和规则。国际惯例一般包括国际外交惯例和国际商业(贸易)惯例,它是国际法的渊源之一(如1961年的《维也纳外交公约》)。

国际惯例最初为某些国家反复采用,以后为世界各国广泛接受和沿用,并公认具有法律效力。1945年《国际法院规约》中第三十八条规定,国际法院裁判时,对于"作为通例(一般实践)的证明并经接受为法律者"的国际习惯也应适用。

国际惯例的形成条件在于:有习惯事实,内容明确规范,与现行法律没有冲突而法律又未规定,经过国家承认,有一定的强制力保证。

同国际条约和各国国内法律相比,国际惯例是一种不成文的法律规范,只有经过国家权力的认可才约束力。如今,世界各国越来越多地适用商业惯例,其主要原因在于,随着世界经济贸易的发展,各国交往愈加频繁,交易各方由于没有国际间的统一实体法可依,而又不愿意适用对方国家的法律,于是,交易各方就约定在合同的主要问题上采用国际惯例。这样,既可避免依据冲突,规范引用一个国家的国内法来具体确定当事人在某项交易中的权利和义务关系,又可直接运用国际经济贸易中有关的实际经验以节省谈判时间。

国际商业惯例并不是法律,不具有强制性。但是,它一经被法律采用即具有法律地位和法律效力,而不再是本来意义上的国际惯例。我国现行的经济法规中,涉及的许多内容都是尽量参照了国际惯例,在广泛吸收国外先进经验的基础上制定的,其中包含的国际惯例已通过国内立法融于中国的法律,成为不可缺少的组成部分。

国际惯例有以下五个特点:
(1) 通用性,即在国际上大多数国家和地区通用;
(2) 稳定性,不受政策调整和经济波动的影响;
(3) 效益性,被国际交往活动验证是成功的;
(4) 重复性,要重复多次地运行作用;
(5) 准强制性,虽不是法律但受到各国法律的保护,具有一定的法律约束力。

在酒店管理方面,通常所说的国际惯例主要是指国际上众多酒店在经营管理方面长期形成的通行做法,与国际法范畴中的国际惯例有所区别。对于那些适合我国国情、国际社会中普遍认可的,具有约束力的那些惯例,我们应当自觉遵守和维护。

第六节 国际旅游组织

一、世界旅游组织

(一) 世界旅游组织(World Tourism Organization)(简称WTO)起源

世界旅游组织是联合国系统的政府间国际旅游组织,最早由国际官方旅游宣传组织联盟(IUOTPO)发展而来;其宗旨是促进和发展旅游事业,使之有利于经济发展、国际间相互了解、和平与繁荣;主要负责收集和分析旅游数据,定期向成员国提供统计资料、研究报告,制定国际性旅游公约、宣言、规则、范本,研究全球旅游政策。它的前身是国际官方旅游联盟,1975年改为现名,总部设在西班牙首都马德里。

1925年5月4日—9日在荷兰海牙召开了国际官方旅游协会大会。1934年在海牙正式成立国际官方旅游宣传组织联盟。1946年10月1日—4日在伦敦召开了首届国家旅游组织国际大会。1947年10月在巴黎举行的第二届国家旅游组织国际大会上决定正式成立官方旅游组织国际联盟,其总部设在伦敦,1951年迁至日内瓦,现设在西班牙马德里。1969年联合国大会批准将其改为政府间组织(图12-3)。

图12-3　世界旅游组织标志

(二) 世界旅游组织宗旨

该组织宗旨是促进和发展旅游事业,使之有利于经济发展、国际间相互了解、和平与繁荣以及不分种族、性别、语言或宗教信仰、尊重人权和人的基本自由。强调在贯彻这一宗旨时,要特别注意发展中国家在旅游事业方面的利益。

该组织的出版刊物有《世界旅游组织消息》《旅游发展报告(政策与趋势)》《旅游统计年鉴》《旅游统计手册》《旅游及旅游动态》。世界旅游组织确定每年的9月27日为世界旅游日(World Tourism Day)。为不断向全世界普及旅游理念,形成良好的旅游发展环境,促进世界旅游业的不断发展,该组织每年都推出一个世界旅游日的主题口号。

(三) 世界旅游组织组织机构

世界旅游组织的组织机构包括全体大会、执行委员会、秘书处及地区委员会。其中全体大会为最高权力机构,每两年召开一次,审议该组织重大问题。2003年10月,世界旅游组织第15届全体大会在北京举行。执行委员会每年至少召开两次会议。执行委员会下设五个委员会:计划和协调技术委员会、预算和财政委员会、环境保护委员会、简化手续委员会、旅游安全委员会。秘书处负责日常工作,秘书长由执行委员会推荐,大会选举产生。地区委员会系非常设机构,负责协调、组织本地区的研讨会、工作项目和地区性活动,每年召开一次会议,共有非洲、美洲、东亚和太平洋、南亚、欧洲和中东6个地区委员会。

(四) 世界旅游组织成员

世界旅游组织成员分为正式成员(主权国家政府旅游部门)、联系成员(无外交实权的领地)和附属成员(直接从事旅游业或与旅游业有关的组织、企业和机构)。联系成员和附属成员对世界旅游组织事务无决策权。2022年,世界旅游组织有正式成员156个国家。

1975年5月,世界旅游组织承认中华人民共和国为中国唯一合法代表。1983年10月5日,该组织第五次会议全体大会通过决议,接纳中国为该组织的正式成员,成为它的第106个正式会员。1987年9月,在第七次全体大会上,中国首次当选为该组织执行委员会委员,并同时当选为统计委员会委员和亚太地区委员会副主席。1991年,再次当选为该组织执行委员会委员。2011年10月9~13日第19届世界旅游组织全体大会通过选举决议,中国成功连任执委会成员国。

二、太平洋亚洲旅行协会

(一) 太平洋亚洲旅行协会(Pacific Asia Travel Association)(简称PATA)起源

太平洋亚洲旅行协会原名太平洋地区旅行协会,1952年1月成立于夏威夷檀香山,协会总部设在美国旧金山。自1952年召开第一次年会以来,太平洋亚洲旅行协会逐渐成为组织和监督环太平洋沿岸及亚洲旅游业的重要民间组织，在整个亚太地区以至世界的旅游开发、宣传、培训和合作等多方面具有十分广泛的代表性和号召力。我国于1993年加入该协会。

太平洋亚洲旅行协会是个具有广泛代表性和影响力的民间国际旅游组织，在整个亚太地区以至世界的旅游开发、宣传、培训与合作等多方面发挥着重要作用（图12-4）。

图12-4 太平洋亚洲旅行协会标志

（二）太平洋亚洲旅行协会宗旨

太平洋亚洲旅行协会的宗旨是为了会员的利益，提升太平洋亚洲地区旅游业增长、旅游价值及旅游素质，促进进入亚太地区及亚太地区内部旅游和旅游业的发展，致力于推广太平洋亚洲地区的旅游业。协会受到亚太地区各国旅游业界的普遍重视。太平洋亚洲旅行协会是一个非牟利的组织。

（三）太平洋亚洲旅行协会组织机构

太平洋亚洲旅行协会的管理机构为理事会（由49至51名成员组成），其职能是在两届年会之间开展协会的工作。协会下设三个委员会：管理委员会、企业委员会、咨询委员会。太平洋亚洲旅游协会在各地有70多个分会。现任主席（秘书长）为拉特纳帕拉先生（MR RATNAPALA）。

2005年太平洋亚洲旅行协会年会在澳门召开，主办委员会下设咨询委员会、筹备委员会及秘书处。主办委员会主席为澳门特区政府社会文化司司长崔世安，筹备委员会主席为澳门特区政府旅游局局长安栋梁。

（四）太平洋亚洲旅行协会成员

太平洋亚洲旅行协会的章程规定，任何全部和部分位于西经110度至东经75度地理区域内所有纬度的任何国家、地区或政治区域均有权成为该协会会员。该协会成员广泛，不仅包括亚太地区，而且包括如欧洲各重要客源国在内的政府旅游部门和用空运、海运、陆运、旅行社、饭店、餐饮等与旅游有关的企业。目前，协会成员包括有100个国家及地区的政府旅游单位、地方政府及当地旅游机构，有37名正式官方会员，44名联系官方会员，60名航空公司及邮轮公司会员以及2 100多名财团、企业等会员。此外，协会除在旧金山设有秘书处外，还分别在新加坡、悉尼、旧金山和摩纳哥设有亚洲、太平洋、美洲和欧洲分部办事机构。另外，遍布世界各地的79个PATA分会还拥有17 000多名分会会员。

思考题

1. 什么是国内法？
2. 什么是法律部门？
3. 为什么说我国宪法在我国法的体系中居主导地位？
4. 民法的调整对象是什么？
5. 犯罪的特征是什么？
6. 什么是国际法？
7. 国际法有哪些特征？
8. 什么是国际私法？
9. 什么是国际惯例？

第十三章 涉外诉讼

案例导入

法院的判决恰当吗？

原告刘某与被告美籍华人陈某于2006年4月在山东某市工商行政管理局注册登记开办了"美得利酒店"。根据公司章程，注册资本全部由原告投资，被告负责经营管理。2008年4月25日，陈某用"美得利酒店"董事长的身份免除原告董事、副总经理的职务，刘某作为被告方的投资人，告到该市一区人民法院要求被告方撤销免除原告董事、副总经理的决定书。

2009年6月区法院审理了此案。区法院经审理查明，原告用"美得利酒店"的名称及相关资料和美籍华人陈某的身份在市工商行政管理局注册登记了外商独资的"美得利酒店"公司；注册资金全部由原告投入，被告法人代表陈某只是负责经营管理工作。另查明，该公司章程第十六条、十九条、二十一条规定：董事长应在董事会开会前30天书面通知各董事；出席董事会的法定人数为全体董事，由董事缺席时通过的董事会决议无效。2009年4月25日，陈某以"美得利酒店"董事长的身份在未通知原告参加的情况下，召开董事会议，免除原告刘某董事职务和副总经理职务。

法庭认为，原告用"美得利酒店"的名称及相关资料和美籍华人陈某的身份在某市工商行政管理局注册登记了被告的公司；并且注册资本全部由原告投资，故应当认为"美得利酒店"系原告投资成立，原告是该公司的唯一出资人；陈某作为该公司的董事长，违反公司章程召开董事会作出董事会决议，原告申请撤销应予准许。据此，依照《中华人民共和国民事诉讼法》第一百三十条，《中华人民共和国民事诉讼法》第四条第一款、第十八条、第四十七条第二款、第四十九条第一、二款之规定，判决如下：

一、原告为被告的唯一出资人。

二、撤销被告作出免除原告董事、总经理的决议。

三、案件受理费50元，其他诉讼费用250元，共计300元，由被告负担。

如不服本判决，可在接到判决书之日起十五日内向本院递交上诉状，并按对方当事人的人数提出副本，同时交纳上诉费用300元，上诉于市中级人民法院。

思考：请问该法院的判决是否恰当？为什么？

第一节 涉外诉讼的概念

诉讼，民间称为打官司。涉外诉讼是指某种具有涉外因素的民事和刑事等案件的官司。

涉外诉讼一般分为涉外民事诉讼、涉外刑事诉讼和涉外行政诉讼等。涉外诉讼和国内诉讼有很大的不同,它具有某种涉外因素,因此在具体的受理与法律适用等问题上较国内诉讼要复杂得多。我国的民法通则、民事诉讼法、刑法和刑事诉讼法都列有专章或专门的条款对涉外诉讼加以规定。国际上一些国家多在实体法与诉讼法中予以专门规定,或以单行法规的形式加以规定。

第二节 涉外民事诉讼

一、涉外民事诉讼的概念

民事诉讼,是指法院在双方当事人及其他诉讼参与人的参加下,审理民事案件和解决民事纠纷所进行的活动,以及由这些活动所发生的关系。涉外民事诉讼是指法院审判具有涉外因素的民事案件所适用的诉讼程序。

所谓具有涉外因素的民事案件是指具有下列三种情况之一,并在我国法院进行诉讼的案件:

(1) 诉讼的主体方面含有涉外因素。即诉讼当事人一方或者双方是外国人、无国籍人、外国企业或者组织;

(2) 诉讼的客体方面含有涉外因素,即诉讼当事人争议的财产在国外;

(3) 诉讼的内容方面含有涉外因素,即诉讼当事人之间民事法律关系发生、变更或者消灭的法律事实存在于国外。

凡是具有以上三种涉外因素之一的民事案件,都是涉外民事案件。

我国有关法律规定《关于贯彻执行〈中华人民共和国民法通则〉若干问题的意见(试行)》中规定:凡民事关系的一方或者双方当事人是外国人、无国籍人、外国法人的;民事关系的标的物在外国领域内的;产生、变更或者消灭民事权利义务关系的法律事实发生在国外的,均为涉外民事关系。从中看出,构成涉外民事案件的关键是具有涉外民事法律关系。也就是说,人们之间产生了由民事法律调整的人们的某种社会关系,而且在这种关系中又加入了涉外的因素。

涉外民事诉讼与国内民事诉讼在调整方法上存在着十分明显的差异。国内民事诉讼受理的法律依据是国内法。具有管辖权的是各级国内法院,适用国内法进行诉讼判决。涉外民事诉讼其依据法律可能是国内法,也可能是国际条约或国际惯例,还有可能是外国法。在具体受理的审判程序上还必须确定管辖权,选择应适用的法律和判决的执行。确定管辖权是受理涉外民事案件的前提。法院在审理某一涉外案件之前,最先遇到的就是我国法院对该案件有无管辖权的问题。只有肯定了管辖权,才有权受理案件,才能通过法律的适用,确定当事人的权利义务。

二、涉外民事案件的管辖

根据世界各国有关涉外诉讼程序的立法和国际惯例,国际上主要有地域管辖、属人管辖、协议管辖和专属管辖。

（1）地域管辖，以领土为标志，是一国对该国领土范围内的一切人、物、法律行为都具有的管辖权；

（2）属人管辖，是以当事人的国籍为标志，确定管辖权；

（3）协议管辖，是指允许双方当事人协议将争议事项交某国法院受理；

（4）专属管辖，是指一国主张其法院对某些国际民事案件有独占的和排他的管辖权。

我国对涉外民事案件的管辖权采用的基本原则是地域管辖原则，同时也对不同类型的涉外民事案件采取不同的管辖原则。在实践中，我国法院管辖涉外民事案件是根据具体情况交替使用地域管辖、属人管辖、协议管辖等原则，以确保应由我国法院管辖的案件真正能由我国法院进行实际审理。《中华人民共和国民事诉讼法》第四编对涉外民事诉讼程序作了特别规定。该编第二百三十七条规定："在中华人民共和国领域内进行涉外民事诉讼，适用本编规定。本编没有规定的，适用本法其他有关规定。"

根据2001年12月25日最高人民法院审判委员会第1203次会议通过的法释〔2002〕5号（以下简称《法释》）第一条规定：第一审涉外民商事案件由下列人民法院管辖：

（1）国务院批准设立的经济技术开发区人民法院；

（2）省会、自治区首府、直辖市所在地的中级人民法院；

（3）经济特区、计划单列市中级人民法院；

（4）最高人民法院指定的其他中级人民法院；

（5）高级人民法院。

本章"案例导入"中的区法院的判决是不恰当的。因为根据规定，涉外案件的诉讼只能由该市的中级人民法院审理。《法释》第七条规定："本规定于2002年3月1日起施行。本规定施行前已经受理的案件由原受理人民法院继续审理。本规定发布前的有关司法解释、规定与本规定不一致的，以本规定为准。"该区法院之所以判决不恰当，是因为该《法释》是从2002年3月1日起施行，而该案发生在2008年。

三、涉外民事关系的法律适用

涉外民事关系的法律适用，是指国家审理涉外民事案件时，应适用哪一个国家的法律。我国是一个独立的主权国家，在审理涉外民事案件时，应由我国确定案件所适用的法律，或者依照我国参加或缔结的国际条约、国际惯例，确定应适用的法律。我国《宪法》第三十二条规定："中华人民共和国保护在中国境内的外国人的合法权利和利益，在中国境内的外国人必须遵守中华人民共和国的法律。"在我国的有关法律和我国参加的一些国际条约规定中，规定了一些法律适用的内容，主要包括：

（1）在我国领域内的涉外民事关系适用我国法律（法律另有规定的除外）；我国缔结或参加的国际条约同我国的民事法律有不同规定的，适用国际条约的规定，但我国声明保留的条款除外；我国法律和我国缔结或者参加的国际条约没有规定的，可以适用国际惯例。

（2）我国公民定居国外的，其民事行为能力可以适用定居国法律。

（3）不动产的所有权，适用不动产所在地法律。

（4）涉外合同当事人可以选择处理合同争议所适用的法律，当事人没有选择的，适用与合同最密切联系的国家的法律，法律未作规定的，可以适用国际惯例。我国涉外经济法规定：在中国境内执行中外合资经营企业合同、中外合作经营企业合同，只适用中国法律。

（5）行为的损害赔偿，适用侵权行为地法律；当事人双方国籍相同或在同一国家有住所的，也可以适用当事人本国法律或者住所地法律；我国法律不认为在我国领域外发生的行为是侵权行为的，不作为侵权行为处理。

按以上规定适用外国法律或者国际惯例的，不得违背我国的社会公共利益。

第三节 涉外刑事诉讼

一、涉外刑事诉讼的概念

涉外刑事诉讼是指含有涉外因素的刑事案件的诉讼。按照我国刑事法律的规定，这种涉外因素主要有以下几方面：

（1）刑事案件主体的刑事被告人或诉讼参与人的被害人是外国人（或者无国籍人），包括外国人或无国籍人在我国领域内犯罪的刑事案件；我国公民侵犯外国人或者无国籍人合法权利的刑事案件等。

（2）刑事诉讼涉及国家间的法律协助。如引渡刑事被告人、国际刑事司法协助等。

（3）刑事诉讼涉及国际条约、国家间协定的"法律适用"等问题。

二、涉外刑事案件的管辖

对涉外刑事案件的管辖国际上通行的原则主要有属地原则、属人原则、保护原则、普遍原则和混合原则。

（1）属地原则，是以一国领域为标准，凡在本国领域内犯罪，无论犯罪者是否本国人；无论受侵害权益是在本国还是外国；也无论受害人是否本国人，均适用本国刑法。但是，当本国或其公民的权益在国外受到犯罪侵害时则不能有效保护，所以目前国际上很少有国家能独自采用此原则。

（2）属人原则，是指刑法效力以犯罪人国籍为标准，凡是本国国籍者，无论是否在国内，无论其侵害的是否为本国或其公民的权益，均适用本国刑法。但是，当非本国人在本国犯罪时则不适用本国刑法，故目前世界各国也没有独自采用该原则的。

（3）保护原则，是指保护本国利益为标准，凡犯罪侵害本国或其公民权益的，无论犯罪人是否本国人，无论犯罪是否发生在本国，均适用本国刑法。但是，一国刑法认为犯罪的行为，另一国可能并不认为是犯罪。所以，此原则在适用上有一定的困难。各国刑法采用该原则时都加以限制。

（4）普遍原则，是指无论犯罪人是否为本国人，犯罪的地点是否在本国，侵害的是否本国利益，均适用本国刑法。

（5）混合原则，是指采用属地原则为主，兼采用其他的原则。目前各国刑法多采取这一原则。

我国《刑法》第六条规定："凡在中华人民共和国领域内犯罪的，除法律有特别规定的以外，都适用本法。""犯罪的行为或者结果有一项发生在中华人民共和国领域内的，就认为是在中华人民共和国领域内犯罪。"我国《刑事诉讼法》第十七条规定:"享有外交特权和豁免权的外国人犯罪应当追究刑事责任的,通过外交途径解决。"根据我国的有关法律规定可以看出,我国采取的是"普遍原则"与"混合原则"的主张。

三、我国法院受理涉外刑事案件的范围

根据我国法律的规定,以及我国签署或参加的国际条约中的有关规定,我国司法机关受理的涉外刑事案件的范围有以下几种:

(1) 外国人在我国领域内犯罪的刑事案件;
(2) 我国公民在我国领域外犯罪的刑事案件;
(3) 外国人在我国领域外对我国或我国公民犯罪的刑事案件;
(4) 我国公民侵犯外国人合法权利的刑事案件;
(5) 危害国际社会安全和人类的生存、进步与发展的国际犯罪案件。

第五种情况应当具备两个条件:第一,这类案件必须是我国签署或参加的国际条约中所规定的应承担的义务;第二,必须是国际条约规定的罪行。

《中华人民共和国刑事诉讼法》规定:外国人犯罪的刑事案件的第一审刑事案件由中级人民法院管辖。

四、刑事诉讼法中的证据

证据,是指证明案件真实情况的一切事实。我国《刑事诉讼法》中认定的证据有七种:

(1) 物证、书证;
(2) 证人证言;
(3) 被害人陈述;
(4) 犯罪嫌疑人、被告人供述和辩解;
(5) 鉴定结论;
(6) 勘验、检查笔录;
(7) 视听资料。

这些证据必须经过查证属实,才能作为定案的根据。

第四节 涉外仲裁

一、涉外仲裁的概念

涉外仲裁,是指我国涉外仲裁机构根据双方当事人在合同中订立的仲裁条款或者事后签订的仲裁协议,依法对涉外经济争议、海事争议在事实上作出判断,在权利义务上作出裁决的法律制度。

二、涉外仲裁的性质

涉外仲裁机构属民间性质。它的仲裁员也由民间推荐选任;对仲裁事项仲裁机构没有

强制管辖权,涉外仲裁机构行使仲裁权的基础取决于双方当事人的合意。

三、我国的涉外仲裁机构

我国涉外仲裁机构有两个:一是中国国际经济贸易仲裁委员会;二是中国海事仲裁委员会。这两个委员会隶属于中国国际商会。

中国国际经济贸易仲裁委员会原名对外经济贸易仲裁委员会,成立于1956年。中国国际经济贸易仲裁委员会由主任一人、副主任和委员若干人组成。其仲裁的范围按照《中国国际经济贸易仲裁委员会仲裁规则》规定,中国国际经济贸易仲裁委员会主要管辖中外当事人之间、外国当事人之间和中国当事人之间的产生于国际或涉外的契约性或非契约性的经济贸易等争议,如合资经营、合作经营、合作开发、合作生产、技术转让、金融信贷、财产租赁、融资租赁、货物买卖、运输、保险、支付以及来料加工、来件装配、补偿贸易等方面的案件。

中国海事仲裁委员会成立于1959年。该委员会由主席一人、副主席和委员若干人组成。仲裁员从具有有关专业知识和实际经验的中外人士中聘任。中国海事仲裁委员会主要管辖下列案件:关于海上船舶互相救助、海上船舶和内河船舶互相救助报酬的争议;关于海上船舶碰撞、海上船舶和内河船舶碰撞或海上船舶损坏港口建筑物或设备所发生的争议;关于海上船舶租赁、代理、拖航、打捞、买卖、修理、建造业务以及根据运输合同、提单或其他运输文件办理的海上运输业务和海上保险所发生的争议;关于海洋环境污染损害的争议;双方当事人协议要求仲裁的其他海事争议。

四、涉外仲裁的原则

1. 协议原则

所谓协议原则,是指仲裁机构仲裁权的取得须建立在当事人自愿协议基础之上。当事人可以事先在合同中订立仲裁条款,也可以在案发后达成书面仲裁协议。没有当事人的仲裁协议,仲裁机构不能行使仲裁权。

2. 独立裁决原则

独立裁决原则,首先是指仲裁机构在仲裁案件时,只能依据客观事实和法律,实事求是地裁决,不受任何机关、团体和个人的干涉。其次是指仲裁员个人独立,基于独立的意志作出裁决意见。

3. 公平原则

公平原则建立在当事人法律地位平等的基础之上。无论是中国当事人或外国当事人,也无论当事人所在国家的大、小、强、弱,他们在仲裁程序中都处于平等的地位,仲裁机构将公平相待、公正裁决。

4. 保密审理原则

保密审理即指不公开审理和当事人、仲裁员、证人、鉴定人等承担不向外界透露案件实情和程序进行情况的义务。对涉外案件不公开仲裁是出于对当事人自由意志的尊重和商业保密的考虑。如果双方当事人申请公开审理,必须征得仲裁庭的同意和认可。

5. 参照国际惯例原则

各国在长期的商业交往中已形成若干惯例,这些惯例既涉及实体法又涉及程序法。涉外仲裁机构在仲裁时,参照这些国际惯例可以弥补我国法律法规的某些缺陷,也利于双方当事人接受裁决结果,从而合理、迅速地解决当事人间的争执。

思考题

1. 哪几种情况属于具有涉外因素的民事诉讼?
2. 国际上主要有哪几种涉外民事案件管辖?
3. 我国对涉外民事案件的管辖权采取的基本原则是什么?
4. 对涉外刑事案件的管辖,国际上主要有哪些原则?
5. 涉外仲裁的原则有哪些?

附录一 典型案例介绍

北京 XGLL 酒店客人贵重物品丢失纠纷案

一、基本情况

某年 3 月 12 日,香港光明旅行社中国外联部经理马进与北京 XGLL 酒店因住宿纠纷最终导致双方走上法庭。马进称因酒店擅自搬运她的行李,致使一条价值 11 万元的白金钻石项链不翼而飞。为此,马进要求店方偿还损失和丢失的贵重物品 12 万元,赔偿精神损失 10 万元,在全国性报纸或旅游报上公开赔礼道歉。11 月 6 日,北京海淀区法院开庭审理了此案。

二、双方陈述

据 XGLL 酒店介绍:2 月 28 日,马进经百震旅游公司介绍作为旅行社陪同入住我酒店,我酒店依惯例将旅行社工作人员马进安排在西翼楼房间 669 号,该房间门市价为 1 000 元,但考虑到与旅行社的合作关系,酒店破例将价格降至 217 元,双方约定离店日期为 3 月 4 日,马进填写了临时住宿登记卡。后因马进不愿意住在西翼楼,要求住在主楼高级间,出于与旅行社的长期合作,且马进仅在酒店临时住 4 天的考虑,销售部副总监破例将其安排在主楼 2322 房间(该房间的门市价为美元 240+15%),并没有加收与西翼楼的差价。

3 月 4 日前接百震公司的传真,销售部副总监与马进协商延住事宜,同意马进延至 3 月 10 日离店并通知前台办理了延住手续。3 月 10 日马进未办理离店手续要求继续延住,因 12 日的主楼房间在马进入住前已预订满员,前台告知马进最迟可延住至 3 月 12 日并为其办理延住至 3 月 12 日的手续。

关于在 XGLL 酒店延住的最后日期,马进称在京业务没有办完,百震公司向酒店发出延住申请后,酒店先后于 3 月 4 日、3 月 10 日两次给她办理了简便延住手续,最后一次房间延住期限为 3 月 17 日。

3 月 12 日中午,前台主管在检查当日应离店客人名单时发现 2322 房间未办理退房。由于该房间已预订给旅行团队,前台主管即设法与马进联系,直到下午 5 点 30 分才给刚回房间的马进打通了电话,通知她已到退房日期,2322 房间已预订出去,如果她不能离店,酒店愿意免费提供西翼楼客房一间,第二日再换回主楼,遭马进拒绝,马进还要求副总监与马进联系。前台主管告知副总监并请他出面协调。当副总监与马进联系时,马进已离开房间,直到晚上 9 时未归,而预订房间的旅行团队已抵达酒店多时。为了如期履行与团队的约定,副总监与前台经理协商先将马进行李移至西翼楼368房间,保险箱内物品移至大堂保险箱C05内。客房部及时清理了房间,已在大堂等候多时的旅行团客人才得以入住。

当晚11时后,马进陪一位朋友(男性)回到酒店直接上了2322房门。在她的磁卡钥匙打不开房门时即要求客房部值班人员帮她打开了房间。当发现行李物品已移至别处,马进和她的朋友怒气冲冲地下了楼,正遇等候多时的副总监。尽管副总监给她作了解释,但她的朋友还是以一记重拳猛击副总监,马进大喊大叫充分表示了自己的气愤,而后离开酒店。

关于此情节,马进称:服务员将门打开,她吃惊地看到房间已重新整理过并已住进其他客人。她愤怒地要求酒店负责人员给她合理的解释。得到的答复是,全部物品已被酒店有关人员搬至另外的房间,希望她能理解酒店在客房紧张的情况下的临时调整,并愿意免收新提供住房的当日费用,承诺第二日即可调整回原房间。她表示绝不可能接受如此的"调整",在郑重警告酒店方面严重侵犯客人权利的事实必须负全部责任之后,气愤地离开了酒店。

马进于3月12日夜"气愤"地离开酒店后,XGLL酒店有关负责人多次电话通知马进并通过百震公司转告马进尽快来酒店取走行李物品并解决纠纷。直到5月21日下午5时许,马进才在其律师陪同下并请北京公证处公证人员来酒店清点物品。清点中马进声称一条价值11万元的白金钻石项链不见了。酒店保卫部门当即依照公安机关的有关规定向北京市公安局报了案。公安人员于晚8时赶到酒店,而马进则明确向公安人员表示"不要向警方报案"。由于事主本人不报案,公安机关无法立案侦查,遂离开了酒店。

关于此情节,马进称:5月21日下午,在康达律师事务所、北京市公证处等有关人员陪同下,在酒店方面有关负责人员带领下,她在酒店368房间简单清点了一般物品,对原放在保险箱和小抽屉中的贵重物品进行仔细清点,发现其中一条白金钻石项链不见了,两部手机均有不同程度的损坏,一只手表表面损坏,化妆箱中部分物品被摔裂。遂将两部手机和手表留交酒店有关负责人员未领取,除未找到的白金钻石项链外,她取走了其余物品。

三、双方观点

关于侵权之说

马进:自她入住酒店起至住店期满离开酒店止,其房间使用权和个人隐私不受除法定机关的法定程序之外的任何其他公民和法人的侵犯,其个人财产合法权益受法律保护。XGLL酒店在征求客人意见遭到否定后,趁客人外出之机,毅然强行调换客人房间,未经许可擅自搬动客人的私有物品,已构成对酒店客人的严重侵权,应依法承担由此产生的一切法律后果,赔偿由此行为造成的经济损失。

XGLL酒店:马进本人虽然充分认识到了自己入住酒店起至住店期满离开酒店时止所享有的充分权力,但却忽略了所谓住店期满是一种合同的约定,而非自己的一厢情愿,当然她更不愿意正视一旦合同期满,她就不再拥有房间的使用权。马进自称办理了延至3月17日的手续,却又不能提供延住手续证明。马进本应3月12日中午12时离店,由于其迟迟不退房并拒绝酒店为其作出合情合理的临时安排,造成了酒店无法安排已预定了房间且已到达酒店的客人入住。酒店在要么将违反约定预订房间的客人请出酒店,要么将违约不离店的马进的行李移至别处的情况下,只能选择后者,可见酒店移动马进的行李物品,完全是由马进首先违约造成的。

关于丢失白金钻石项链一说

XGLL 酒店:马进在入住酒店填写住宿登记卡时,已充分注意到酒店依据公安局有关规定作出的"金钱、珠宝及其他贵重物品必须放置在酒店前台保险箱内,否则如有遗失,酒店恕不负责"的郑重声明。身为旅行社员工的马进常年居住在各大酒店,比一般旅客更清楚酒店业这一规定。更说明问题的是,既然声称丢失了价值11万元的项链,却在公安人员已到场的情况下又拒不报案。如果马进确实在酒店内丢失项链,酒店可以通过保险公司进行赔偿,但必须有公安部门的证明。然而马进向法庭出示的有关白金钻石项链的购置发票、收据等,却没有一份能吻合,根本不能证明她曾拥有她声称在酒店丢失的那条项链。

马进:她的贵重物品是由于酒店擅自搬移才导致丢失的,不应受酒店规定的限制。

本案思考:
1. 本案中,酒店有无权利将客人的物品搬移到别处?
2. 假如客人住宿到期而又不退房间,酒店为了维护正常经营,按行规在有关人员在场的情况下,移动客人行李,这种做法是否合法?
3. 如果你作为酒店方将如何处理该事件?

上海 YD 温泉浴场设备故障致客人死亡案

一、基本情况

某年1月24日,是上海浦东开发区富工国际贸易有限公司董事长、总经理沈京的44岁生日。这天下午,他兴致勃勃地约了几个朋友,商定先到地处上海西区沪青平公路上的 YD 温泉浴场轻松一番,然后到附近的一个朋友家聚餐,以作庆贺。

YD 温泉浴场设有桑拿浴蒸房、脉冲浴池、淋浴室、按摩房、休息厅等场所。

这天,随同他到这里的共有7个人,有2个人负责采购食品及准备晚餐,没有进入浴场。其余的则在3时刚过,便出现在浴场里。沈京及朋友张晓航先到淋浴室内淋洗了一会儿,接着便钻进了桑拿蒸房。大约蒸了刻把钟光景,两人浑身大汗淋漓,沈京提议去脉冲浴池享受一番,于是两人便走出桑拿蒸房,跳入了脉冲浴池内。

YD 温泉浴场的脉冲浴池,设计的开关如一柄扁平的"手枪",长度大约10米。"手枪"的"枪管"部位,被横跨的金属扶手间隔成四个狭长的水槽,上下浴池有两级台阶,这里的水较浅,仅约30厘米左右,而"枪身"处则1米;整个浴池四壁布满了脉冲装置,连续不断地向池内喷出水流,从而把一池死水变成了翻腾的活水。人泡在其中,享受的就是水流的"翻腾"。

张晓航选了"枪管"部位的一个没有浴客的水槽,第一个跳了下去,并把身子缓缓地沉入水中,好不舒服。

沈京和从后面赶来的李明生一起,是从处于"枪"的"扳机"部位的台阶上下的池。沈京走完两级台阶,直达池底,将整个身体浸入水中,只有头部露出水面;而紧跟着的李明生则因为是"第一次",没有全部下水,在第一级台阶上就坐了下来。这时,两人还在不住地说着话。

大约10分钟后,张晓航见身旁的浴客陆续离去,位子空了出来,便招呼沈京他们过去泡泡。沈京边和李明生说着话,边回答说:"我们还有几句话说完就过来。"

这时,一个大约只有四五岁的小男孩在水中朝张晓航缓缓走来,身后紧随着一个头发花白的老者。"这或许是祖孙俩吧?"张晓航猜想。

谁知就在这时,沈京突然大呼一声:"有电!"随即,他的手脚便猛然僵直,身子急速下沉。就在沈京呼叫"有电"的同时,张晓航也觉得身体一侧有如针刺般发麻。他立即下意识地用手撑住池底翻出浴池。当他因站立不稳,一只手去拉金属扶手时,一股强大的电流几乎将他整个人抛了出去。

脱离浴池的张晓航返身朝池中看去,只见池水像一锅烧开了的水,咕嘟咕嘟地翻腾着。再看沈京,他整个身子已沉入池底。见此情景,张晓航顾不得许多,"扑通"一声跳入池中,伸手去拉沈京。顿时,一股电流击得他浑身颤抖不已。而就在他的手刚接触到沈京的身体的那一刹那,一股更强大的电流几乎将他击倒。他冒着生命危险,强忍剧烈的不适,猛然将沈京拉到池边。在李明生等人的帮助下,沈先生终于被拉了上来。

就在张晓航奋力救起沈京的同时,浴池里还有十多个浴客,包括那祖孙俩。不知是被沈京一声"有电"的惊叫吓蒙了呢,还是由于电流的作用,他们一个个像下在锅里的饺子,随着翻腾的水流转动,似乎失去了方向。

这时,一个因感觉池水太烫而提前上来的刘先生发觉这情况后,顿觉大事不妙,立即绕到池子的另一头,伸手把那孩子拉了上来。而就在他接触到小孩的时候,浑身也顿时感到一阵麻。"快关电闸!快关电闸!"不知是谁大喊起来。

此刻,浴池边四五个面对突然发生的事情不知所措的服务人员,才奔过去拉下了电闸。

可是,当那个花白头发的老人被拉出池子时,已经昏死过去。

沈京被救出来后,牙关紧闭,四肢僵直,双目微睁,人已完全失去知觉。张晓航与李明生等立即对他进行人工呼吸和胸腔压迫,可是,20分钟过去了,仍不见起色……

大约半小时后,接到报警后的警方和救护人员赶到现场。此刻,整个浴场内已是一片大乱,浴客们走出桑拿蒸房、按摩室、休息大厅,三五一堆地议论纷纷。

警方立即封锁了出事现场,严禁无关人员进出。救护人员立即对沈京进行抢救,几分钟后,抢救的医生宣布:瞳孔放大,人已死亡。

那位老人被送医院后,终于被抢救过来。

张晓航的右膀上,也留下了一大片青紫,显然,这是电击留下的伤痕。李明生随后便发生了吐血现象……

YD温泉浴场发生浴客触电死亡的消息传出,相关的与无关的人员陆续赶到,门前聚集的人数以百计,要不是警方极力维护,门前的那条上海通往外地的318国道也差点堵塞。

上海滩上赫赫有名的YD温泉浴场,顿时成为人们议论的中心。

人们忆起了去年发生在宝山区某桑拿浴室的惨案:一个妇女带着本不应该进入浴室的年仅两岁的女儿去洗桑拿,浴室竟然也放行让她们母女进去。结果,孩子跌进蒸房里没有封闭的蒸气盘中,烫成重伤,并落下终身残疾。最后事情闹到法院,以原告获赔64万元了结。人们也议论到,就在几个月前,本市一家温泉浴室开业当天,就有一浴客死于漏电事故,并以52万元的巨额赔偿了结。

如今,面对全身只穿一条裤头,双拳紧握,仰卧在浴池边冰冷的地板上,已到另一个世界去报到的沈京,人们怎么不触景生情,感伤倍增,引发深深的思考!

二、事故原因

触电事故发生的当天,YD温泉浴场即被警方下令暂停营业,有关方面随即组织人员对事故原因进行调查。

经过对设备的质量安装进行检查,技术人员发现,安装桑拿炉的施工单位未在电源的进线上装置漏电保护开关,以致蒸气管烧穿后不能自动切断电源,水流循环后即将电流带到了脉冲池内。当然,这只是查出的一个初因。

既然电流进入了脉冲池内,那为什么那么多浴客中,就只有沈京一个人被电死,而其他人能死里逃生?稍有一点电的常识的人都知道,水是导电体,人体也是导电体,电流进入脉冲池内,岂不使池内外都带上了电,为何有人被电死,有人却能幸免?

事故发生的第二天下午,在死者家属亲友的强烈要求下,一个资深电工被容许进入现场目击检查。结果,他记录了电器设备的安装中存在的七个问题:

(1) 总开关箱的电源进线分两管穿,其中两根进线有明显的过流痕迹;
(2) 总配电箱有漏电保护器一个,但没有接线,处于绝对无效状态;
(3) 进出线的铁管都有接地螺丝,但没有一根是接上地线的;
(4) 穿线铁管有3~4根无护圈保护;
(5) 接零板有陈旧性电弧伤;
(6) 低压变压器(12 V)不是采用电业规定的双圈式隔离变压器,初级和次级都没有发现装有熔断器;
(7) 总开关箱内左下角第一个三相空气开关有单相接地和接零的现象。

从上述问题中,不难得出结论:这里的电器安装马虎、随便,有许多不规范之处。但是YD的主要负责人却强调"施工单位是正宗的"。

其实,近年来"正宗"的施工、安装单位干出不正宗活的现象比比皆是,原因很简单:要么把工程层层转包给不正宗的单位,要么根本没有施工技术的人使用种种手段获得了工程。

三、后事处理

沈京是北京人,满族,1977年考入上海的中国纺织大学,毕业后在纺织部情报所工作。1987年,他赴英国伦敦的牛津大学攻读国际贸易,获得硕士学位。他与妻子是牛津大学的同窗,毕业后留校任教,入了英国籍。他们的女儿才13岁,在英国读书。

1995年,沈京回国在上海浦东开设了从事国际贸易的公司,生意做得红红火火。他突然死亡的第二天,北京、山东、深圳的四个兄弟姐妹便赶到上海。远在英国的妻子、女儿也日夜兼程回国奔丧。

他那比他年长10岁的大姐悲痛无比地说:"他是我最小的弟弟,这几年发展一直比较顺利,在新加坡和上海都有自己的企业,正是年富力强干事业的时候,想不到洗一下澡竟丢了性命……"

为了处理这起本不该发生的事故,兄弟姐妹们已在上海聘请了著名的律师,只待沈京的妻儿抵达后便与YD交涉。律师在经过初步调查后指出:从过错责任的判断来说,YD方面难脱其咎,目前只有一个问题,就是赔偿金额是多少?

对此,YD方面的态度倒也很明朗,法人代表表达了三条意见:一是赔偿金额不低于同类事件,数额高于52万元;二是悼念死者;三是以上两条如不能解决,浴场就一天不开业。

四、法院判决

翌年1月4日,上海市第一中级人民法院对沈京死亡案件作出了判决,YD温泉浴场赔偿死者的家属财产损失和精神损害共计人民币641 478元。法院认为,YD温泉浴场作为被告应当承担民事责任,不仅应赔偿沈京的丧葬费、抚养人的生活费等财产损失,而且沈京的亲属可在赔偿财产损失以外,行使请求精神损害赔偿的权利。法院也认为,原告沈京的家属提出的精神损害赔偿金240余万元数额偏高,法院确定其所得有精神赔偿为241 180元。

鉴于YD温泉浴场在沈京猝死后已支付给原告3.5万元,法院将此款计入赔偿总额内。

法院在一审判决后,YD温泉浴场当场开具支票,向原告支付了641 478元人民币赔偿金。

本案思考:
1. YD温泉浴场应当承担哪些责任?
2. 如何采取有效措施杜绝类似事件发生?

湖北仙桃"水乐园"客人被打致伤案

一、基本情况

某年元月12日晚上7时许,湖北省仙桃市龙华山办事处私营企业主黄达祥,与妻子王丽萍、儿子黄汉卿、女儿黄淑珍等一行7人,打的来到仙桃市ZLS公司下属的"水乐园"浴池洗澡。购票后,黄达祥牵着6岁儿子黄汉卿上了二楼。黄氏父子俩先来到二楼吧台,浴池服务员程晓验票时发现黄达祥只买了一张18元的小冲浪票,便说:"哎,你的小孩要补个票。"

"这么大点的小伢,以前从来都不买票的。"

程晓回到吧台后,将黄汉卿未买票一事对另一服务员李世伟说了。李认为,小孩还是应该补个半票。几分钟后,李进了冲浪间,要求黄达祥补张票,黄不愿补,双方发生口角。

不久,管淋浴的服务员王明胜从卫生间回到吧台,听说这事,当即怒气冲冲地闯进浴室,指着黄达祥的鼻子恶狠狠地说:"谁让你进来洗的?给老子滚出去!"

"你这是什么意思?我买了票的。"

"你那票算什么?!"

"是不是说我儿子没买票。"

说着,黄达祥从上衣口袋的皮夹(内有3 700元现金)里抽出5元钱,递给王明胜"补票"。

"要补你自己去楼下补,谁要你这点钱?给老子喝茶都不够,给老子滚走!"

"钱你要不要?澡我反正是非洗不可!"

王明胜当即把5元钱往地上一甩,转身离去时还边走边骂:"你跟老子过细点!"随即,门被猛地关上了。王明胜走后约几分钟,浴池保安员张晓刚用钥匙打开了冲浪间的门,对正在洗澡的黄达祥说:"有人要找你的碴儿,你最好补一张票。"

黄达祥指着椅子上的5元钱说:"钱在这儿,麻烦你去补一下吧。"保安员拿走5元钱后,到一楼为黄汉卿补了票。黄达祥锁好浴室的门继续洗澡。

但此后,一系列不可思议的怪事出现了。

过了约10分钟,浴室的门突然被钥匙打开了,闯进一个陌生的男青年,假装到浴池里间小便,他侧着身子,故意不让人看清其脸部,而是探头探脑侧目斜视黄达祥及其衣物,随后很快出去了。

黄达祥感到有点不对劲,起身将浴室的门再次锁上了。但几分钟后,门又一次被钥匙打开,又一名年轻男子溜了进来,鬼鬼祟祟地假装小便,侧脸张望了一会儿后匆匆离去。

浴室里接连闯进不速之客,一种强烈的不安全感袭上了黄达祥的心头。黄达祥将儿子抱出浴缸,准备草草结束洗浴,赶紧穿衣离开。不料,浴室的门再一次被猛地推开了,王明胜带着几名男子气势汹汹地闯了进来,王指着黄达祥对众人说:"就是他!"

"哎,哎,你们干什么?"黄达祥见势不妙,顿时慌了。

"干什么,老子今天要收拾你!"

"你们有什么要求,尽管提。"

"老子没什么好说的,给老子打!"

话未落地,王明胜带领的人一拥而上拳脚相加,其中一人对准黄达祥右眼就是一拳,接着另一拳猛击其右耳,赤身裸体的黄达祥顿时被打蒙了,只觉眼前一黑,昏倒在地。待醒来时,为了保护年幼的儿子不受伤害,黄达祥任其殴打,没有还手反抗。

其间,黄达祥大声呼喊"救命啦!救命啦!"但无人应声。歹徒们打得他右眼及鼻腔流血不止,满脸血肉模糊,眼已不能视物,还顺手抢走了他放在上衣口袋里的黑色真皮钱包,随后逃离浴池。待歹徒们走后,黄达祥痛苦地挣扎着爬起来,摸索着穿好衣服,用浴巾蒙住流血的右眼和鼻子,搀着吓得如同惊弓之鸟的儿子步履蹒跚地向外走,其间穿过两个吧台20多米远,鲜血染红了浴巾,一滴滴地滴到衣服上、地上,但浴池工作人员无一理睬。

当黄达祥跌跌撞撞地下到一楼大厅时,早已洗完后等在大厅里的妻子王丽萍一见丈夫这般模样,顿时大惊失色。王丽萍等人连忙将黄达祥送往医院。在一楼帮忙黄达祥照看衣物的朋友周文栋随即跑到一楼保安室,保安员张晓刚这时正在悠闲地看着电视。等他们赶到二楼时,凶手早已不见踪影。

当晚8时许,黄达祥被送到仙桃市第一人民医院紧急治疗。据该院法医门诊中心诊断:右眼球挫裂伤致眼球萎缩、右眼睑软组织挫伤致上睑下垂完全覆盖瞳孔,右视力无光感;头、胸、腹软组织挫伤;外伤性神经性耳聋。其损伤程度为重伤,伤残等级为七级。

元月12日晚上9点左右,黄达祥的表弟黄义明闻讯后到仙桃市龙华派出所报了警。2月26日,警方对王明胜予以刑事拘留。黄达祥住院数月,治疗费用数以万计,且日渐增加,医院多次下催款通知单。黄家心急如焚,多次找到"水乐园"及该公司交涉,要求首先支付黄达祥的住院医疗费。"水乐园"经理认为双方都有一定责任,但"水乐园"承担能力有限,且不具法人资格,应由公司承担这个责任。随后,该公司先后支付了医疗费5.8万元,而对于后期治疗及赔偿问题,双方未能达成一致。

二、市消委会调解结果

黄达祥家属向仙桃市消费者委员会投诉,该会副会长关选章找到市ZLS公司经理进行调解。但公司经理提出,这次事件不是公司的设施、制度而是客观因素造成的,公司出了部分医疗费,主要是基于人道主义考虑。再说即使黄达祥起诉到法院,公司也不一定输,因为这一事件纯属于王明胜的个人行为所致,责任应由王明胜个人承担。

市消委会的调解不欢而散。3月份,曾传出王明胜有可能被"取保候审"的消息,黄达祥家人强忍痛苦,愤然到仙桃市政法委、检察院上访,要求严惩凶手。

三、市检察院公诉结果

5月18日,王明胜被仙桃市人民检察院批准逮捕。不久,市检察院以涉嫌故意伤害罪向法院提起公诉。9月1日上午,仙桃市人民法院就此案的刑事部分开庭审理,法庭对王明胜指使他人残酷殴打被害人黄达祥致其重伤的事实已认定,但对王明胜本人是否参与打人仍有争议,黄达祥指证王明胜直接打人,但王明胜予以否认。

现年34岁的黄达祥,是仙桃市襄河观光娱乐城的创始人,现为该市私营丽达玻璃制品厂法人代表,其平均月收入数万元。事发后,厂里一切经营活动被迫中止,经济损失惨重。为此,黄达祥坚决要求仙桃市ZLS公司承担民事赔偿责任。在交涉未果的情况下,7月17日,黄达祥一纸诉状将"水乐园"承包人唐直海及仙桃市ZLS公司推上了被告席。

当年8月6日,仙桃市人民法院民事庭审理了湖北省近年来索赔数额最大的一起消费者民事赔偿案,双方在法庭上展开激烈的辩论。

四、市人民法院民事庭审理情况

黄达祥的代理律师认为,作为提供洗澡服务的被告有意让非工作人员(即歹徒)闯入正在接受洗澡服务的原告的单间洗澡室行凶,其保安人员和服务工作人员有意在歹徒对原告行凶时擅离职守,且凶手中又有其当班的工作人员王明胜在内。因此,被告存在着明显的过错。结果导致原告在接受洗澡服务时遭到歹徒的暴行,身体致伤致残的严重后果。

律师指出,原告的受损结果与被告的作为和不作为过错行为有着直接的、本质的、必然的因果联系。根据《中华人民共和国消费者权益保护法》第四十一条规定:"经营者提供商品或者服务,造成消费者或者其他受害人人身伤害的,应当支付医疗费、治疗期间的护理费、因误工减少的收入等费用。造成残疾的,还应支付残疾者生活自助费、生活补助费、残疾赔偿金以及由其抚养的人所必需的生活费等费用。"因此,原告有权要求被告赔偿医疗费、误工收入、后期治疗费、残疾赔偿金、精神损失费等共计90余万元。

被告仙桃市ZLS公司代理律师则提出,这起事件纯属王明胜个人行为,与"水乐园"及该公司无关,刑事及民事责任均由王明胜个人承担,原告应向王明胜以及歹徒提起附带民事诉讼而不应向被告单独提起民事诉讼。

原告代理律师反驳说,黄达祥是在接受被告服务时因被告提供的服务不安全而导致人身和财产受到损害的,通常所说的"民事服从刑事""先刑事后民事"是针对同一诉讼主体、同一法律事实而言的,本案与原告对王明胜等人的附带民事诉讼,诉讼主体不同(前者是该公司,后者是王明胜),所依据的法律事实也不同(前者是未提供安全的服务,后者是实施了故意伤害犯罪行为),因而应该分开审理,黄达祥完全可以单独对被告提起民事诉讼。

本案思考:
1. 客人被打"水乐园"是否有责任?为什么?
2. "水乐园"应当承担什么责任?
3. 如何避免此类事件发生?

北京春海餐厅设备事故致客人毁容案

一、基本情况

某年3月8日,17岁的贾国宇和家人在北京海淀区CH酒店吃火锅。席间"众乐"牌卡式炉、"白旋风"牌燃气罐爆炸,贾国宇面容被毁、双手裂开。于是,生产肇事气罐的北京国际气雾剂有限公司、生产肇事卡式炉的龙口市厨房配套设备用具厂及CH酒店坐上了被告席。起诉状中,要求被告赔偿金额达110余万元,其中精神损害赔偿65万元。

此案立即引起社会广泛关注。大家关注的焦点不在于被告是否应当赔偿,而是在法院将如何判决原告要求的高额精神损害赔偿。因为在当时的有关法律条文中并没有精神损害赔偿的规定。

二、双方观点

北京市海淀区人民法院公开审理了此案。庭审当日,贾国宇没有露面,原告代理人、中国政法大学教授王建平律师出庭出示了原告毁容后的照片,并宣读专家鉴定:她丧失30%的生活能力。两年前的3月12日,也就是贾国宇受伤后的第四天,原本已取得初赛第二名的她失去了中澳国际英语竞赛的机会;同年7月,这位被保送上重点中学的优秀学生又痛失了升入大学的机会,精神损失,有目共睹。

对于舆论焦点的精神损害赔偿,三被告全部反对,气雾剂公司的代理律师认为:"现有的法律中并无产品给消费者造成伤害给予精神损害赔偿的法律条文,所以被告不应承担这方面的赔偿。"龙口厨具厂、CH酒店的代理人也都表达了类似意见。

原告代理人则指出:"被告仅仅希望从对法律条文的片面理解上,否认精神损失的存在进而免除承担精神损害赔偿的责任,有悖于法律的基本精神。我国的法律明确规定了对公民人身权给予保护的内容,这里人身权与物质性的财产是相对应的,是一种非财产性的权利,包括人的身体健康权,而身体健康不仅指一个强壮的体魄,还包括焕发向上的精神。3月8日的爆炸声中,原告仅仅是肌肤在流血吗?她的心不是一直在流血吗?这难道不应获得赔偿吗?"

三、精神损害赔偿获承认

海淀区人民法院对精神损害作了肯定,判词中说:除肉体痛苦外,无可置疑地给其精神造成了伴随终生的遗憾与痛苦,甚至将导致该少女心理情感、思维行为的变异,其精神受到损害是显而易见的,是较为典型和惨重的,必须给予抚慰和补偿。1997年3月15日上午,北京市海淀区人民法院作出一审判决。判决结果,原告获赔偿27.3万余元,其中精神损害赔偿意义上的残疾赔偿金10万元(为当时我国精神损害赔偿的最高额)。

审判结束后,原告律师认为,虽然高额精神损害赔偿未获全部支持,但至少已经对消费者权益受到侵害是否给予赔偿作了肯定回答,他说:"完善《消费者权益保护法》中关于精神损害赔偿的认定和标准恐怕势在必行。"

针对此案,本案审判长陈继平说:"赔偿额度要考虑当前社会普遍生活水准,侵害人主观动机、过错程度及其偿付能力等因素,补偿精神损害终究是法律意义上的,只能是相对的,因此对65万元的高额精神损害赔偿不予支持。"

原告律师则说:"赔偿应考虑加害人因事故产品获利的情况,不能让生产伪劣产品的厂家因此获利。如果厂家在丰厚的利润中仅拿出一部分来补偿消费者永远无法弥补的损失,仍会使它们铤而走险,法律必然要使不法者利益全部丧失,才会有力制止不负责任的生产经营行为,体现法律在市场经济中的引导作用。"

本案思考:
1. 本案的受害者为何能获高额精神损害赔偿?
2. 精神损害赔偿费用应当如何计算?

附录二 有关法律、法规

中华人民共和国旅游法(2018年修正)

2013年4月25日第十二届全国人民代表大会常务委员会第二次会议通过
2016年11月7日第十二届全国人民代表大会常务委员会第二十四次会议第一次修正
2018年10月26日第十三届全国人民代表大会常务委员会第六次会议第二次修正

第一章 总则

第一条 为保障旅游者和旅游经营者的合法权益,规范旅游市场秩序,保护和合理利用旅游资源,促进旅游业持续健康发展,制定本法。

第二条 在中华人民共和国境内的和在中华人民共和国境内组织到境外的游览、度假、休闲等形式的旅游活动以及为旅游活动提供相关服务的经营活动,适用本法。

第三条 国家发展旅游事业,完善旅游公共服务,依法保护旅游者在旅游活动中的权利。

第四条 旅游业发展应当遵循社会效益、经济效益和生态效益相统一的原则。国家鼓励各类市场主体在有效保护旅游资源的前提下,依法合理利用旅游资源。利用公共资源建设的游览场所应当体现公益性质。

第五条 国家倡导健康、文明、环保的旅游方式,支持和鼓励各类社会机构开展旅游公益宣传,对促进旅游业发展做出突出贡献的单位和个人给予奖励。

第六条 国家建立健全旅游服务标准和市场规则,禁止行业垄断和地区垄断。旅游经营者应当诚信经营,公平竞争,承担社会责任,为旅游者提供安全、健康、卫生、方便的旅游服务。

第七条 国务院建立健全旅游综合协调机制,对旅游业发展进行综合协调。县级以上地方人民政府应当加强对旅游工作的组织和领导,明确相关部门或者机构,对本行政区域的旅游业发展和监督管理进行统筹协调。

第八条 依法成立的旅游行业组织,实行自律管理。

第二章 旅游者

第九条 旅游者有权自主选择旅游产品和服务,有权拒绝旅游经营者的强制交易行为。旅游者有权知悉其购买的旅游产品和服务的真实情况。旅游者有权要求旅游经营者按照约定提供产品和服务。

第十条　旅游者的人格尊严、民族风俗习惯和宗教信仰应当得到尊重。

第十一条　残疾人、老年人、未成年人等旅游者在旅游活动中依照法律、法规和有关规定享受便利和优惠。

第十二条　旅游者在人身、财产安全遇有危险时，有请求救助和保护的权利。旅游者人身、财产受到侵害的，有依法获得赔偿的权利。

第十三条　旅游者在旅游活动中应当遵守社会公共秩序和社会公德，尊重当地的风俗习惯、文化传统和宗教信仰，爱护旅游资源，保护生态环境，遵守旅游文明行为规范。

第十四条　旅游者在旅游活动中或者在解决纠纷时，不得损害当地居民的合法权益，不得干扰他人的旅游活动，不得损害旅游经营者和旅游从业人员的合法权益。

第十五条　旅游者购买、接受旅游服务时，应当向旅游经营者如实告知与旅游活动相关的个人健康信息，遵守旅游活动中的安全警示规定。旅游者对国家应对重大突发事件暂时限制旅游活动的措施以及有关部门、机构或者旅游经营者采取的安全防范和应急处置措施，应当予以配合。旅游者违反安全警示规定，或者对国家应对重大突发事件暂时限制旅游活动的措施、安全防范和应急处置措施不予配合的，依法承担相应责任。

第十六条　出境旅游者不得在境外非法滞留，随团出境的旅游者不得擅自分团、脱团。入境旅游者不得在境内非法滞留，随团入境的旅游者不得擅自分团、脱团。

第三章　旅游规划和促进

第十七条　国务院和县级以上地方人民政府应当将旅游业发展纳入国民经济和社会发展规划。国务院和省、自治区、直辖市人民政府以及旅游资源丰富的设区的市和县级人民政府，应当按照国民经济和社会发展规划的要求，组织编制旅游发展规划。对跨行政区域且适宜进行整体利用的旅游资源进行利用时，应当由上级人民政府组织编制或者由相关地方人民政府协商编制统一的旅游发展规划。

第十八条　旅游发展规划应当包括旅游业发展的总体要求和发展目标，旅游资源保护和利用的要求和措施，以及旅游产品开发、旅游服务质量提升、旅游文化建设、旅游形象推广、旅游基础设施和公共服务设施建设的要求和促进措施等内容。根据旅游发展规划，县级以上地方人民政府可以编制重点旅游资源开发利用的专项规划，对特定区域内的旅游项目、设施和服务功能配套提出专门要求。

第十九条　旅游发展规划应当与土地利用总体规划、城乡规划、环境保护规划以及其他自然资源和文物等人文资源的保护和利用规划相衔接。

第二十条　各级人民政府编制土地利用总体规划、城乡规划，应当充分考虑相关旅游项目、设施的空间布局和建设用地要求。规划和建设交通、通信、供水、供电、环保等基础设施和公共服务设施，应当兼顾旅游业发展的需要。

第二十一条　对自然资源和文物等人文资源进行旅游利用，必须严格遵守有关法律、法规的规定，符合资源、生态保护和文物安全的要求，尊重和维护当地传统文化和习俗，维护资源的区域整体性、文化代表性和地域特殊性，并考虑军事设施保护的需要。有关主管部门应当加强对资源保护和旅游利用状况的监督检查。

第二十二条　各级人民政府应当组织对本级政府编制的旅游发展规划的执行情况进行评估，并向社会公布。

第二十三条　国务院和县级以上地方人民政府应当制定并组织实施有利于旅游业持续健康发展的产业政策，推进旅游休闲体系建设，采取措施推动区域旅游合作，鼓励跨区域旅游线路和产品开发，促进旅游与工业、农业、商业、文化、卫生、体育、科教等领域的融合，扶持少数民族地区、革命老区、边远地区和贫困地区旅游业发展。

第二十四条　国务院和县级以上地方人民政府应当根据实际情况安排资金，加强旅游基础设施建设、旅游公共服务和旅游形象推广。

第二十五条　国家制定并实施旅游形象推广战略。国务院旅游主管部门统筹组织国家旅游形象的境外推广工作，建立旅游形象推广机构和网络，开展旅游国际合作与交流。县级以上地方人民政府统筹组织本地的旅游形象推广工作。

第二十六条　国务院旅游主管部门和县级以上地方人民政府应当根据需要建立旅游公共信息和咨询平台，无偿向旅游者提供旅游景区、线路、交通、气象、住宿、安全、医疗急救等必要信息和咨询服务。设区的市和县级人民政府有关部门应当根据需要在交通枢纽、商业中心和旅游者集中场所设置旅游咨询中心，在景区和通往主要景区的道路设置旅游指示标识。旅游资源丰富的设区的市和县级人民政府可以根据本地的实际情况，建立旅游客运专线或者游客中转站，为旅游者在城市及周边旅游提供服务。

第二十七条　国家鼓励和支持发展旅游职业教育和培训，提高旅游从业人员素质。

第四章　旅游经营

第二十八条　设立旅行社，招徕、组织、接待旅游者，为其提供旅游服务，应当具备下列条件，取得旅游主管部门的许可，依法办理工商登记：

（一）有固定的经营场所；

（二）有必要的营业设施；

（三）有符合规定的注册资本；

（四）有必要的经营管理人员和导游；

（五）法律、行政法规规定的其他条件。

第二十九条　旅行社可以经营下列业务：

（一）境内旅游；

（二）出境旅游；

（三）边境旅游；

（四）入境旅游；

（五）其他旅游业务。

旅行社经营前款第二项和第三项业务，应当取得相应的业务经营许可，具体条件由国务院规定。

第三十条　旅行社不得出租、出借旅行社业务经营许可证，或者以其他形式非法转让旅行社业务经营许可。

第三十一条　旅行社应当按照规定交纳旅游服务质量保证金，用于旅游者权益损害赔偿和垫付旅游者人身安全遇有危险时紧急救助的费用。

第三十二条　旅行社为招徕、组织旅游者发布信息，必须真实、准确，不得进行虚假宣传，误导旅游者。

第三十三条　旅行社及其从业人员组织、接待旅游者,不得安排参观或者参与违反我国法律、法规和社会公德的项目或者活动。

第三十四条　旅行社组织旅游活动应当向合格的供应商订购产品和服务。

第三十五条　旅行社不得以不合理的低价组织旅游活动,诱骗旅游者,并通过安排购物或者另行付费旅游项目获取回扣等不正当利益。旅行社组织、接待旅游者,不得指定具体购物场所,不得安排另行付费旅游项目。但是,经双方协商一致或者旅游者要求,且不影响其他旅游者行程安排的除外。发生违反前两款规定情形的,旅游者有权在旅游行程结束后三十日内,要求旅行社为其办理退货并先行垫付退货货款,或者退还另行付费旅游项目的费用。

第三十六条　旅行社组织团队出境旅游或者组织、接待团队入境旅游,应当按照规定安排领队或者导游全程陪同。

第三十七条　参加导游资格考试成绩合格,与旅行社订立劳动合同或者在相关旅游行业组织注册的人员,可以申请取得导游证。

第三十八条　旅行社应当与其聘用的导游依法订立劳动合同,支付劳动报酬,缴纳社会保险费用。旅行社临时聘用导游为旅游者提供服务的,应当全额向导游支付本法第六十条第三款规定的导游服务费用。旅行社安排导游为团队旅游提供服务的,不得要求导游垫付或者向导游收取任何费用。

第三十九条　从事领队业务,应当取得导游证,具有相应的学历、语言能力和旅游从业经历,并与委派其从事领队业务的取得出境旅游业务经营许可的旅行社订立劳动合同。

第四十条　导游和领队为旅游者提供服务必须接受旅行社委派,不得私自承揽导游和领队业务。

第四十一条　导游和领队从事业务活动,应当佩戴导游证,遵守职业道德,尊重旅游者的风俗习惯和宗教信仰,应当向旅游者告知和解释旅游文明行为规范,引导旅游者健康、文明旅游,劝阻旅游者违反社会公德的行为。导游和领队应当严格执行旅游行程安排,不得擅自变更旅游行程或者中止服务活动,不得向旅游者索取小费,不得诱导、欺骗、强迫或者变相强迫旅游者购物或者参加另行付费旅游项目。

第四十二条　景区开放应当具备下列条件,并听取旅游主管部门的意见:

(一)有必要的旅游配套服务和辅助设施;

(二)有必要的安全设施及制度,经过安全风险评估,满足安全条件;

(三)有必要的环境保护设施和生态保护措施;

(四)法律、行政法规规定的其他条件。

第四十三条　利用公共资源建设的景区的门票以及景区内的游览场所、交通工具等另行收费项目,实行政府定价或者政府指导价,严格控制价格上涨。拟收费或者提高价格的,应当举行听证会,征求旅游者、经营者和有关方面的意见,论证其必要性、可行性。利用公共资源建设的景区,不得通过增加另行收费项目等方式变相涨价;另行收费项目已收回投资成本的,应当相应降低价格或者取消收费。公益性的城市公园、博物馆、纪念馆等,除重点文物保护单位和珍贵文物收藏单位外,应当逐步免费开放。

第四十四条　景区应当在醒目位置公示门票价格、另行收费项目的价格及团体收费价格。景区提高门票价格应当提前六个月公布。将不同景区的门票或者同一景区内不同游览场所的门票合并出售的,合并后的价格不得高于各单项门票的价格之和,且旅游者有权选择购买其中的单项票。景区内的核心游览项目因故暂停向旅游者开放或者停止提供服务的,应当公示并相应减少收费。

第四十五条　景区接待旅游者不得超过景区主管部门核定的最大承载量。景区应当公布景区主管部门核定的最大承载量,制定和实施旅游者流量控制方案,并可以采取门票预约等方式,对景区接待旅游者的数量进行控制。旅游者数量可能达到最大承载量时,景区应当提前公告并同时向当地人民政府报告,景区和当地人民政府应当及时采取疏导、分流等措施。

第四十六条　城镇和乡村居民利用自有住宅或者其他条件依法从事旅游经营,其管理办法由省、自治区、直辖市制定。

第四十七条　经营高空、高速、水上、潜水、探险等高风险旅游项目,应当按照国家有关规定取得经营许可。

第四十八条　通过网络经营旅行社业务的,应当依法取得旅行社业务经营许可,并在其网站主页的显著位置标明其业务经营许可证信息。发布旅游经营信息的网站,应当保证其信息真实、准确。

第四十九条　为旅游者提供交通、住宿、餐饮、娱乐等服务的经营者,应当符合法律、法规规定的要求,按照合同约定履行义务。

第五十条　旅游经营者应当保证其提供的商品和服务符合保障人身、财产安全的要求。旅游经营者取得相关质量标准等级的,其设施和服务不得低于相应标准;未取得质量标准等级的,不得使用相关质量等级的称谓和标识。

第五十一条　旅游经营者销售、购买商品或者服务,不得给予或者收受贿赂。

第五十二条　旅游经营者对其在经营活动中知悉的旅游者个人信息,应当予以保密。

第五十三条　从事道路旅游客运的经营者应当遵守道路客运安全管理的各项制度,并在车辆显著位置明示道路旅游客运专用标识,在车厢内显著位置公示经营者和驾驶人信息、道路运输管理机构监督电话等事项。

第五十四条　景区、住宿经营者将其部分经营项目或者场地交由他人从事住宿、餐饮、购物、游览、娱乐、旅游交通等经营的,应当对实际经营者的经营行为给旅游者造成的损害承担连带责任。

第五十五条　旅游经营者组织、接待出入境旅游,发现旅游者从事违法活动或者有违反本法第十六条规定情形的,应当及时向公安机关、旅游主管部门或者我国驻外机构报告。

第五十六条　国家根据旅游活动的风险程度,对旅行社、住宿、旅游交通以及本法第四十七条规定的高风险旅游项目等经营者实施责任保险制度。

第五章　旅游服务合同

第五十七条　旅行社组织和安排旅游活动,应当与旅游者订立合同。

第五十八条　包价旅游合同应当采用书面形式,包括下列内容:

(一) 旅行社、旅游者的基本信息;

（二）旅游行程安排；
（三）旅游团成团的最低人数；
（四）交通、住宿、餐饮等旅游服务安排和标准；
（五）游览、娱乐等项目的具体内容和时间；
（六）自由活动时间安排；
（七）旅游费用及其交纳的期限和方式；
（八）违约责任和解决纠纷的方式；
（九）法律、法规规定和双方约定的其他事项。

订立包价旅游合同时，旅行社应当向旅游者详细说明前款第二项至第八项所载内容。

第五十九条　旅行社应当在旅游行程开始前向旅游者提供旅游行程单。旅游行程单是包价旅游合同的组成部分。

第六十条　旅行社委托其他旅行社代理销售包价旅游产品并与旅游者订立包价旅游合同的，应当在包价旅游合同中载明委托社和代理社的基本信息。旅行社依照本法规定将包价旅游合同中的接待业务委托给地接社履行的，应当在包价旅游合同中载明地接社的基本信息。安排导游为旅游者提供服务的，应当在包价旅游合同中载明导游服务费用。

第六十一条　旅行社应当提示参加团队旅游的旅游者按照规定投保人身意外伤害保险。

第六十二条　订立包价旅游合同时，旅行社应当向旅游者告知下列事项：
（一）旅游者不适合参加旅游活动的情形；
（二）旅游活动中的安全注意事项；
（三）旅行社依法可以减免责任的信息；
（四）旅游者应当注意的旅游目的地相关法律、法规和风俗习惯、宗教禁忌，依照中国法律不宜参加的活动等；
（五）法律、法规规定的其他应当告知的事项。

在包价旅游合同履行中，遇有前款规定事项的，旅行社也应当告知旅游者。

第六十三条　旅行社招徕旅游者组团旅游，因未达到约定人数不能出团的，组团社可以解除合同。但是，境内旅游应当至少提前七日通知旅游者，出境旅游应当至少提前三十日通知旅游者。因未达到约定人数不能出团的，组团社经征得旅游者书面同意，可以委托其他旅行社履行合同。组团社对旅游者承担责任，受委托的旅行社对组团社承担责任。旅游者不同意的，可以解除合同。因未达到约定的成团人数解除合同的，组团社应当向旅游者退还已收取的全部费用。

第六十四条　旅游行程开始前，旅游者可以将包价旅游合同中自身的权利义务转让给第三人，旅行社没有正当理由的不得拒绝，因此增加的费用由旅游者和第三人承担。

第六十五条　旅游行程结束前，旅游者解除合同的，组团社应当在扣除必要的费用后，将余款退还旅游者。

第六十六条　旅游者有下列情形之一的，旅行社可以解除合同：
（一）患有传染病等疾病，可能危害其他旅游者健康和安全的；
（二）携带危害公共安全的物品且不同意交有关部门处理的；

（三）从事违法或者违反社会公德的活动的；
（四）从事严重影响其他旅游者权益的活动，且不听劝阻、不能制止的；
（五）法律规定的其他情形。

因前款规定情形解除合同的，组团社应当在扣除必要的费用后，将余款退还旅游者；给旅行社造成损失的，旅游者应当依法承担赔偿责任。

第六十七条　因不可抗力或者旅行社、履行辅助人已尽合理注意义务仍不能避免的事件，影响旅游行程的，按照下列情形处理：

（一）合同不能继续履行的，旅行社和旅游者均可以解除合同。合同不能完全履行的，旅行社经向旅游者作出说明，可以在合理范围内变更合同；旅游者不同意变更的，可以解除合同。

（二）合同解除的，组团社应当在扣除已向地接社或者履行辅助人支付且不可退还的费用后，将余款退还旅游者；合同变更的，因此增加的费用由旅游者承担，减少的费用退还旅游者。

（三）危及旅游者人身、财产安全的，旅行社应当采取相应的安全措施，因此支出的费用，由旅行社与旅游者分担。

（四）造成旅游者滞留的，旅行社应当采取相应的安置措施。因此增加的食宿费用，由旅游者承担；增加的返程费用，由旅行社与旅游者分担。

第六十八条　旅游行程中解除合同的，旅行社应当协助旅游者返回出发地或者旅游者指定的合理地点。由于旅行社或者履行辅助人的原因导致合同解除的，返程费用由旅行社承担。

第六十九条　旅行社应当按照包价旅游合同的约定履行义务，不得擅自变更旅游行程安排。经旅游者同意，旅行社将包价旅游合同中的接待业务委托给其他具有相应资质的地接社履行的，应当与地接社订立书面委托合同，约定双方的权利和义务，向地接社提供与旅游者订立的包价旅游合同的副本，并向地接社支付不低于接待和服务成本的费用。地接社应当按照包价旅游合同和委托合同提供服务。

第七十条　旅行社不履行包价旅游合同义务或者履行合同义务不符合约定的，应当依法承担继续履行、采取补救措施或者赔偿损失等违约责任；造成旅游者人身损害、财产损失的，应当依法承担赔偿责任。旅行社具备履行条件，经旅游者要求仍拒绝履行合同，造成旅游者人身损害、滞留等严重后果的，旅游者还可以要求旅行社支付旅游费用一倍以上三倍以下的赔偿金。由于旅游者自身原因导致包价旅游合同不能履行或者不能按照约定履行，或者造成旅游者人身损害、财产损失的，旅行社不承担责任。在旅游者自行安排活动期间，旅行社未尽到安全提示、救助义务的，应当对旅游者的人身损害、财产损失承担相应责任。

第七十一条　由于地接社、履行辅助人的原因导致违约的，由组团社承担责任；组团社承担责任后可以向地接社、履行辅助人追偿。由于地接社、履行辅助人的原因造成旅游者人身损害、财产损失的，旅游者可以要求地接社、履行辅助人承担赔偿责任，也可以要求组团社承担赔偿责任；组团社承担责任后可以向地接社、履行辅助人追偿。但是，由于公共交通经营者的原因造成旅游者人身损害、财产损失的，由公共交通经营者依法承担赔偿责任，旅行社应当协助旅游者向公共交通经营者索赔。

第七十二条　旅游者在旅游活动中或者在解决纠纷时,损害旅行社、履行辅助人、旅游从业人员或者其他旅游者的合法权益的,依法承担赔偿责任。

第七十三条　旅行社根据旅游者的具体要求安排旅游行程,与旅游者订立包价旅游合同的,旅游者请求变更旅游行程安排,因此增加的费用由旅游者承担,减少的费用退还旅游者。

第七十四条　旅行社接受旅游者的委托,为其代订交通、住宿、餐饮、游览、娱乐等旅游服务,收取代办费用的,应当亲自处理委托事务。因旅行社的过错给旅游者造成损失的,旅行社应当承担赔偿责任。旅行社接受旅游者的委托,为其提供旅游行程设计、旅游信息咨询等服务的,应当保证设计合理、可行,信息及时、准确。

第七十五条　住宿经营者应当按照旅游服务合同的约定为团队旅游者提供住宿服务。住宿经营者未能按照旅游服务合同提供服务的,应当为旅游者提供不低于原定标准的住宿服务,因此增加的费用由住宿经营者承担;但由于不可抗力、政府因公共利益需要采取措施造成不能提供服务的,住宿经营者应当协助安排旅游者住宿。

第六章　旅游安全

第七十六条　县级以上人民政府统一负责旅游安全工作。县级以上人民政府有关部门依照法律、法规履行旅游安全监管职责。

第七十七条　国家建立旅游目的地安全风险提示制度。旅游目的地安全风险提示的级别划分和实施程序,由国务院旅游主管部门会同有关部门制定。县级以上人民政府及其有关部门应当将旅游安全作为突发事件监测和评估的重要内容。

第七十八条　县级以上人民政府应当依法将旅游应急管理纳入政府应急管理体系,制定应急预案,建立旅游突发事件应对机制。突发事件发生后,当地人民政府及其有关部门和机构应当采取措施开展救援,并协助旅游者返回出发地或者旅游者指定的合理地点。

第七十九条　旅游经营者应当严格执行安全生产管理和消防安全管理的法律、法规和国家标准、行业标准,具备相应的安全生产条件,制定旅游者安全保护制度和应急预案。旅游经营者应当对直接为旅游者提供服务的从业人员开展经常性应急救助技能培训,对提供的产品和服务进行安全检验、监测和评估,采取必要措施防止危害发生。旅游经营者组织、接待老年人、未成年人、残疾人等旅游者,应当采取相应的安全保障措施。

第八十条　旅游经营者应当就旅游活动中的下列事项,以明示的方式事先向旅游者作出说明或者警示:

(一)正确使用相关设施、设备的方法;

(二)必要的安全防范和应急措施;

(三)未向旅游者开放的经营、服务场所和设施、设备;

(四)不适宜参加相关活动的群体;

(五)可能危及旅游者人身、财产安全的其他情形。

第八十一条　突发事件或者旅游安全事故发生后,旅游经营者应当立即采取必要的救助和处置措施,依法履行报告义务,并对旅游者作出妥善安排。

第八十二条　旅游者在人身、财产安全遇有危险时,有权请求旅游经营者、当地政府和相关机构进行及时救助。中国出境旅游者在境外陷于困境时,有权请求我国驻当地机构在其职责范围内给予协助和保护。旅游者接受相关组织或者机构的救助后,应当支付应由个人承担的费用。

第七章　旅游监督管理

第八十三条　县级以上人民政府旅游主管部门和有关部门依照本法和有关法律、法规的规定,在各自职责范围内对旅游市场实施监督管理。县级以上人民政府应当组织旅游主管部门、有关主管部门和市场监督管理、交通等执法部门对相关旅游经营行为实施监督检查。

第八十四条　旅游主管部门履行监督管理职责,不得违反法律、行政法规的规定向监督管理对象收取费用。旅游主管部门及其工作人员不得参与任何形式的旅游经营活动。

第八十五条　县级以上人民政府旅游主管部门有权对下列事项实施监督检查:
(一)经营旅行社业务以及从事导游、领队服务是否取得经营、执业许可;
(二)旅行社的经营行为;
(三)导游和领队等旅游从业人员的服务行为;
(四)法律、法规规定的其他事项。旅游主管部门依照前款规定实施监督检查,可以对涉嫌违法的合同、票据、账簿以及其他资料进行查阅、复制。

第八十六条　旅游主管部门和有关部门依法实施监督检查,其监督检查人员不得少于二人,并应当出示合法证件。监督检查人员少于二人或者未出示合法证件的,被检查单位和个人有权拒绝。监督检查人员对在监督检查中知悉的被检查单位的商业秘密和个人信息应当依法保密。

第八十七条　对依法实施的监督检查,有关单位和个人应当配合,如实说明情况并提供文件、资料,不得拒绝、阻碍和隐瞒。

第八十八条　县级以上人民政府旅游主管部门和有关部门,在履行监督检查职责中或者在处理举报、投诉时,发现违反本法规定行为的,应当依法及时作出处理;对不属于本部门职责范围的事项,应当及时书面通知并移交有关部门查处。

第八十九条　县级以上地方人民政府建立旅游违法行为查处信息的共享机制,对需要跨部门、跨地区联合查处的违法行为,应当进行督办。旅游主管部门和有关部门应当按照各自职责,及时向社会公布监督检查的情况。

第九十条　依法成立的旅游行业组织依照法律、行政法规和章程的规定,制定行业经营规范和服务标准,对其会员的经营行为和服务质量进行自律管理,组织开展职业道德教育和业务培训,提高从业人员素质。

第八章　旅游纠纷处理

第九十一条　县级以上人民政府应当指定或者设立统一的旅游投诉受理机构。受理机构接到投诉,应当及时进行处理或者移交有关部门处理,并告知投诉者。

第九十二条　旅游者与旅游经营者发生纠纷,可以通过下列途径解决:
(一)双方协商;

（二）向消费者协会、旅游投诉受理机构或者有关调解组织申请调解；

（三）根据与旅游经营者达成的仲裁协议提请仲裁机构仲裁；

（四）向人民法院提起诉讼。

第九十三条　消费者协会、旅游投诉受理机构和有关调解组织在双方自愿的基础上，依法对旅游者与旅游经营者之间的纠纷进行调解。

第九十四条　旅游者与旅游经营者发生纠纷，旅游者一方人数众多并有共同请求的，可以推选代表人参加协商、调解、仲裁、诉讼活动。

第九章　法律责任

第九十五条　违反本法规定，未经许可经营旅行社业务的，由旅游主管部门或者市场监督管理部门责令改正，没收违法所得，并处一万元以上十万元以下罚款；违法所得十万元以上的，并处违法所得一倍以上五倍以下罚款；对有关责任人员，处二千元以上二万元以下罚款。旅行社违反本法规定，未经许可经营本法第二十九条第一款第二项、第三项业务，或者出租、出借旅行社业务经营许可证，或者以其他方式非法转让旅行社业务经营许可的，除依照前款规定处罚外，并责令停业整顿；情节严重的，吊销旅行社业务经营许可证；对直接负责的主管人员，处二千元以上二万元以下罚款。

第九十六条　旅行社违反本法规定，有下列行为之一的，由旅游主管部门责令改正，没收违法所得，并处五千元以上五万元以下罚款；情节严重的，责令停业整顿或者吊销旅行社业务经营许可证；对直接负责的主管人员和其他直接责任人员，处二千元以上二万元以下罚款：

（一）未按照规定为出境或者入境团队旅游安排领队或者导游全程陪同的；

（二）安排未取得导游证的人员提供导游服务或者安排不具备领队条件的人员提供领队服务的；

（三）未向临时聘用的导游支付导游服务费用的；

（四）要求导游垫付或者向导游收取费用的。

第九十七条　旅行社违反本法规定，有下列行为之一的，由旅游主管部门或者有关部门责令改正，没收违法所得，并处五千元以上五万元以下罚款；违法所得五万元以上的，并处违法所得一倍以上五倍以下罚款；情节严重的，责令停业整顿或者吊销旅行社业务经营许可证；对直接负责的主管人员和其他直接责任人员，处二千元以上二万元以下罚款：

（一）进行虚假宣传，误导旅游者的；

（二）向不合格的供应商订购产品和服务的；

（三）未按照规定投保旅行社责任保险的。

第九十八条　旅行社违反本法第三十五条规定的，由旅游主管部门责令改正，没收违法所得，责令停业整顿，并处三万元以上三十万元以下罚款；违法所得三十万元以上的，并处违法所得一倍以上五倍以下罚款；情节严重的，吊销旅行社业务经营许可证；对直接负责的主管人员和其他直接责任人员，没收违法所得，处二千元以上二万元以下罚款，并暂扣或者吊销导游证。

第九十九条　旅行社未履行本法第五十五条规定的报告义务的，由旅游主管部门处五千元以上五万元以下罚款;情节严重的,责令停业整顿或者吊销旅行社业务经营许可证;对直接负责的主管人员和其他直接责任人员,处二千元以上二万元以下罚款,并暂扣或者吊销导游证。

第一百条　旅行社违反本法规定,有下列行为之一的,由旅游主管部门责令改正,处三万元以上三十万元以下罚款,并责令停业整顿;造成旅游者滞留等严重后果的,吊销旅行社业务经营许可证;对直接负责的主管人员和其他直接责任人员,处二千元以上二万元以下罚款,并暂扣或者吊销导游证:

（一）在旅游行程中擅自变更旅游行程安排,严重损害旅游者权益的;
（二）拒绝履行合同的;
（三）未征得旅游者书面同意,委托其他旅行社履行包价旅游合同的。

第一百零一条　旅行社违反本法规定,安排旅游者参观或者参与违反我国法律、法规和社会公德的项目或者活动的,由旅游主管部门责令改正,没收违法所得,责令停业整顿,并处二万元以上二十万元以下罚款;情节严重的,吊销旅行社业务经营许可证;对直接负责的主管人员和其他直接责任人员,处二千元以上二万元以下罚款,并暂扣或者吊销导游证。

第一百零二条　违反本法规定,未取得导游证或者不具备领队条件而从事导游、领队活动的,由旅游主管部门责令改正,没收违法所得,并处一千元以上一万元以下罚款,予以公告。导游、领队违反本法规定,私自承揽业务的,由旅游主管部门责令改正,没收违法所得,处一千元以上一万元以下罚款,并暂扣或者吊销导游证。导游、领队违反本法规定,向旅游者索取小费的,由旅游主管部门责令退还,处一千元以上一万元以下罚款;情节严重的,并暂扣或者吊销导游证。

第一百零三条　违反本法规定被吊销导游证的导游、领队和受到吊销旅行社业务经营许可证处罚的旅行社的有关管理人员,自处罚之日起未逾三年的,不得重新申请导游证或者从事旅行社业务。

第一百零四条　旅游经营者违反本法规定,给予或者收受贿赂的,由市场监督管理部门依照有关法律、法规的规定处罚;情节严重的,并由旅游主管部门吊销旅行社业务经营许可证。

第一百零五条　景区不符合本法规定的开放条件而接待旅游者的,由景区主管部门责令停业整顿直至符合开放条件,并处二万元以上二十万元以下罚款。景区在旅游者数量可能达到最大承载量时,未依照本法规定公告或者未向当地人民政府报告,未及时采取疏导、分流等措施,或者超过最大承载量接待旅游者的,由景区主管部门责令改正,情节严重的,责令停业整顿一个月至六个月。

第一百零六条　景区违反本法规定,擅自提高门票或者另行收费项目的价格,或者有其他价格违法行为的,由有关主管部门依照有关法律、法规的规定处罚。

第一百零七条　旅游经营者违反有关安全生产管理和消防安全管理的法律、法规或者国家标准、行业标准的,由有关主管部门依照有关法律、法规的规定处罚。

第一百零八条　对违反本法规定的旅游经营者及其从业人员,旅游主管部门和有关部门应当记入信用档案,向社会公布。

第一百零九条　旅游主管部门和有关部门的工作人员在履行监督管理职责中,滥用职权、玩忽职守、徇私舞弊，尚不构成犯罪的，依法给予处分。

第一百一十条　违反本法规定，构成犯罪的，依法追究刑事责任。

第十章　附　则

第一百一十一条　本法下列用语的含义：

（一）旅游经营者，是指旅行社、景区以及为旅游者提供交通、住宿、餐饮、购物、娱乐等服务的经营者。

（二）景区，是指为旅游者提供游览服务、有明确的管理界限的场所或者区域。

（三）包价旅游合同，是指旅行社预先安排行程，提供或者通过履行辅助人提供交通、住宿、餐饮、游览、导游或者领队等两项以上旅游服务，旅游者以总价支付旅游费用的合同。

（四）组团社，是指与旅游者订立包价旅游合同的旅行社。

（五）地接社，是指接受组团社委托，在目的地接待旅游者的旅行社。

（六）履行辅助人，是指与旅行社存在合同关系，协助其履行包价旅游合同义务，实际提供相关服务的法人或者自然人。

第一百一十二条　本法自 2013 年 10 月 1 日起施行。

中华人民共和国消费者权益保护法

1993 年 10 月 31 日第八届全国人民代表大会常务委员会第四次会议通过，根据 2009 年 8 月 27 日第十一届全国人民代表大会常务委员会第十次会议《关于修改部分法律的决定》第一次修正，根据 2013 年 10 月 25 日第十二届全国人民代表大会常务委员会第五次会议《关于修改的决定》第二次修正。自 2014 年 3 月 15 日起施行。

第一章　总　则

第一条　为保护消费者的合法权益，维护社会经济秩序，促进社会主义市场经济健康发展，制定本法。

第二条　消费者为生活消费需要购买、使用商品或者接受服务，其权益受本法保护；本法未作规定的，受其他有关法律、法规保护。

第三条　经营者为消费者提供其生产、销售的商品或者提供服务，应当遵守本法；本法未作规定的，应当遵守其他有关法律、法规。

第四条　经营者与消费者进行交易，应当遵循自愿、平等、公平、诚实信用的原则。

第五条　国家保护消费者的合法权益不受侵害。

国家采取措施，保障消费者依法行使权利，维护消费者的合法权益。

国家倡导文明、健康、节约资源和保护环境的消费方式，反对浪费。

第六条　保护消费者的合法权益是全社会的共同责任。

国家鼓励、支持一切组织和个人对损害消费者合法权益的行为进行社会监督。

大众传播媒介应当做好维护消费者合法权益的宣传，对损害消费者合法权益的行为进行舆论监督。

第二章 消费者的权利

第七条 消费者在购买、使用商品和接受服务时享有人身、财产安全不受损害的权利。

消费者有权要求经营者提供的商品和服务,符合保障人身、财产安全的要求。

第八条 消费者享有知悉其购买、使用的商品或者接受的服务的真实情况的权利。

消费者有权根据商品或者服务的不同情况,要求经营者提供商品的价格、产地、生产者、用途、性能、规格、等级、主要成分、生产日期、有效期限、检验合格证明、使用方法说明书、售后服务,或者服务的内容、规格、费用等有关情况。

第九条 消费者享有自主选择商品或者服务的权利。

消费者有权自主选择提供商品或者服务的经营者,自主选择商品品种或者服务方式,自主决定购买或者不购买任何一种商品、接受或者不接受任何一项服务。

消费者在自主选择商品或者服务时,有权进行比较、鉴别和挑选。

第十条 消费者享有公平交易的权利。

消费者在购买商品或者接受服务时,有权获得质量保障、价格合理、计量正确等公平交易条件,有权拒绝经营者的强制交易行为。

第十一条 消费者因购买、使用商品或者接受服务受到人身、财产损害的,享有依法获得赔偿的权利。

第十二条 消费者享有依法成立维护自身合法权益的社会组织的权利。

第十三条 消费者享有获得有关消费和消费者权益保护方面的知识的权利。

消费者应当努力掌握所需商品或者服务的知识和使用技能,正确使用商品,提高自我保护意识。

第十四条 消费者在购买、使用商品和接受服务时,享有人格尊严、民族风俗习惯得到尊重的权利,享有个人信息依法得到保护的权利。

第十五条 消费者享有对商品和服务以及保护消费者权益工作进行监督的权利。

消费者有权检举、控告侵害消费者权益的行为和国家机关及其工作人员在保护消费者权益工作中的违法失职行为,有权对保护消费者权益工作提出批评、建议。

第三章 经营者的义务

第十六条 经营者向消费者提供商品或者服务,应当依照本法和其他有关法律、法规的规定履行义务。

经营者和消费者有约定的,应当按照约定履行义务,但双方的约定不得违背法律、法规的规定。

经营者向消费者提供商品或者服务,应当恪守社会公德,诚信经营,保障消费者的合法权益;不得设定不公平、不合理的交易条件,不得强制交易。

第十七条 经营者应当听取消费者对其提供的商品或者服务的意见,接受消费者的监督。

第十八条 经营者应当保证其提供的商品或者服务符合保障人身、财产安全的要求。对可能危及人身、财产安全的商品和服务,应当向消费者作出真实的说明和明确的警示,并说明和标明正确使用商品或者接受服务的方法以及防止危害发生的方法。

宾馆、商场、餐馆、银行、机场、车站、港口、影剧院等经营场所的经营者,应当对消费者尽到安全保障义务。

第十九条　经营者发现其提供的商品或者服务存在缺陷,有危及人身、财产安全危险的,应当立即向有关行政部门报告和告知消费者,并采取停止销售、警示、召回、无害化处理、销毁、停止生产或者服务等措施。采取召回措施的,经营者应当承担消费者因商品被召回支出的必要费用。

第二十条　经营者向消费者提供有关商品或者服务的质量、性能、用途、有效期限等信息,应当真实、全面,不得作虚假或者引人误解的宣传。

经营者对消费者就其提供的商品或者服务的质量和使用方法等问题提出的询问,应当作出真实、明确的答复。

经营者提供商品或者服务应当明码标价。

第二十一条　经营者应当标明其真实名称和标记。

租赁他人柜台或者场地的经营者,应当标明其真实名称和标记。

第二十二条　经营者提供商品或者服务,应当按照国家有关规定或者商业惯例向消费者出具发票等购货凭证或者服务单据;消费者索要发票等购货凭证或者服务单据的,经营者必须出具。

第二十三条　经营者应当保证在正常使用商品或者接受服务的情况下其提供的商品或者服务应当具有的质量、性能、用途和有效期限;但消费者在购买该商品或者接受该服务前已经知道其存在瑕疵,且存在该瑕疵不违反法律强制性规定的除外。

经营者以广告、产品说明、实物样品或者其他方式表明商品或者服务的质量状况的,应当保证其提供的商品或者服务的实际质量与表明的质量状况相符。

经营者提供的机动车、计算机、电视机、电冰箱、空调器、洗衣机等耐用商品或者装饰装修等服务,消费者自接受商品或者服务之日起六个月内发现瑕疵,发生争议的,由经营者承担有关瑕疵的举证责任。

第二十四条　经营者提供的商品或者服务不符合质量要求的,消费者可以依照国家规定、当事人约定退货,或者要求经营者履行更换、修理等义务。没有国家规定和当事人约定的,消费者可以自收到商品之日起七日内退货;七日后符合法定解除合同条件的,消费者可以及时退货,不符合法定解除合同条件的,可以要求经营者履行更换、修理等义务。

依照前款规定进行退货、更换、修理的,经营者应当承担运输等必要费用。

第二十五条　经营者采用网络、电视、电话、邮购等方式销售商品,消费者有权自收到商品之日起七日内退货,且无需说明理由,但下列商品除外:

(一)消费者定做的;

(二)鲜活易腐的;

(三)在线下载或者消费者拆封的音像制品、计算机软件等数字化商品;

(四)交付的报纸、期刊。

除前款所列商品外,其他根据商品性质并经消费者在购买时确认不宜退货的商品,不适用无理由退货。

消费者退货的商品应当完好。经营者应当自收到退回商品之日起七日内返还消费者支付的商品价款。退回商品的运费由消费者承担;经营者和消费者另有约定的,按照约定。

第二十六条 经营者在经营活动中使用格式条款的,应当以显著方式提请消费者注意商品或者服务的数量和质量、价款或者费用、履行期限和方式、安全注意事项和风险警示、售后服务、民事责任等与消费者有重大利害关系的内容,并按照消费者的要求予以说明。

经营者不得以格式条款、通知、声明、店堂告示等方式,作出排除或者限制消费者权利、减轻或者免除经营者责任、加重消费者责任等对消费者不公平、不合理的规定,不得利用格式条款并借助技术手段强制交易。

格式条款、通知、声明、店堂告示等含有前款所列内容的,其内容无效。

第二十七条 经营者不得对消费者进行侮辱、诽谤,不得搜查消费者的身体及其携带的物品,不得侵犯消费者的人身自由。

第二十八条 采用网络、电视、电话、邮购等方式提供商品或者服务的经营者,以及提供证券、保险、银行等金融服务的经营者,应当向消费者提供经营地址、联系方式、商品或者服务的数量和质量、价款或者费用、履行期限和方式、安全注意事项和风险警示、售后服务、民事责任等信息。

第二十九条 经营者收集、使用消费者个人信息,应当遵循合法、正当、必要的原则,明示收集、使用信息的目的、方式和范围,并经消费者同意。经营者收集、使用消费者个人信息,应当公开其收集、使用规则,不得违反法律、法规的规定和双方的约定收集、使用信息。

经营者及其工作人员对收集的消费者个人信息必须严格保密,不得泄露、出售或者非法向他人提供。经营者应当采取技术措施和其他必要措施,确保信息安全,防止消费者个人信息泄露、丢失。在发生或者可能发生信息泄露、丢失的情况时,应当立即采取补救措施。

经营者未经消费者同意或者请求,或者消费者明确表示拒绝的,不得向其发送商业性信息。

第四章 国家对消费者合法权益的保护

第三十条 国家制定有关消费者权益的法律、法规、规章和强制性标准,应当听取消费者和消费者协会等组织的意见。

第三十一条 各级人民政府应当加强领导,组织、协调、督促有关行政部门做好保护消费者合法权益的工作,落实保护消费者合法权益的职责。

各级人民政府应当加强监督,预防危害消费者人身、财产安全行为的发生,及时制止危害消费者人身、财产安全的行为。

第三十二条 各级人民政府工商行政管理部门和其他有关行政部门应当依照法律、法规的规定,在各自的职责范围内,采取措施,保护消费者的合法权益。

有关行政部门应当听取消费者和消费者协会等组织对经营者交易行为、商品和服务质量问题的意见,及时调查处理。

第三十三条 有关行政部门在各自的职责范围内,应当定期或者不定期对经营者提供的商品和服务进行抽查检验,并及时向社会公布抽查检验结果。

有关行政部门发现并认定经营者提供的商品或者服务存在缺陷,有危及人身、财产安全危险的,应当立即责令经营者采取停止销售、警示、召回、无害化处理、销毁、停止生产或者服务等措施。

第三十四条　有关国家机关应当依照法律、法规的规定,惩处经营者在提供商品和服务中侵害消费者合法权益的违法犯罪行为。

第三十五条　人民法院应当采取措施,方便消费者提起诉讼。对符合《中华人民共和国民事诉讼法》起诉条件的消费者权益争议,必须受理,及时审理。

第五章　消费者组织

第三十六条　消费者协会和其他消费者组织是依法成立的对商品和服务进行社会监督的保护消费者合法权益的社会组织。

第三十七条　消费者协会履行下列公益性职责:

(一)向消费者提供消费信息和咨询服务,提高消费者维护自身合法权益的能力,引导文明、健康、节约资源和保护环境的消费方式;

(二)参与制定有关消费者权益的法律、法规、规章和强制性标准;

(三)参与有关行政部门对商品和服务的监督、检查;

(四)就有关消费者合法权益的问题,向有关部门反映、查询,提出建议;

(五)受理消费者的投诉,并对投诉事项进行调查、调解;

(六)投诉事项涉及商品和服务质量问题的,可以委托具备资格的鉴定人鉴定,鉴定人应当告知鉴定意见;

(七)就损害消费者合法权益的行为,支持受损害的消费者提起诉讼或者依照本法提起诉讼;

(八)对损害消费者合法权益的行为,通过大众传播媒介予以揭露、批评。

各级人民政府对消费者协会履行职责应当予以必要的经费等支持。

消费者协会应当认真履行保护消费者合法权益的职责,听取消费者的意见和建议,接受社会监督。

依法成立的其他消费者组织依照法律、法规及其章程的规定,开展保护消费者合法权益的活动。

第三十八条　消费者组织不得从事商品经营和营利性服务,不得以收取费用或者其他牟取利益的方式向消费者推荐商品和服务。

第六章　争议的解决

第三十九条　消费者和经营者发生消费者权益争议的,可以通过下列途径解决:

(一)与经营者协商和解;

(二)请求消费者协会或者依法成立的其他调解组织调解;

(三)向有关行政部门投诉;

(四)根据与经营者达成的仲裁协议提请仲裁机构仲裁;

(五)向人民法院提起诉讼。

第四十条　消费者在购买、使用商品时,其合法权益受到损害的,可以向销售者要求赔偿。销售者赔偿后,属于生产者的责任或者属于向销售者提供商品的其他销售者的责任的,销售者有权向生产者或者其他销售者追偿。

消费者或者其他受害人因商品缺陷造成人身、财产损害的,可以向销售者要求赔偿,也可以向生产者要求赔偿。属于生产者责任的,销售者赔偿后,有权向生产者追偿。属于销售者责任的,生产者赔偿后,有权向销售者追偿。

消费者在接受服务时,其合法权益受到损害的,可以向服务者要求赔偿。

第四十一条　消费者在购买、使用商品或者接受服务时,其合法权益受到损害,因原企业分立、合并的,可以向变更后承受其权利义务的企业要求赔偿。

第四十二条　使用他人营业执照的违法经营者提供商品或者服务,损害消费者合法权益的,消费者可以向其要求赔偿,也可以向营业执照的持有人要求赔偿。

第四十三条　消费者在展销会、租赁柜台购买商品或者接受服务,其合法权益受到损害的,可以向销售者或者服务者要求赔偿。展销会结束或者柜台租赁期满后,也可以向展销会的举办者、柜台的出租者要求赔偿。展销会的举办者、柜台的出租者赔偿后,有权向销售者或者服务者追偿。

第四十四条　消费者通过网络交易平台购买商品或者接受服务,其合法权益受到损害的,可以向销售者或者服务者要求赔偿。网络交易平台提供者不能提供销售者或者服务者的真实名称、地址和有效联系方式的,消费者也可以向网络交易平台提供者要求赔偿;网络交易平台提供者作出更有利于消费者的承诺的,应当履行承诺。网络交易平台提供者赔偿后,有权向销售者或者服务者追偿。

网络交易平台提供者明知或者应知销售者或者服务者利用其平台侵害消费者合法权益,未采取必要措施的,依法与该销售者或者服务者承担连带责任。

第四十五条　消费者因经营者利用虚假广告或者其他虚假宣传方式提供商品或者服务,其合法权益受到损害的,可以向经营者要求赔偿。广告经营者、发布者发布虚假广告的,消费者可以请求行政主管部门予以惩处。广告经营者、发布者不能提供经营者的真实名称、地址和有效联系方式的,应当承担赔偿责任。

广告经营者、发布者设计、制作、发布关系消费者生命健康商品或者服务的虚假广告,造成消费者损害的,应当与提供该商品或者服务的经营者承担连带责任。

社会团体或者其他组织、个人在关系消费者生命健康商品或者服务的虚假广告或者其他虚假宣传中向消费者推荐商品或者服务,造成消费者损害的,应当与提供该商品或者服务的经营者承担连带责任。

第四十六条　消费者向有关行政部门投诉的,该部门应当自收到投诉之日起七个工作日内,予以处理并告知消费者。

第四十七条　对侵害众多消费者合法权益的行为,中国消费者协会以及在省、自治区、直辖市设立的消费者协会,可以向人民法院提起诉讼。

第七章　法律责任

第四十八条　经营者提供商品或者服务有下列情形之一的,除本法另有规定外,应当依照其他有关法律、法规的规定,承担民事责任:

（一）商品或者服务存在缺陷的；

（二）不具备商品应当具备的使用性能而出售时未作说明的；

（三）不符合在商品或者其包装上注明采用的商品标准的；

（四）不符合商品说明、实物样品等方式表明的质量状况的；

（五）生产国家明令淘汰的商品或者销售失效、变质的商品的；

（六）销售的商品数量不足的；

（七）服务的内容和费用违反约定的；

（八）对消费者提出的修理、重做、更换、退货、补足商品数量、退还货款和服务费用或者赔偿损失的要求，故意拖延或者无理拒绝的；

（九）法律、法规规定的其他损害消费者权益的情形。

经营者对消费者未尽到安全保障义务，造成消费者损害的，应当承担侵权责任。

第四十九条　经营者提供商品或者服务，造成消费者或者其他受害人人身伤害的，应当赔偿医疗费、护理费、交通费等为治疗和康复支出的合理费用，以及因误工减少的收入。造成残疾的，还应当赔偿残疾生活辅助工具费和残疾赔偿金。造成死亡的，还应当赔偿丧葬费和死亡赔偿金。

第五十条　经营者侵害消费者的人格尊严、侵犯消费者人身自由或者侵害消费者个人信息依法得到保护的权利的，应当停止侵害、恢复名誉、消除影响、赔礼道歉，并赔偿损失。

第五十一条　经营者有侮辱诽谤、搜查身体、侵犯人身自由等侵害消费者或者其他受害人人身权益的行为，造成严重精神损害的，受害人可以要求精神损害赔偿。

第五十二条　经营者提供商品或者服务，造成消费者财产损害的，应当依照法律规定或者当事人约定承担修理、重做、更换、退货、补足商品数量、退还货款和服务费用或者赔偿损失等民事责任。

第五十三条　经营者以预收款方式提供商品或者服务的，应当按照约定提供。未按照约定提供的，应当按照消费者的要求履行约定或者退回预付款；并应当承担预付款的利息、消费者必须支付的合理费用。

第五十四条　依法经有关行政部门认定为不合格的商品，消费者要求退货的，经营者应当负责退货。

第五十五条　经营者提供商品或者服务有欺诈行为的，应当按照消费者的要求增加赔偿其受到的损失，增加赔偿的金额为消费者购买商品的价款或者接受服务的费用的三倍；增加赔偿的金额不足五百元的，为五百元。法律另有规定的，依照其规定。

经营者明知商品或者服务存在缺陷，仍然向消费者提供，造成消费者或者其他受害人死亡或者健康严重损害的，受害人有权要求经营者依照本法第四十九条、第五十一条等法律规定赔偿损失，并有权要求所受损失二倍以下的惩罚性赔偿。

第五十六条　经营者有下列情形之一，除承担相应的民事责任外，其他有关法律、法规对处罚机关和处罚方式有规定的，依照法律、法规的规定执行；法律、法规未作规定的，由工商行政管理部门或者其他有关行政部门责令改正，可以根据情节单处或者并处警告、没收违法所得、处以违法所得一倍以上十倍以下的罚款，没有违法所得的，处以五十万元以下的罚款；情节严重的，责令停业整顿、吊销营业执照；

（一）提供的商品或者服务不符合保障人身、财产安全要求的；

（二）在商品中掺杂、掺假，以假充真，以次充好，或者以不合格商品冒充合格商品的；

（三）生产国家明令淘汰的商品或者销售失效、变质的商品的；

（四）伪造商品的产地，伪造或者冒用他人的厂名、厂址，篡改生产日期，伪造或者冒用认证标志等质量标志的；

（五）销售的商品应当检验、检疫而未检验、检疫或者伪造检验、检疫结果的；

（六）对商品或者服务作虚假或者引人误解的宣传的；

（七）拒绝或者拖延有关行政部门责令对缺陷商品或者服务采取停止销售、警示、召回、无害化处理、销毁、停止生产或者服务等措施的；

（八）对消费者提出的修理、重做、更换、退货、补足商品数量、退还货款和服务费用或者赔偿损失的要求，故意拖延或者无理拒绝的；

（九）侵害消费者人格尊严、侵犯消费者人身自由或者侵害消费者个人信息依法得到保护的权利的；

（十）法律、法规规定的对损害消费者权益应当予以处罚的其他情形。

经营者有前款规定情形的，除依照法律、法规规定予以处罚外，处罚机关应当记入信用档案，向社会公布。

第五十七条　经营者违反本法规定提供商品或者服务，侵害消费者合法权益，构成犯罪的，依法追究刑事责任。

第五十八条　经营者违反本法规定，应当承担民事赔偿责任和缴纳罚款、罚金，其财产不足以同时支付的，先承担民事赔偿责任。

第五十九条　经营者对行政处罚决定不服的，可以依法申请行政复议或者提起行政诉讼。

第六十条　以暴力、威胁等方法阻碍有关行政部门工作人员依法执行职务的，依法追究刑事责任；拒绝、阻碍有关行政部门工作人员依法执行职务，未使用暴力、威胁方法的，由公安机关依照《中华人民共和国治安管理处罚法》的规定处罚。

第六十一条　国家机关工作人员玩忽职守或者包庇经营者侵害消费者合法权益的行为的，由其所在单位或者上级机关给予行政处分；情节严重，构成犯罪的，依法追究刑事责任。

第八章　附　则

第六十二条　农民购买、使用直接用于农业生产的生产资料，参照本法执行。

第六十三条　本法自1994年1月1日起施行。

最高人民法院关于审理食品药品纠纷案件适用法律若干问题的规定

（2013年12月9日由最高人民法院审判委员会第1599次会议通过，根据2020年12月23日最高人民法院审判委员会第1823次会议通过的《最高人民法院关于修改〈最高人民法院关于在民事审判工作中适用《中华人民共和国工会法》若干问题的解释〉等二十七件民事类司法解释的决定》修正，修正内容自2021年1月1日起施行。）

法释〔2013〕28号

为正确审理食品药品纠纷案件,根据《中华人民共和国民法典》《中华人民共和国消费者权益保护法》《中华人民共和国食品安全法》《中华人民共和国药品管理法》《中华人民共和国民事诉讼法》等法律的规定,结合审判实践,制定本规定。

第一条　消费者因食品、药品纠纷提起民事诉讼,符合民事诉讼法规定受理条件的,人民法院应予受理。

第二条　因食品、药品存在质量问题造成消费者损害,消费者可以分别起诉或者同时起诉销售者和生产者。

消费者仅起诉销售者或者生产者的,必要时人民法院可以追加相关当事人参加诉讼。

第三条　因食品、药品质量问题发生纠纷,购买者向生产者、销售者主张权利,生产者、销售者以购买者明知食品、药品存在质量问题而仍然购买为由进行抗辩的,人民法院不予支持。

第四条　食品、药品生产者、销售者提供给消费者的食品或者药品的赠品发生质量安全问题,造成消费者损害,消费者主张权利,生产者、销售者以消费者未对赠品支付对价为由进行免责抗辩的,人民法院不予支持。

第五条　消费者举证证明所购买食品、药品的事实以及所购食品、药品不符合合同的约定,主张食品、药品的生产者、销售者承担违约责任的,人民法院应予支持。

消费者举证证明因食用食品或者使用药品受到损害,初步证明损害与食用食品或者使用药品存在因果关系,并请求食品、药品的生产者、销售者承担侵权责任的,人民法院应予支持,但食品、药品的生产者、销售者能证明损害不是因产品不符合质量标准造成的除外。

第六条　食品的生产者与销售者应当对于食品符合质量标准承担举证责任。认定食品是否安全,应当以国家标准为依据;对地方特色食品,没有国家标准的,应当以地方标准为依据。没有前述标准的,应当以食品安全法的相关规定为依据。

第七条　食品、药品虽在销售前取得检验合格证明,且食用或者使用时尚在保质期内,但经检验确认产品不合格,生产者或者销售者以该食品、药品具有检验合格证明为由进行抗辩的,人民法院不予支持。

第八条　集中交易市场的开办者、柜台出租者、展销会举办者未履行食品安全法规定的审查、检查、报告等义务,使消费者的合法权益受到损害的,消费者请求集中交易市场的开办者、柜台出租者、展销会举办者承担连带责任的,人民法院应予支持。

第九条　消费者通过网络交易第三方平台购买食品、药品遭受损害,网络交易第三方平台提供者不能提供食品、药品的生产者或者销售者的真实名称、地址与有效联系方式,消费者请求网络交易第三方平台提供者承担责任的,人民法院应予支持。

网络交易第三方平台提供者承担赔偿责任后,向生产者或者销售者行使追偿权的,人民法院应予支持。

网络交易第三方平台提供者知道或者应当知道食品、药品的生产者、销售者利用其平台侵害消费者合法权益,未采取必要措施,给消费者造成损害,消费者要求其与生产者、销售者承担连带责任的,人民法院应予支持。

第十条　未取得食品生产资质与销售资质的民事主体,挂靠具有相应资质的生产者与销售者,生产、销售食品,造成消费者损害,消费者请求挂靠者与被挂靠者承担连带责任的,人民法院应予支持。

消费者仅起诉挂靠者或者被挂靠者的,必要时人民法院可以追加相关当事人参加诉讼。

第十一条　消费者因虚假广告推荐的食品、药品存在质量问题遭受损害,依据消费者权益保护法等法律相关规定请求广告经营者、广告发布者承担连带责任的,人民法院应予支持。

其他民事主体在虚假广告中向消费者推荐食品、药品,使消费者遭受损害,消费者依据消费者权益保护法等法律相关规定请求其与食品、药品的生产者、销售者承担连带责任的,人民法院应予支持。

第十二条　食品、药品检验机构故意出具虚假检验报告,造成消费者损害,消费者请求其承担连带责任的,人民法院应予支持。

食品、药品检验机构因过失出具不实检验报告,造成消费者损害,消费者请求其承担相应责任的,人民法院应予支持。

第十三条　食品认证机构故意出具虚假认证,造成消费者损害,消费者请求其承担连带责任的,人民法院应予支持。

食品认证机构因过失出具不实认证,造成消费者损害,消费者请求其承担相应责任的,人民法院应予支持。

第十四条　生产、销售的食品、药品存在质量问题,生产者与销售者需同时承担民事责任、行政责任和刑事责任,其财产不足以支付,当事人依照民法典等有关法律规定,请求食品、药品的生产者、销售者首先承担民事责任的,人民法院应予支持。

第十五条　生产不符合安全标准的食品或者销售明知是不符合安全标准的食品,消费者除要求赔偿损失外,依据食品安全法等法律规定向生产者、销售者主张赔偿金的,人民法院应予支持。

生产假药、劣药或者明知是假药、劣药仍然销售、使用的,受害人或者其近亲属除请求赔偿损失外,依据药品管理法等法律规定向生产者、销售者主张赔偿金的,人民法院应予支持。

第十六条　食品、药品的生产者与销售者以格式合同、通知、声明、告示等方式作出排除或者限制消费者权利、减轻或者免除经营者责任、加重消费者责任等对消费者不公平、不合理的规定,消费者依法请求认定该内容无效的,人民法院应予支持。

第十七条　消费者与化妆品、保健食品等产品的生产者、销售者、广告经营者、广告发布者、推荐者、检验机构等主体之间的纠纷,参照适用本规定。

法律规定的机关和有关组织依法提起公益诉讼的,参照适用本规定。

第十八条　本规定所称的"药品的生产者"包括药品上市许可持有人和药品生产企业,"药品的销售者"包括药品经营企业和医疗机构。

第十九条　本规定施行后人民法院正在审理的一审、二审案件适用本规定。

本规定施行前已经终审,本规定施行后当事人申请再审或者按照审判监督程序决定再审的案件,不适用本规定。

旅馆业治安管理办法

(1987年9月23日国务院批准 1987年11月10日公安部发布 根据2011年1月8日《国务院关于废止和修改部分行政法规的决定》第一次修订 根据2020年11月29日《国务院关于修改和废止部分行政法规的决定》第二次修订)

第一条 为了保障旅馆业的正常经营和旅客的生命财物安全,维护社会治安,制定本办法。

第二条 凡经营接待旅客住宿的旅馆、饭店、宾馆、招待所、客货栈、车马店、浴池等(以下统称旅馆),不论是国营、集体经营,还是合伙经营、个体经营、外商投资经营,不论是专营还是兼营,不论是常年经营,还是季节性经营,都必须遵守本办法。

第三条 开办旅馆,其房屋建筑、消防设备、出入口和通道等,必须符合《中华人民共和国消防法》等有关规定,并且要具备必要的防盗安全设施。

第四条 申请开办旅馆,应取得市场监管部门核发的营业执照,向当地公安机关申领特种行业许可证后,方准开业。

经批准开业的旅馆,如有歇业、转业、合并、迁移、改变名称等情况,应当在市场监管部门办理变更登记后3日内,向当地的县、市公安局、公安分局备案。

第五条 经营旅馆,必须遵守国家的法律,建立各项安全管理制度,设置治安保卫组织或者指定安全保卫人员。

第六条 旅馆接待旅客住宿必须登记。登记时,应当查验旅客的身份证件,按规定的项目如实登记。

接待境外旅客住宿,还应当在24小时内向当地公安机关报送住宿登记表。

第七条 旅馆应当设置旅客财物保管箱、柜或者保管室、保险柜,指定专人负责保管工作。对旅客寄存的财物,要建立登记、领取和交接制度。

第八条 旅馆对旅客遗留的物品,应当妥为保管,设法归还原主或揭示招领;经招领3个月后无人认领的,要登记造册,送当地公安机关按拾遗物品处理。对违禁物品和可疑物品,应当及时报告公安机关处理。

第九条 旅馆工作人员发现违法犯罪分子、形迹可疑的人员和被公安机关通缉的罪犯,应当立即向当地公安机关报告,不得知情不报或隐瞒包庇。

第十条 在旅馆内开办舞厅、音乐茶座等娱乐、服务场所的,除执行本办法有关规定外,还应当按照国家和当地政府的有关规定管理。

第十一条 严禁旅客将易燃、易爆、剧毒、腐蚀性和放射性等危险物品带入旅馆。

第十二条 旅馆内,严禁卖淫、嫖宿、赌博、吸毒、传播淫秽物品等违法犯罪活动。

第十三条 旅馆内,不得酗酒滋事、大声喧哗,影响他人休息,旅客不得私自留客住宿或者转让床位。

第十四条 公安机关对旅馆治安管理的职责是,指导、监督旅馆建立各项安全管理制度和落实安全防范措施,协助旅馆对工作人员进行安全业务知识的培训,依法惩办侵犯旅馆和旅客合法权益的违法犯罪分子。

公安人员到旅馆执行公务时,应当出示证件,严格依法办事,要文明礼貌待人,维护旅馆的正常经营和旅客的合法权益。旅馆工作人员和旅客应当予以协助。

第十五条 违反本办法第四条规定开办旅馆的,公安机关可以酌情给予警告或者处以200元以下罚款;未经登记,私自开业的,公安机关应当协助工商行政管理部门依法处理。

第十六条 旅馆工作人员违反本办法第九条规定的,公安机关可以酌情给予警告或者处以200元以下罚款;情节严重构成犯罪的,依法追究刑事责任。

旅馆负责人参与违法犯罪活动,其所经营的旅馆已成为犯罪活动场所的,公安机关除依法追究其责任外,对该旅馆还应当会同工商行政管理部门依法处理。

第十七条 违反本办法第六、十一、十二条规定的,依照《中华人民共和国治安管理处罚法》有关条款的规定,处罚有关人员;发生重大事故、造成严重后果构成犯罪的,依法追究刑事责任。

第十八条 当事人对公安机关的行政处罚决定不服的,按照《中华人民共和国治安管理处罚法》第一百零二条的规定办理。

第十九条 省、自治区、直辖市公安厅(局)可根据本办法制定实施细则,报请当地人民政府批准后施行,并报公安部备案。

第二十条 本办法自公布之日起施行。1951年8月15日公布的《城市旅栈业暂行管理规则》同时废止。

最高人民法院关于审理旅游纠纷案件适用法律若干问题的规定

法释〔2010〕13号

(根据2020年12月23日最高人民法院审判委员会第1823次会议通过修正)

为正确审理旅游纠纷案件,依法保护当事人合法权益,根据《中华人民共和国民法典》《中华人民共和国消费者权益保护法》《中华人民共和国旅游法》《中华人民共和国民事诉讼法》等有关法律规定,结合民事审判实践,制定本规定。

第一条 本规定所称的旅游纠纷,是指旅游者与旅游经营者、旅游辅助服务者之间因旅游发生的合同纠纷或者侵权纠纷。

"旅游经营者"是指以自己的名义经营旅游业务,向公众提供旅游服务的人。

"旅游辅助服务者"是指与旅游经营者存在合同关系,协助旅游经营者履行旅游合同义务,实际提供交通、游览、住宿、餐饮、娱乐等旅游服务的人。

旅游者在自行旅游过程中与旅游景点经营者因旅游发生的纠纷,参照适用本规定。

第二条 以单位、家庭等集体形式与旅游经营者订立旅游合同,在履行过程中发生纠纷,除集体以合同一方当事人名义起诉外,旅游者个人提起旅游合同纠纷诉讼的,人民法院应予受理。

第三条 因旅游经营者方面的同一原因造成旅游者人身损害、财产损失,旅游者选择要求旅游经营者承担违约责任或者侵权责任的,人民法院应当根据当事人选择的案由进行审理。

第四条　因旅游辅助服务者的原因导致旅游经营者违约,旅游者仅起诉旅游经营者的,人民法院可以将旅游辅助服务者追加为第三人。

第五条　旅游经营者已投保责任险,旅游者因保险责任事故仅起诉旅游经营者的,人民法院可以应当事人的请求将保险公司列为第三人。

第六条　旅游经营者以格式合同、通知、声明、告示等方式作出对旅游者不公平、不合理的规定,或者减轻、免除其损害旅游者合法权益的责任,旅游者请求依据消费者权益保护法第二十四条的规定认定该内容无效的,人民法院应予支持。

第七条　旅游经营者、旅游辅助服务者未尽到安全保障义务,造成旅游者人身损害、财产损失,旅游者请求旅游经营者、旅游辅助服务者承担责任的,人民法院应予支持。

因第三人的行为造成旅游者人身损害、财产损失,由第三人承担责任;旅游经营者、旅游辅助服务者未尽安全保障义务,旅游者请求其承担相应补充责任的,人民法院应予支持。

第八条　旅游经营者、旅游辅助服务者对可能危及旅游者人身、财产安全的旅游项目未履行告知、警示义务,造成旅游者人身损害、财产损失,旅游者请求旅游经营者、旅游辅助服务者承担责任的,人民法院应予支持。

旅游者未按旅游经营者、旅游辅助服务者的要求提供与旅游活动相关的个人健康信息并履行如实告知义务,或者不听从旅游经营者、旅游辅助服务者的告知、警示,参加不适合自身条件的旅游活动,导致旅游过程中出现人身损害、财产损失,旅游者请求旅游经营者、旅游辅助服务者承担责任的,人民法院不予支持。

第九条　旅游经营者、旅游辅助服务者泄露旅游者个人信息或者未经旅游者同意公开其个人信息,旅游者请求其承担相应责任的,人民法院应予支持。

第十条　旅游经营者将旅游业务转让给其他旅游经营者,旅游者不同意转让,请求解除旅游合同、追究旅游经营者违约责任的,人民法院应予支持。

旅游经营者擅自将其旅游业务转让给其他旅游经营者,旅游者在旅游过程中遭受损害,请求与其签订旅游合同的旅游经营者和实际提供旅游服务的旅游经营者承担连带责任的,人民法院应予支持。

第十一条　除合同性质不宜转让或者合同另有约定之外,在旅游行程开始前的合理期间内,旅游者将其在旅游合同中的权利义务转让给第三人,请求确认转让合同效力的,人民法院应予支持。

因前款所述原因,旅游经营者请求旅游者、第三人给付增加的费用或者旅游者请求旅游经营者退还减少的费用的,人民法院应予支持。

第十二条　旅游行程开始前或者进行中,因旅游者单方解除合同,旅游者请求旅游经营者退还尚未实际发生的费用,或者旅游经营者请求旅游者支付合理费用的,人民法院应予支持。

第十三条　因不可抗力等不可归责于旅游经营者、旅游辅助服务者的客观原因导致旅游合同无法履行,旅游经营者、旅游者请求解除旅游合同的,人民法院应予支持。旅游经营者、旅游者请求对方承担违约责任的,人民法院不予支持。旅游者请求旅游经营者退还尚未实际发生的费用的,人民法院应予支持。

因不可抗力等不可归责于旅游经营者、旅游辅助服务者的客观原因变更旅游行程,在征得旅游者同意后,旅游经营者请求旅游者分担因此增加的旅游费用或旅游者请求旅游经营者退还因此减少的旅游费用的,人民法院应予支持。

第十四条　因旅游辅助服务者的原因造成旅游者人身损害、财产损失,旅游者选择请求旅游辅助服务者承担侵权责任的,人民法院应予支持。

旅游经营者对旅游辅助服务者未尽谨慎选择义务,旅游者请求旅游经营者承担相应补充责任的,人民法院应予支持。

第十五条　签订旅游合同的旅游经营者将其部分旅游业务委托旅游目的地的旅游经营者,因受托方未尽旅游合同义务,旅游者在旅游过程中受到损害,要求作出委托的旅游经营者承担赔偿责任的,人民法院应予支持。

旅游经营者委托除前款规定以外的人从事旅游业务,发生旅游纠纷,旅游者起诉旅游经营者的,人民法院应予受理。

第十六条　旅游经营者准许他人挂靠其名下从事旅游业务,造成旅游者人身损害、财产损失,旅游者请求旅游经营者与挂靠人承担连带责任的,人民法院应予支持。

第十七条　旅游经营者违反合同约定,有擅自改变旅游行程、遗漏旅游景点、减少旅游服务项目、降低旅游服务标准等行为,旅游者请求旅游经营者赔偿未完成约定旅游服务项目等合理费用的,人民法院应予支持。

旅游经营者提供服务时有欺诈行为,旅游者请求旅游经营者双倍赔偿其遭受的损失的,人民法院应予支持。

第十八条　因飞机、火车、班轮、城际客运班车等公共客运交通工具延误,导致合同不能按照约定履行,旅游者请求旅游经营者退还未实际发生的费用的,人民法院应予支持。合同另有约定的除外。

第十九条　旅游者在自行安排活动期间遭受人身损害、财产损失,旅游经营者未尽到必要的提示义务、救助义务,旅游者请求旅游经营者承担相应责任的,人民法院应予支持。

前款规定的自行安排活动期间,包括旅游经营者安排的在旅游行程中独立的自由活动期间、旅游者不参加旅游行程的活动期间以及旅游者经导游或者领队同意暂时离队的个人活动期间等。

第二十条　旅游者在旅游行程中未经导游或者领队许可,故意脱离团队,遭受人身损害、财产损失,请求旅游经营者赔偿损失的,人民法院不予支持。

第二十一条　旅游者提起违约之诉,主张精神损害赔偿的,人民法院应告知其变更为侵权之诉;旅游者仍坚持提起违约之诉的,对于其精神损害赔偿的主张,人民法院不予支持。

第二十二条　旅游经营者或者旅游辅助服务者为旅游者代管的行李物品损毁、灭失,旅游者请求赔偿损失的,人民法院应予支持,但下列情形除外:

(一)损失是由于旅游者未听从旅游经营者或者旅游辅助服务者的事先声明或者提示,未将现金、有价证券、贵重物品由其随身携带而造成的;

(二)损失是由于不可抗力、意外事件造成的;

(三)损失是由于旅游者的过错造成的;

（四）损失是由于物品的自然属性造成的。

第二十三条　旅游者要求旅游经营者返还下列费用的，人民法院应予支持：

（一）因拒绝旅游经营者安排的购物活动或者另行付费的项目被增收的费用；

（二）在同一旅游行程中，旅游经营者提供相同服务，因旅游者的年龄、职业等差异而增收的费用。

第二十四条　旅游经营者因过错致其代办的手续、证件存在瑕疵，或者未尽妥善保管义务而遗失、毁损，旅游者请求旅游经营者补办或者协助补办相关手续、证件并承担相应费用的，人民法院应予支持。

因上述行为影响旅游行程，旅游者请求旅游经营者退还尚未发生的费用、赔偿损失的，人民法院应予支持。

第二十五条　旅游经营者事先设计，并以确定的总价提供交通、住宿、游览等一项或者多项服务，不提供导游和领队服务，由旅游者自行安排游览行程的旅游过程中，旅游经营者提供的服务不符合合同约定，侵害旅游者合法权益，旅游者请求旅游经营者承担相应责任的，人民法院应予支持。

旅游者在自行安排的旅游活动中合法权益受到侵害，请求旅游经营者、旅游辅助服务者承担责任的，人民法院不予支持。

第二十六条　本规定施行前已经终审，本规定施行后当事人申请再审或者按照审判监督程序决定再审的案件，不适用本规定。

中华人民共和国国家标准
旅游民宿基本要求与等级划分

（GB/T 41648—2022）

发布时间：2022.07.11　　　　实施时间：2023.02.01

1　范围

本文件规定了旅游民宿的等级和标志、总体要求、公共环境和配套、建筑和设施、卫生和服务、经营和管理、等级划分条件、等级划分方法。

本文件适用于正式营业的旅游民宿，包括但不限于民宿、宅院、客栈、驿站、庄园、山庄等。

2　规范性引用文件

下列文件中的内容通过文中的规范性引用而构成本文件必不可少的条款。其中，注日期的引用文件，仅该日期对应的版本适用于本文件；不注日期的引用文件，其最新版本（包括所有的修改单）适用于本文件。

GB 2894　安全标志及其使用导则

GB 5749　生活饮用水卫生标准

GB 8978　　污水综合排放标准

GB 15603　　常用化学危险品贮存通则

GB 31654　　食品安全国家标准　餐饮服务通用卫生规范

GB 37487　　公共场所卫生管理规范

GB 37488　　公共场所卫生指标及限值要求

GB 50016　　建筑设计防火规范

3　术语和定义

下列术语和定义适应于本文件。

3.1　旅游民宿 homestay inn

利用当地民居等相关闲置资源,主人参与接待,为游客提供体验当地自然、文化与生产生活方式的小型住宿设施。

3.2　民宿主人 owner;investor

民宿业主或经营管理者。

4　等级和标志

4.1　旅游民宿等级分为三个级别,由低到高分别为丙级、乙级和甲级。

4.2　等级旅游民宿标志由民居图案与相应文字构成。

5　总体要求

5.1　应正常开业一年以上,未发生相关违法违规事件,同一地点、同一投资经营主体只能以一个整体申请等级。

5.2　经营用客房建筑物应不超过4层,且建筑面积不超过800 m²。

5.3　易发生危险的区域和设施应设置安全警示标志,安全警示标志应符合 GB 2894 的要求,清晰、醒目。

5.4　易燃、易爆物品的贮存和管理应采取必要的防护措施,应符合 GB 15603 的要求。

5.5　应建立各类相关安全管理制度和突发事件应急预案,落实安全责任,定期演练。

5.6　食品采购、加工、清洗、消毒等应符合 GB 31654 的要求。

5.7　卫生条件应符合 GB 37487、GB 37488 的要求。

5.8　生活用水(包括自备水源和二次供水)应符合 GB 5749 的要求。

5.9　室内外装修与用材应符合环保规定,达到 GB 50016 的要求。

5.10　从业人员应按照岗位要求持证上岗。

5.11　应配备口罩、测温枪、消毒液等预防疾病所需的基本物资。

5.12　建设、运营应因地制宜,采取节能减排措施。

5.13　提供餐饮服务时应制定并严格执行制止餐饮浪费行为的相应措施。

5.14　垃圾应根据各地相关要求分类放置,污水统一截污纳管或自行处理,达到 GB 8978的要求。

5.15　服务项目应通过文字、图形方式公开,并标明营业时间,收费项目应明码标价。

6 公共环境和配套

6.1 必备要求

6.1.1 进入性良好,应至少有一种交通方式方便到达。

6.1.2 所在乡村(社区)应有良好的生态环境。

6.2 选择内容

6.2.1 所在乡村(社区)设有民宿导向系统,标志牌位置合理、易于识别。

6.2.2 所在乡村(社区)有交通工具停放场地,方便出入。

6.2.3 所在乡村(社区)有医院或医疗点。

6.2.4 所在乡村(社区)有多处可供宾客选择的特色餐饮点和购物点,方便到达。

6.2.5 所在乡村(社区)有多处可供宾客游览的景区(点)、风俗、非物质文化遗产、生产生活方式体验点等,方便到达。

6.2.6 所在乡村(社区)有畅通的移动网络。

7 建筑和设施

7.1 必备要求

7.1.1 建筑外观应与周边环境相协调。

7.1.2 客房应标有名称或编号。

7.1.3 客房应配备必要的家具,方便使用。

7.1.4 客房应有清洁卫生的床垫、床上棉织品(床单、枕芯、枕套、被芯、被套、床衬垫)、毛巾等。

7.1.5 客房应有清洁卫生的水壶、茶具和饮用水。

7.1.6 客房应有充足的照明,有窗帘等遮光设施。

7.1.7 客房应有方便使用的卫生间,提供冷、热水、照明和排风效果良好,排水通畅,有防滑防溅措施。

7.1.8 客房应有适应所在地区气候的采暖、制冷设备,效果良好,各区域通风较好。

7.1.9 客房应有方便使用的开关和电源插座。

7.1.10 厨房应有消毒设施,有效使用。

7.1.11 厨房应有冷冻、冷藏设施,生、熟食品及半成品食品分柜放置。

7.2 选择内容

7.2.1 建筑装修体现地域特色人居文化。

7.2.2 花园、庭院布局合理,舒适美观。

7.2.3 民宿主人生活区域相对独立,方便舒适。

7.2.4 设置不同风格、不同房型的客房。

7.2.5 采取有效隔音措施,客房噪声低于 45 dB。

7.2.6 设置与接待规模相匹配的公共空间,布局合理。

7.2.7 合理设置餐饮区域,就餐环境良好。

7.2.8 合理设置布草间,整洁干燥、方便使用。

7.2.9 合理设置清洗、消毒工作区域,设施完善、方便使用。

7.2.10 合理设置公共卫生间,有恭桶、卫生纸、垃圾桶、洗手盆和洗手液,方便使用。

7.2.11 提供必要的休闲娱乐设施,安全、舒适,方便使用。

7.2.12 提供方便宾客使用的智能设施、消毒设施及其他自助服务设施。

7.2.13 设置覆盖室内外区域的无线网络,方便有效。

7.2.14 在围墙、出入口设置监控,画面清晰。

7.2.15 定期检查设施设备,并有维护保养记录。

8 卫生和服务

8.1 必备要求

8.1.1 客房、餐厅、厨房、室内外公共区域及设施应整洁、卫生。

8.1.2 客房床单、被套、枕套、毛巾等应做到每客必换,并能应宾客要求提供客房服务,公用物品应一客一消毒。

8.1.3 卫生间应有防潮通风措施,每天清理不少于一次,无异味、无积水、无污渍。

8.1.4 应采取有效的防虫、防蛇、防鼠等措施。

8.1.5 应及时清理垃圾,符合当地垃圾分类相关要求。

8.1.6 民宿主人应参与接待,邻里关系融洽。

8.1.7 接待人员应热情好客,穿着整齐清洁,礼仪礼节得当。

8.1.8 接待人员应掌握并熟练应用接待服务、客房服务、餐饮服务等业务知识和技能。

8.1.9 接待人员应熟悉当地旅游资源,能用普通话提供服务,可用外语提供服务。

8.1.10 应提供餐饮服务或周边餐饮信息。

8.1.11 应保护宾客隐私,尊重宾客的宗教信仰与风俗习惯,保护宾客的合法权益。

8.1.12 应有晚间值班人员或值班电话。

8.2 选择内容

8.2.1 根据季节气候变化提供不同类型、松软舒适的被芯,提供不同类型的枕头。

8.2.2 为宾客提供免费饮品和食品。

8.2.3 提供线上预订、支付服务。

8.2.4 提供现场刷卡、开具发票服务。

8.2.5 为不同人群提供个性化服务。

8.2.6 为宾客提供定制化服务。

8.2.7 提供周边旅游资源介绍及相关资料。

8.2.8 提供安全提醒服务。

8.2.9 提供医疗服务信息(附近医院、诊所和药店位置信息等)。

8.2.10 为宾客购买公众责任险以及相关险种。

9 经营和管理

9.1 建立经营档案,方便对客服务。

9.2 加入当地相关民宿行业协会。

9.3 公布投诉电话,能有效处理各类投诉。

9.4 建立设施设备维护保养、烟道清洗、水箱清洗等管理制度,定期维保、有效运行。

9.5 建立管理制度和服务规范,定期对接待人员进行培训。

9.6 通过媒体平台开展宣传和营销。

9.7 保持融洽的社区关系。

10 等级划分条件

10.1 丙级

应符合第 5 章、6.1、7.1、8.1 的要求,同时应满足 6.2、7.2、8.2、第 9 章中任意 13 个条款。

10.2 乙级

10.2.1 应符合第 5 章、6.1、7.1、8.1 的要求,且符合以下全部条款。

a. 设施和设备:

(1) 应有品质较好的床垫、床头柜、衣架、行李架等家具摆放合理、方便使用;

(2) 布草(床单、枕套、被套、浴巾、毛巾等)应品质优良、柔软舒适;

(3) 应有品质优良的水壶、茶具、饮用水和面巾纸;

(4) 客房卫生间,应干湿分离,盥洗、洗浴、厕位布局合理,24 h 供应冷水,定时供应热水;

(5) 应有适应所在地区气候的湿度调节设备,效果良好;

(6) 应有清洗、消毒工作区域,位置合理、设施完善、整洁卫生、方便使用。

b. 经营和管理:

(1) 应建立管理制度和服务规范,定期对接待人员进行培训,有考核、激励机制;

(2) 应取得较好经营业绩,宾客满意度较高;

(3) 应为所在乡村(社区)人员提供就业或发展机会,参与地方或社区公益事业活动。

10.2.2 应满足 6.2、7.2、8.2、第 9 章中任意 24 个条款。

10.3 甲级

10.3.1 应符合 10.2.1 的要求,且符合以下全部条款。

a. 设施和设备:

(1) 应有两种类型的公共空间,氛围浓郁、布局合理;

(2) 应有品质优良的床垫、床头柜、写字台、衣橱和衣架、座椅、茶几、行李架等家具;

(3) 客房应有方便舒适的独立卫生间,24 h 供应冷热水,客用品品质优良、方便使用;

(4) 应设置相对独立的布草存放间,整洁卫生、方便使用。

b. 经营和管理:

(1) 应建立系统的管理制度和服务规范,定期对接待人员进行培训,效果良好;

(2) 应取得良好经营业绩,宾客满意度高;

(3) 应创新经营管理模式,发挥示范引领作用。

c. 特色和其他:

(1) 建筑装修整体风格应协调一致,体现主人文化;
(2) 民宿主人应热情好客.特质鲜明,宾客评价高;
(3) 应提供特色餐饮服务;
(4) 应多渠道宣传推广地方特色和文化,与宾客形成良好互动;
(5) 应开发具有本地特色的文创商品,带动地方特产销售。

10.3.2　应满足 6.2、7.2、8.2、第 9 章中任意 30 个条款。

11　等级划分办法

11.1　根据第 5 章～第 10 章的要求,由旅游民宿等级评定机构制定旅游民宿等级划分的具体办法和评分细则。

11.2　按照评分细则,对旅游民宿进行综合评价打分确定等级。

11.3　符合相应等级要求的旅游民宿可使用等级标志,有效期为三年,三年期满后应进行复核。

11.4　旅游民宿经营过程中出现以下情况的应取消等级:

a. 发生相关违法违规事件;

b. 出现卫生、消防、安全等责任事故;

c. 发生重大有效投诉;

d. 发生造成恶劣社会影响的其他事件;

e. 日常运营管理达不到或不符合相应等级要求。

取消等级后满三年,可重新申请等级评定。